基于法学体验式教学的社会调研报告

蔡高强　编著

湘潭大学出版社

本书为湘潭大学法学院“国家级实验教学示范中心”教学成果

本书获得“法治湖南建设与区域社会治理协同创新中心”资助

前　言

湘潭大学法学专业创办于1982年，湘潭大学是湖南省最早创办该专业的学校。湘潭大学法学院是湖南省师资力量最强、学科门类最全、招生规模最大、教育层次最齐全的法学院。学院拥有中国－非洲法律理论研究与人才培训基地、国家级卓越法律人才教育培养基地、国家级法学特色专业建设点、国家级人才培养模式创新实验区、国家级实验教学示范中心建设单位、国家普通高校“十二五”专业综合改革试点单位本科教学基地、全国首批国家级卓越法律人才教育培养基地。法学院非常重视教育教学和人才培养，始终坚持人才培养的中心地位不动摇。通过确保教学改革的先导地位、教学投入的优先地位、教育质量的核心地位，构建起了人才培养质量保障的长效机制，教育教学质量享有良好的社会声誉。

体验式教学法是法学院长期坚持教学改革的结晶。坚持“在法治实践中培养法治人才，以法治人才培养推进法治建设”的改革理念，形成了特色鲜明的体验式教学法，实现了法治人才培养新的飞跃，开辟了法治人才培养的新路径，造就了一大批德法兼修的社会主义法治人才。

本书是近几年来湘潭大学法学院体验式教学改革成果的总结和提升，全书汇集了蔡高强教授以体验式教学法指导学生开展“科研项目式”社会调研而撰写的优秀社会调研报告。主要内容分为五篇。第一篇：浏阳市农村宅基地制度改革现状的实证研究；第二篇：湘西苗族服饰文化法律保护的现状与对策调研报告；第三篇：湖南省相对集中行政许可权改革试点运行情况调研报告；第四篇：农村基层治理法治化建设的实证研究——以长株潭地区为例；第五篇：衡阳市综合保税区跨境货物清关机制运行调研报告 。

全书运用实证分析和典型案例，以社会调研的方式再现了法学体验式教学的方法、形式、内容，以及理论意义、现实价值和社会效果，是对法学实践教学的探索和社会主义法治人才培养模式的创新，为可复制推广的体验式教学法提供了新的探讨空间。

在编辑出版的过程中，我们尽力将最好的模式与方法呈现给大家，但仍有很多不完善的地方，敬请批评指正！

目　录

第一篇　浏阳市农村宅基地制度改革现状的实证研究*

土地制度是我国的基础性制度，而农村宅基地制度又是土地制度中与农民切身利益、农村社会经济发展密切相关的重要部分。中华人民共和国成立以来，农村的宅基地经历了从私人所有到集体所有的重大转变，但同时伴随着经济高速增长、城镇化和工业化的冲击，以及农村人口大规模向城镇迁移，有关农村宅基地现行制度与实际情况出现了突出的矛盾，尤其体现在宅基地确权、宅基地利用效率、宅基地流转以及宅基地资源粗放配置等方面。现行农村宅基地制度已难以适应形势需求，亟须不断推动深入农村宅基地改革和实践。

2015 年，国务院将浏阳市确定为湖南省唯一的土地改革试点地区，其改革重点是农村宅基地制度。根据中央部署，浏阳农村宅基地制度改革的主要任务是：完善宅基地权益保障和取得方式，探索农民住房保障在不同区域户有所居的多种实现形式；针对因历史原因形成超标准占用宅基地和一户多宅等情况，探索实行有偿使用；探索进城落户农民在本集体经济组织内部自愿有偿退出或转让宅基地。根据中央的部署，浏阳市选取了 10 个建制村进行宅基地试点改革，先后制定了《浏阳市农村宅基地制度改革试点工作方案》《浏阳市农村宅基地有偿使用暂行规定》《浏阳市农村宅基地使用权及房屋所有权确权登记暂行办法》《浏阳市宅基地使用权流转管理办法》《浏阳市宅基地管理办法（试行）》等一系列适应当地宅基地改革的具体政策性文件。浏阳市国土局组织对全市宅基地使用情况进行了摸底调查，掌握了第

---

* 该调研报告为湘潭大学法学院 2017 年暑期调研项目成果，由王进主持，杨佳浩、李文静、邱伯静、程文豪、唐熳婷、李松榆、曾妍共同完成。

一手资料。在全市选取了 4 个乡镇、10 个试点村进行先试先行，典型示范。此次试点改革工作已开展了两年有余，浏阳市在改革实践中取得了不小的成果，同时也存在着一些问题和困难。

本项目以浏阳市的两个改革试点村（大瑶镇南山村和北盛镇边洲村）为调研蓝本，通过实地调研的方式对这两个试点村近三年来的宅基地制度改革情况和村民对宅基地改革的满意程度进行了实地考察。同时走访了浏阳市国土局和浏阳市宅基地改革领导小组，获取有关宅基地登记和确权制度、宅基地有偿使用和退出制度、集中居民点建设制度和宅基地使用权流转制度等方面的改革文件和制度性规定。今年是土地制度改革试点工作的收官之年，也是新《土地管理法》启动修改之年。我们希望通过以上调研内容，来探讨浏阳市农村宅基地制度改革的现状，分析和总结改革的成果与不足，以期为新《土地管理法》的出台进言献策。

一、当前农村宅基地制度在立法和实践中所存在的困境

（一）现行法律法规对宅基地制度的规定有限且不完善

如果把法律限定在全国人大及其常委会颁布的范围内，中国的宅基地法律可以说相当不完备。《土地管理法》只有两条是关于宅基地的，《物权法》也只有 4 条是关于宅基地的，与建设用地使用权、建筑物区分所有权等法律制度的条文相比，宅基地法律的条文数量已显然不足以为农村宅基地混乱的现状提供制度支撑。① 归纳起来，我国现行的宅基地使用权制度具有如下内容：一是宅基地所有权归农民集体所有。二是农村村民一户只能拥有一处宅基地。三是宅基地使用权人对宅基地享有占有和使用的权利，并无收益权，也不得用于抵押。四是农村房屋可以依法出卖、出租，买受人、承租人只能是农村村民。农村村民出卖、出租住房后，再申请宅基地的，不予批准。五是宅基地使用权的取得、行使和转让，由《土地管理法》等行政法规来规定。这种制度安排对农民权益的最大限制在于：一是没有赋予私权性质的宅基地使用权以收益与处分的权能。二是宅基地使用权的取得、行使和转让须受到“农民”这个身份的限制，且要服从公法性质的土地管理法等行政法规

① 刘俊．中国土地法理论研究［M］．北京：法律出版社，2006.

的约束。这就从立法层面上束缚了宅基地使用权的自由流转。①

改革开放以来，土地事实上不再被农民视为仅仅保障基本生活的资源，更多地体现为一种财产需求。为此，十八届三中全会《中共中央关于全面深化改革若干重大问题的决定》和中共中央国务院《关于全面深化农村改革加快推进农业现代化的若干意见》（2014 年“中央一号文件”）进一步要求，紧密围绕“保障农户宅基地用益物权，改革完善农村宅基地制度，选择若干试点，慎重稳妥推进农民住房财产权抵押、担保、转让，探索农民增加财产性收入渠道”。可见，针对我国法律关于宅基地使用权的制度缺失与立法错位，政策层面已在积极回应社会的现实需求。这就为我们本次调研工作提供了有力的政策支持。

（二）实践中农村宅基地的管理存在着严峻问题

1. 农村宅基地登记和确权工作严重滞后

目前立法中并没有对农村宅基地使用权及房屋所有权的登记和确权制度作详尽规范，相比于城市，其登记和确权在制度和程序上存在着严重的滞后性。许多农村宅基地使用权人并没有进行登记，即使进行登记也往往只是进行了房屋所有权的登记，无法做到两证齐全。再加上宅基地使用权的登记与房屋所有权的登记分开进行，增加了农民的负担，许多农民畏于程序的烦琐不愿进行权利登记。伴随着土地公有制的改革，在宅基地法律上表现出了“宅基地归公、农房归私”的规则，但这与自古以来的“房随地走、地随房走”的法律规则相冲突，也与农民利用宅基地的固有预期和农民长期以来在建房和居住生活中形成的习俗相冲突。② 同时，没有正确办理宅基地使用权和房屋所有权的登记和确权将阻碍宅基地和房屋在规定范围内的抵押和流转，如何正确处理房屋的所有权和宅基地使用权的确权和登记，也是目前宅基地制度所面临的一个重大问题。

2. 农村宅基地面积超标和一户多宅的情况严重

农村宅基地面积超标情况严重是我国广大农村地区的一大通病，这些问题大多是历史遗留问题，由于农村宅基地往往没有进行精确的测量和登记，再加上法律法规并未对面积超标问题给出具体的处理方式，不同地区在不同

---

① 狄亚娜，宋宗宇．宅基地使用权的现实困境与制度变革［J］．农村经济，2016（5）．

② 向勇．中国宅基地立法基本问题研究［M］．中国政法大学出版社，2015.

时期对于宅基地面积有着不同的标准，以至于该问题难以妥善解决。另外，农户的不断扩建，导致大量的宅基地占用农用耕地，使得农村的耕地红线频亮红灯。另外，由于农村宅基地退出机制的不完善、不畅通，导致农村出现了大量的宅基地闲置和“一户多宅”的情况，这些闲置的宅基地有些是通过继承、受赠等方式合法取得的，有些是自主扩建、翻建等方式违法建造的。这些闲置的宅基地和违法的宅基地给农村土地的利用和农村经济的发展带来了重大的阻碍。

3. 农村宅基地使用权流转不规范，宅基地有效利用率低

对于是否允许宅基地使用权流转，现行立法中回避了这一问题，但在实践中对于宅基地使用权流转往往遵循了全国人大法工委2005年7月公布的《物权法征求意见稿》第160—162条的规定，一户只能拥有一处宅基地。宅基地使用权人经本集体同意，可以将建造的住房转让给本集体内符合宅基地使用权分配条件的农户；住房转让时，宅基地使用权一并转让。禁止城镇居民在农村购置宅基地。农户转让宅基地使用权的不得再申请宅基地。这种限制流转的做法主要是考虑到耕地流失的风险、农民失去居住保障的风险等因素。但现实中，国家公权力过分干预宅基地使用权的流转不利于土地的充分利用，不利于资源配置的优化。① 而且由于现行法律政策禁止宅基地自由流转，所以宅基地的交易只能是游离在正式制度安排之外，一个巨大的隐形流转市场已经悄然形成，且规模日益扩大。而这种宅基地私下的隐形流转容易造成土地资源流失、交易安全无法保障、可能导致土地利用管制的公共目标无法实现。另外我国《担保法》第37条明确禁止宅基地的抵押，但是在现实中存在大量的宅基地私下抵押的做法，这就使得抵押宅基地的农民和接受宅基地抵押的抵押权人都得不到法律法规的保护，无法救济自己的权利，国家限制农村宅基地使用权的流转固然有利于保障农民的生活，但限制农村宅基地的权能必然与土地的利用率和经济发展的需求相矛盾，也有违于市场经济的期望。

二、浏阳市农村宅基地制度改革的总体情况介绍

由于我国现有的宅基地制度在立法和实践中存在着诸多问题和困境，现

---

① 毛维国．农村住房及宅基地流转制度研究［J］．法学论坛，2012（4）．

行农村宅基地制度已难以适应形势需求，党中央、国务院于 2015 年在全国范围内选取了 33 个市县作为宅基地制度改革的试点地区，浏阳市作为湖南省唯一的试点地区，自然成为了本次调研的最佳目的地和样本地区。

本次调研初期阶段通过阅读相关文献，查询法律法规等方式，选择了当下立法与实践冲突最甚的五个方面作为本次调研的主要方向，即：宅基地登记和确权制度、宅基地有偿使用和退出制度、集中居民点建设、宅基地使用权流转制度。笔者于 2017 年 8 月对浏阳市的大瑶镇南山村和北盛镇边洲村两个改革试点村的村委会、浏阳市国土局及宅基地改革领导小组以及南山村的村民进行调研，通过实地访问，发放调研问卷等方式总结出了浏阳宅基地制度改革的总体推进情况和成果，具体改革情况可分为以下四个方面：

（一）宅基地的登记和确权制度的改革情况

当前的法律法规并未对农村宅基地使用权及房屋所有权的登记和确权制度加以详尽规范，相比于城市，其登记和确权在制度和程序上存在着严重的滞后性。许多农户并未对其宅基地的房屋所有权和宅基地使用权进行登记。此外，宅基地使用权与房屋所有权分开进行登记也增加了农民的负担，许多农民畏于程序的烦琐不愿进行权利登记。根据我国土地公有制的性质，宅基地也体现出了“所有权归公、农房归私”的性质，但此种性质与自古以来的“房随地走、地随房走”的法律规则相冲突，也与农民利用宅基地的固有预期和农民长期以来在建房和居住生活中形成的习俗相冲突。① 此外，对于村集体以外的成员拥有本集体宅基地使用权的问题，当前法律法规也未作出详尽的规定。

在此次试点改革中，浏阳市针对原先宅基地确权和登记制度中存在的问题，制定了《浏阳市农村宅基地使用权及房屋所有权确权登记暂行办法》，确定了宅基地使用权和房屋所有权的“房地一体”原则和主体一致原则，免去了多次办证、重复办证的复杂程序。同时还规定了非村集体成员在本村内的宅基地使用权的确权和登记办法：在 1999 年《土地管理法》实施前，非村集体的农户在本村依法获得的房屋和宅基地，若现状没有发生改变且村组织无异议的可确权登记；因安置移民、农村基建、自然灾害等缘故取得宅基地及房屋的农户，若与当地规划相符且经村集体三分之二以上成员通过即

---

① 宋才发，马国辉．农村宅基地和集体建设用地使用权确权登记的法律问题探讨［J］．河北法学，2015（3）．

可确权登记；若非村集体农户占用本村宅基地因合法继承取得，可按规定确权登记。这项规定一方面弥补了现行法律法规的漏洞，另一方面也为非村集体成员的宅基地使用权及房屋所有权的确权登记指明了方向，一扫过去无规章可循的局面。在具体实践方面，浏阳市国土资源管理局的下属机构不动产统一登记局正式挂牌成立，并由国土部门统一管理乡村的不动产登记工作。通过浏阳市国土局提供的资料显示，到目前为止，浏阳市共办理宅基地确权两万多宗，确权率达 84.04%。浏阳市国土局相关负责人表示，改革后共受理了 30.13 万宗宅基地用地许可证申请，达到了 83.28% 的办证率。

（二）宅基地的有偿使用和退出制度的改革情况

农村宅基地面积超标严重是我国广大农村地区的一大通病。由于农村宅基地往往没有进行精确的测量和登记，再加上法律法规并未对面积超标问题给出具体的处理方式，以至于这一问题难以妥善解决。① 另外，由于我国尚未健全宅基地退出制度，导致宅基地闲置和“一户多宅”的情况在我国农村地区比比皆是，严重阻碍了农村的土地利用和社会经济的发展。

面对宅基地面积超标和“一户多宅”的现状，浏阳市政府出台了《农村宅基地有偿使用暂行规定》（以下简称《规定》）。《规定》从宅基地使用的面积标准、宅基地有偿使用的对象、宅基地有偿使用标准、宅基地有偿使用费的收取和监管等四方面作出了规定。首先，该规定针对不同范围内的宅基地规定了不同的使用面积标准，对于城镇规划建设用地范围内的宅基地，该规定要求每户面积不得超过 140 平方米，对于城镇建设用地范围外的，每户面积不超过 180 平方米。此外，对于城镇建设用地范围外且家庭人口在 7 人以上（含 7 人）的农户，其宅基地面积可放宽至 210 平方米。这种区分式的规定既考虑到了不同地区土地利用的实际情况，也照顾到了困难农户的现实利益，得到了浏阳市广大农户们的肯定。

其次，对于历史原因形成的一户多宅和宅基地面积超标的情况，浏阳市并没有一刀切的要求此类农户退出多余的宅基地，而是在计算出超标面积后，采取灵活的有偿使用机制。浏阳市以宅基地超过法定面积的部分、一户多宅的多宅部分、非本村村民通过合法继承或受赠等方式取得的宅基地总面积超过户均标准 50% 的部分以及本村村民通过合法继承或受赠等方式取得

① 狄亚娜，宋宗宇．宅基地使用权的现实困境与制度变革——基于三省（市）法院 2004～2013 年 428 件裁判文书的数据分析［J］．农村经济，2016（5）．

的新宅基地与原有宅基地合计面积超过户均标准50%的部分作为计费面积，实行有偿使用。在具体收费标准上，浏阳市根据自身经济社会发展的现状，并以国有建设用地的市值为参考，将浏阳市区域内的各街道、乡镇分为六个等级，每个等级区分集镇（城市）规划建设用地范围内、村庄规划建设用地范围内、集镇（城市）和村庄规划建设用地范围外三个档次，有偿使用的缴费标准也以此分类确定（见表1、2）。

表1　宅基地有偿使用乡镇等级分类

乡镇等级	乡镇名称
I	淮川、集里、关口、荷花
II	大瑶、蕉溪、洞阳、北盛、永安
III	古港、沿溪、文家市、镇头、柏加、沙市
IV	官渡、大围山、永和、金刚、澄潭江、枨冲、淳口
V	达浒、高坪、葛家、普迹、官桥、龙伏
VI	张坊、小河、中和

表2　宅基地有偿使用标准

单位：元／平方米·年

乡镇类别	集镇（城市）规划建设用地范围内	村庄规划建设用地范围内	规划建设用地范围外
I类乡镇	20	17.5	15
II类乡镇	17.5	15	12.5
III类乡镇	15	12.5	10
IV类乡镇	12.5	10	7.5
V类乡镇	10	7.5	5
VI类乡镇	7.5	5	3

此外，浏阳市的有偿使用标准还独创性的制定了阶梯式的收费模式：有偿使用面积在20平方米以内的按浏阳市根据不同乡镇划定的普通标准缴费，有偿使用面积在21—40平方米的按普通标准的1.5倍缴费，有偿使用面积在41平方米以上的按普通标准的2倍缴费。宅基地有偿使用费归村民小组所有，由村委会代管，按照宅基地收益民主管理村规民约相关要求进行收取、保管、分配和使用。通过以上规定，浏阳市初步探索出了适应本市实际治理宅基地超标和“一户多宅”的有偿使用模式。一些一户多宅的农户由于面积超标严重，在面对高额的有偿使用费时，他们也开始考虑主动退出原

有的宅基地使用权。目前浏阳市已有100多户一户多宅的农户主动向村集体退出了多余的宅基地。由此可见，有偿使用制度的完善也必然会推动宅基地退出工作的进展。为了进一步落实宅基地退出工作，浏阳市制定了《浏阳市农村宅基地退出暂行规定》。对于因不同方式取得的闲置宅基地，浏阳市在《浏阳市农村宅基地退出暂行规定》中采取了不同的退出办法。首先，对于因历史原因合法取得闲置宅基地的农户，村集体应鼓励其将多余的宅基地使用权直接赠与村集体或符合宅基地申请条件且是本村户口的成员并给予一定的补贴［具体的补贴标准按所在村民小组宅基地评估均价×可申请使用面积（或放弃的合法面积）×50%予以补贴］。其次，对于违法取得或不符合政策规定取得闲置宅基地的农户，市国土资源局报经市人民政府批准后可以注销其宅基地批准文件和不动产权证书，村集体则可以将宅基地使用权无偿收回。这些规定与宅基地的有偿使用制度相辅相成，一方面严格规范了“一户一宅”原则，另一方面也促进了物尽其用，为解决闲置宅基地、促进集体经济良性发展提供了制度保障。①

根据《浏阳市农村宅基地管理办法（试行）》的规定，大量被违法占用的宅基地退出后将根据土地性质区分利用方式。对于土地肥沃的退出用地将用于农田复垦，这既有利于进一步强化耕地保护，又有利于引导新建宅基地少占耕地，推动集约用地。对于农户宅基地占用耕地的情况，浏阳市在本次改革中针对此类农户收取耕地开垦费，通过收费的方式倒逼农户将宅基地占用耕地的部分退出。据统计，截至2017年底，浏阳市共收取了106.87万元的耕地开垦费，使得新建宅基地占用农田的比例下降了32%。另外，对于不适合复垦但土地平坦连片的退出用地则用于农村集中居民点建设。集中居民点建设改变了原先随意分散建设宅基地的弊病，既有利于乡村土地的统一规划和科学利用，又有利于村集体组织对农户们的统一服务与管理。本次改革中，浏阳市利用退出的宅基地以及现有的村集体空地建设了一批农村别墅居民小区，这些集中居民小区内的宅基地在满足本宅基地需求的基础上，还向村集体以外的本市农村户口的外来农户流转。非村集体的外来农户只要符合本市农村户口以及一户一宅的要求，即可通过竞价购买的方式向村集体申请在集中居民点内安家置业。在此次调研南山村的过程中，笔者团队亲自走

① 杨保勤，陈景春．农村宅基地使用权退出的现实风险、法治理念和路径选择［J］．现代经济探讨，2015（10）．

访了芙蓉小区和新河小区两处集中居民点，这两处居民点完全按照城市别墅小区进行规划，公共基础设施和周边交通状况都十分完善，极大改善了农村居民的居住环境。两处集中居民点一共可容纳50多户住户，其中大多数为外来农户，这不仅解决了外来农户的居住问题，也通过流转宅基地使用权增加了村集体的资金收入。

大瑶镇南山村作为本次调研的样本区，截至目前，已完成测绘的宅基地宗数为862宗，涉及一户多宅的133户，占比15%，超过省标准面积的504户（含一户多宅），占比58%。应收宅基地有偿使用费的为504户，应收金额为738766元，截至2016年底已收348户，已收金额512768元。通过自拆和强拆相结合，无偿退出宅基地10宗，土地面积2800平方米，建筑面积2800平方米；有偿退出宅基地3宗，土地面积527平方米，建筑面积890平方米。

（三）宅基地使用权流转制度的改革情况

为了防止农村土地流失，保障农民能各有所居，我国当前的土地立法禁止宅基地使用权在村集体外部自由流转，但随着经济的发展，农村人口不再被土地所束缚，开始大量向其他区域流动，流出的农户对于其闲置宅基地转让的需求以及流入的农户对于宅基地购买的需求正日益强烈，而现有立法无法回应当前市场对于宅基地自由流转的强烈需求，就此宅基地使用权地下流转的隐形市场正在全国各地日益壮大，浏阳市也不例外。① 游离于正式规范之外的宅基地私下交易即无法保证双方的交易安全，也可能造成农村宅基地资源流失，进而导致部分农户失去生存的根本，农村土地的集体统一管理也将受到破坏。② 另外，对于农村宅基地抵押也被我国《物权法》第148条所明确禁止，但私下抵押的做法在现实中仍然大量存在，一旦发生抵押权的争端，抵押宅基地的农民和接受宅基地抵押的抵押权人都得不到法律的保护，无法救济自身的权利。

针对当前宅基地使用权流转制度存在的缺陷，浏阳市在全国人大常委会的授权下，制定了《浏阳市农村宅基地使用权流转管理办法（试行）》（以

---

① 杨俊，张晓云，汤斌．深化改革背景下农村房屋买卖路径探析［J］．中国土地科学，2015（6）．

② 桂华．制度变迁中的宅基地财产权兴起——对当前若干制度创新的评析［J］．社会科学，2015（10）．

下简称《办法》)。《办法》包括了总则、宅基地使用权转让和出租、宅基地使用权抵押、土地价格及收益、监督检测和附则等六章的内容。

为了响应中央盘活农村闲置土地利用的号召，解决当前宅基地使用权私下流转的问题，浏阳市在保障广大农民合法权益的前提下尝试扩大宅基地合法流转的范围，从原先仅在本村集体组织内部流转扩大至可向整个浏阳市内满足一户一宅、农村户口的农户流转。根据现有规定：农村闲置的宅基地，或全家户口均已迁出且自愿有偿退出原有宅基地的农户经其所处的村或村民小组会议三分之二以上（含本数，下同）成员或三分之二以上村民代表同意后，方可通过协商或公开竞价的方式将其闲置宅基地在浏阳全市范围内向符合一户一宅、农村户口要求的农户流转，在同等条件下，本集体经济组织成员享有优先权。同时，为了确保流转的安全性，《办法》规定可供流转的宅基地使用权必须经确权登记并依法发证，这一规定也极大地提高了农村居民主动申请登记宅基地使用权的积极性。

另外，浏阳市还探索性地允许农民将宅基地使用权向银行抵押贷款。根据《办法》第21条的规定，宅基地使用权抵押之前要签订书面合同，并依法办理建设用地使用权抵押登记。地上建筑物、其他附着物应一同依法办理抵押登记。当抵押人无法履行债务时，抵押权人可以主张对抵押宅基地的使用权和宅基地上房屋和附着物的所有权进行拍卖。浏阳市在关注宅基地使用权抵押制度完善的同时，也注意到了宅基地使用权抵押给农户带来的居住风险。因此，为了保障农民的生存利益，防止宅基地流转可能带来的农民失去住房保障的风险，《办法》规定农民将宅基地进行抵押时需要出具一份抵押承诺，具体内容为："保证即便宅基地的抵押权实现，自己也有房可住"。政府每年还在宅基地使用权抵押贷款领域投入500万元的风险保证金，在农民无法还贷时，政府通过向银行注入风险保证金的形式帮助农户与银行协商延长贷款期限。试点改革以来，浏阳市还没有发生过宅基地抵押权实现后农民无房可住的情况。

对于宅基地流转后的具体用途，浏阳市根据中央不将农村宅基地用于城镇商业住宅建设的要求，在《办法》中明确规定宅基地不得用于开发商品房地产项目和城镇居民的住宅建设，但允许开农家乐、民宿等有利于农民经营创收的项目。此外，对于改革之前，宅基地使用权私下隐形流转的问题，市政府成立了专门办理宅基地流转的土地交易中心，将改革前非法流转但符合改革后规定条件的宅基地使用权合法化，切实保障了农民的权益。

截至目前，浏阳市的宅基地使用权已流转 371 宗，5.93 万平方米，有效解决了历史遗留的外来户的居住问题，促使外来户流转后将原集体经济组织的住宅退出并复垦，有效盘活农村闲置宅基地资源，推动了空心村整治。浏阳市积极响应中央实现宅基地三权分置的号召，率先在改革中确立了使用权、资格权、所有权分置的宅基地利用和流转模式，率先在全国试行农房抵押融资，借助宅基地有偿使用改革机遇，扩大宅基地流转范围，赋予农民更多的财产权利，大幅提高了授信额度，户均贷款额度由原来的 5 万元提升至 20 万元以上，2016 年以来，全市累计发放农民住宅抵押贷款额度金额 27.13 亿元，惠及农户 1.46 万户，为农民创新创业注入了源泉活水。

（四）集中居民点建设的改革情况

过去农村居民点建设由于缺乏有效政策的引导和制度的规制，呈现出许多不合理不规范的建设现象。主要表现有盲目选址、随意选址，对当地农民的入住意愿和经济承受能力缺乏足够合理的调研，对饮水、用电、排污、生产等基础设施的配套未进行科学分析，导致土地利用总体规划和村庄规划脱节；建设超前、审批滞后导致大量违法用地出现，不利于村委会和政府的规范管理；暗中联合、变相开发导致许多农村居民建设部分用于农村房地产开发，致使农村建设混乱不堪。由于长时间存在以上状况，也进一步诱发了农户不合理的扩建宅基地和“一户多宅”现象的普遍存在，虽然改善了住房条件，却未达到节约土地资源的目的，导致部分居民不满，诱发了民间矛盾。

对此，浏阳市在这次试点改革中制定了《浏阳市农村宅基地管理办法（试行）》，提出了节约、集约用地原则，尽可能在规划的农村集中居住点选址布局，充分利用废旧宅基地、空闲地和非耕地，鼓励占用荒山、荒坡进行建设。原则上不再进行单宗分散的宅基地审批，应当按城乡规划统一安排，集中兴建住宅小区。鼓励城镇规划建设用地范围外的农户按照城镇化和集约用地要求，向集镇、中心村的集中居住区集聚，逐步实现集中居住。强化耕地占补平衡管理，大力推进农村宅基地复垦。同时，还规定在当地农村集中居民点置业安居的外来户通过缴纳一定的有偿使用费可以取得宅基地使用权，条件是户主必须是本市农村户口、一户一宅、原有的宅基地必须退出。① 这些措施不仅惠及本村村民，使村民集中居住，规范村内住房和耕地环境，方便村委会和政府对村民进行管理，同时还消除了外来户无法获得宅基地使用权的心病，缓解了民间矛盾。

集中居住点建设也改善了农用耕地被大量违法占用的局面，浏阳市政府通过收取拆旧保证金、探索耕地开垦费收缴机制、开展拆违控违行动，进一步强化耕地保护，引导新建宅基地少占耕地，推动节约、集约用地。2016年以来，收取耕地开垦费106.87万元，新建宅基地占用耕地比例下降32%；大力开展一户多宅清理整治行动，截至目前共拆除2186宗，拆除后的宅基地进行统一的规划，形成连片的宅基地89宗，精心打造了古港镇梅田湖村等21个美丽乡村、永安镇华山屋场等45个幸福屋场。我们在调研南山村的过程中，亲自走访了芙蓉小区和新河小区两处集中居民点，这两处居民点完全按照城市别墅小区的建设进行规划，公共基础设施和周边交通状况都十分完善，极大改善农村居民的居住环境。两处集中居民点一共可容纳50多户农户居住，其中大多数是外来农户，这不仅解决了外来户的居住问题，也通过流转集中居民点的宅基地使用权增加了村集体的资金收入。浏阳市国土局相关负责人表示，通过引导村民由分散居住向集中居住转变，不仅节约了土地，而且最大限度地统筹了基础设施的投入，助推了全域美丽乡村建设。

三、浏阳市宅基地制度改革中所存在的主要困境

浏阳市的宅基地改革工作在过去的三年中虽然取得上述所载的一系列喜人的成果，但是农村宅基地利用作为一个复杂的社会现象，历史问题积累多，利益涉及面广。浏阳市在宅基地制度改革工作开展中，也遭遇到较大的阻力，面临着种种困境，主要表现在以下几个方面：

（一）村委会难以胜任农村宅基地利用的管理主体角色

浏阳市在本次改革中明确了各村村委会为本村宅基地制度改革工作的具体执行者和管理者，并且村集体经济组织作为集体土地的法定所有者，也理应成为农村宅基地管理的责任主体。尽管村委会具有熟悉当地风俗、协调能力强 、善于运用“乡规民约”等诸多优势，但要在宅基地制度改革中担任

① 《浏阳市农村宅基地管理办法（试行）》第6条、第7条（详见附件）。

主角，仍然显得力不从心，难以形成长效机制。村委会难以胜任农村宅基地利用的管理主体角色主要变现为以下两个方面：

1. 村委会权威性不够，缺乏有效手段

虽然试点方案获得了村民的认同，但在具体实施中，村委会没有强制执行的权力，缺乏有效的监督手段，这突出表现在一户多宅的退出和有偿使用费的缴纳上。以南山村为例，该村一户多宅的情况为 133 户，但截至 2016 年底，仅退出了 13 户闲置的宅基地（其中 3 户为有偿退出）。通过继承等方式合法取得的闲置宅基地，农户一般仗着自己取得方式合法，无视村委会退出宅基地的劝导；对于非法占建的闲置宅基地，村委员又因为没有强制执行力，而无法督促农户立刻退出。另外我们在调研中发现，部分农户缴纳使用费是村委会多次动员后才勉强缴纳的，并反复叮嘱使用这些经费必须得到村民的认可。他们相信凭借乡（镇）政府开具的缴款发票凭证，在改革最终开展不下去或往后政策有变时可以凭此收据进行退款、维权。

2. 村干部积极性普遍不高，缺乏工作激情

根据实地走访，我们发现改革试点地区的村委会并没有建立责、权、利对等的职责工作体系。村委会成员报酬低甚至无报酬，凭的只是一份热情，其工作积极性难以持续，不少理事会成员反映参与农村宅基地管理是件吃力不讨好的事、容易得罪人，工作内容烦琐且难度大，如南山村的村支书陈礼贤上门动员解释达 16 次之多，才获得一户超标农户的理解，缴纳了有偿使用费。而个别村委会的成员面对这种容易得罪人的改革工作甚至存在不敢、不想、不愿做的情绪。例如我们在访问某村的村委员成员时，他明确向我们表示对于宅基地占用耕地的情况，虽然市政府规定必须收取占用耕地开垦费，但是由于在现实中农户建设宅基地所占用的一般都是自家的承包地，如果一味按照市政府的要求收取开垦费的话，必然会导致农户们的愤怒和不满，所以村委会对于这种情况一般是睁一只眼闭一只眼。

（二）改革中宅基地使用权的退出存在重大障碍

在浏阳市本次宅基地制度改革中进展最为不顺利的当属宅基地使用权退出制度。浏阳市一户多宅的原因主要有三个：一是由于历史原因或者合法继承、接受赠与取得造成的一户多宅；二是处于偏远落后地区、深丘区的农户重新择地建新房后未退出原宅基地造成的一户多宅；三是城市近郊的农户觉得区位好、房产升值空间大，便在房前屋后的空地，自己承包的土地上多建房子，以供今后出租、转让等流转后获取较高经济收益的“种房子”现象

形成的“一户多宅”。据不完全统计全市一户多宅和闲置宅基地的情况接近万户，然而截至2016年底仅有189户自愿退出了宅基地。根据调研，我们发现目前浏阳市在宅基地使用权退出上具体存在以下三方面的困难：

1. 宅基地无偿退出在具体实行中存在困难

在浏阳市制定的《浏阳市农村宅基地退出暂行规定》中区分了无偿退出和有偿退出两种情况。而无偿退出又可以分为违法宅基地的强制无偿退出和村民的自愿无偿退出。《浏阳市农村宅基地退出暂行规定》第1条第3款规定：“符合下列情形之一的，报经市人民政府批准，可以注销其宅基地批准文件和不动产权证书（土地使用权证），由集体经济组织无偿收回宅基地使用权：1. 自批准宅基地之日起满两年未动工兴建的；2. 未按承诺期限拆除旧房的原宅基地；3. 经批准实施旧村改造或下山移民的村，已迁入新居（村）居住的原宅基地；4. 因发生或者防御自然灾害，造成自然灭失或者需要主动搬迁的原宅基地；5. ‘五保户’亡故后未处置的遗留宅基地；6. 骗取批准、非法转让或以其他方式非法取得，又不接受行政处理的宅基地。”虽然该规定确立了对于违法或不符合政策规定的宅基地实行无偿收回的制度，但对于宅基地上房屋的强制拆除则没有进行规定。由于村集体组织作为基层自治组织没有强制执行权，所以我们在调研中发现，对于违法占建的宅基地，村集体组织往往只能在形式上收回其宅基地的使用权，而无法对其进行实际控制，因为村集体组织在面对不肯拆除违建房屋的农户时，常常没有任何办法。

另外在宅基地自愿无偿退出方面，虽然政府部门和村委会一再宣传鼓励一户多宅的农户退出其闲置的宅基地，但是很多农户出于经济或情感等方面的考虑，宁愿缴纳面积超标的费用，也不愿意无偿的向村集体退出宅基地。我们在走访的过程中，就有农户明确向我们表示：“虽然自家的祖宅地理位置偏僻也年久失修，但是出于念旧的情感因素和以后可能升值的经济因素考虑，想一分钱补偿都不给，就让我们退出祖宅，想都别想！”

2. 宅基地有偿退出缺乏资金支持

《浏阳市农村宅基地退出暂行规定》第1条第4款对于农村住宅闲置无人居住的宅基地，全家户口均已迁出且与原集体经济组织解除权利与义务关系的宅基地，通过继承、受赠房屋或其他方式合法取得的宅基地，允许村民通过协商或委托公开竞价的方式在规定范围内流转；对无法流转，又有退出愿望的可实行有偿退出，由村集体经济组织有偿回购。这项规定一定程度上盘活了农村闲置宅基地使用权的流转，提高了农村土地的利用率，但是这一般仅限于地理位置比较优越、宅基地使用权容易转让的地区（例如城郊地区）。对于某些偏远、欠发达的地区的宅基地则很难在市场上流转成功，这就只能依靠村集体有偿回购。然而当前浏阳市大多数的村集体都存在资金短缺的情况，通过宅基地有偿使用所收取的费用远远不足以支付高昂的有偿回购费用。即使有些较为富裕的村集体能够支付部分的有偿回购费用，但是面对全村所有的闲置宅基地的回购费用，他们也只能望洋兴叹。所以为了平衡村民之间的利益，村委会一般只会选择回购因实施建设规划或进行乡镇、村（社区）公共设施和公益事业建设需要占用的宅基地。例如，南山村近年来仅有偿回购了三宗宅基地，这三宗都属于因村集中居民点建设而必须回购的宅基地。对于其他类型的闲置宅基地，如果无法在市场上自由流转的话，村集体也只能仍由其继续闲置。

3. 退出复垦模式的可操作性和可推广性不强

在宅基地使用权退出制度改革中，浏阳市在北盛镇边洲村试点了一种新的退出模式，即动员某些分散居住或占用良田建房的农户退出现有的宅基地，到村集中居民点集中居住，并将退出的宅基地还耕还林。这种模式看似有利于推动农村统一规划，有效利用农村土地，但是其在具体实践中却有许多问题难以解决。首先，农村宅基地退出复垦工作需要大量的资金支持。边洲村由于是首次试点，有政府资金的大力支持，所以效果不错，可是今后若全面推广此种模式，仅靠村集体的资金则完全无法运作，而政府也很难承担所有村集体的复垦资金，那么那些转换为复垦用地的宅基地，则会面临土地肥力不足、土地质量差，土地数量不平衡等生态潜在风险。其次，退出复垦后，土地的承包经营权怎么分配，土地耕种权归谁所有，如何补偿退出宅基地的农户，如何平衡村民之间的利益等都是一系列亟待解决的问题。最后，农村宅基地使用权的退出复垦，会带来一定的居住保障风险。农村宅基地使用权的退出标准仅保障农民拥有最基本的住房保障，如果农民进行房屋装修，会出现额外的经济压力。农村宅基地的使用权的退出所涉及的费用诸如补偿费用、新房建设费用、社会保障费用、公共基础设施建设费用等，如果这些费用落实不到位，会降低农民的居住质量。所以如果没有明确的法律规定和政策保护，退出复垦模式的可操性和可推广性并不强。

（三）地方政府财政压力大，农村宅基地制度改革存在资金危机

在宅基地制度改革的资金筹集方面，浏阳市政府提出了“政府暂借、

乡镇统筹、封闭运行、成本核算、收支平衡、严格管理”的资金管理要求，但操作中很难实现收支的平衡，资金收入途径非常有限，主要依赖于宅基地的有偿使用费（包括择位竞价款和流转收益中的集体分成），但开支目录繁多：宅基地有偿退回补偿、村庄公益基础设施建设、屋拆除与复垦、相关人员的误工补贴、拆迁安置补偿、规划区内的承包地、自留地、自留山等收回补偿。单纯比较使用费与退出费，就可以看出已经入不敷出。据了解，目前试点中的资金来源主要依赖涉农项目资金、增减挂收益以及少量的外出经商创业成功人士的捐助，但还是存在很大缺口。除了试点村自身的收支平衡外，全面完成全市的村庄规划、农村宅基地测量确权，还有后期的村庄外部环境整治，都需要大量资金投入，作为经济不算发达地区的湖南省基层财政承担着巨大压力 。

根据我们的调研得知浏阳市各村宅基地制度改革方面所筹集的资金主要都用于了集中居民点建设和宅基地的退出复垦工作中，然而这两块项目的建设仍然存在重大资金不足的危机。目前浏阳市的农村集中居民点建设基本主要都是由村集体自己出资，自己筹建，建设好地基和公共基础设施和公路后，将宅基地的使用权对外转让。然而由于资金不足，有些贫困村的集中居民点建设只能等待政府财政的支持，迟迟无法开工建设。而有些富裕点的村虽然能够依靠自己的资金建成集中居民点，但是最后通过择位竞价转让宅基地使用权所得的收入远不及建设时所花的开支，常常都是入不敷出。

另外宅基地退出复垦资金也是村集体资金支出的一大部分。闲置宅基地退出后按照浏阳市的规定除预留部分宅基地申请使用空间，其余部分在市国土、农业等部门的指导下，组织开展村庄整治和土地复垦。① 然而退出复垦工作通常需要大量的资金来重新开发和种植田地，然而面对繁重的宅基地改革开支，浏阳市很多村集体现阶段根本没有多余的资金来进行田地的复垦工作。虽然政府规定对于复垦成功的田地会给予一定奖励，但是奖励相比支出来说可谓是杯水车薪，而且奖励只有到复垦工作成功后才能领取。由于资金的严重缺乏，这就使得浏阳市很多村集体不得不暂时中止宅基地退出复垦工作的开展，使得很多已经退出的宅基地又荒废和闲置，与改革盘活农村土地利用的初衷严重不符。

---

① 《浏阳市农村宅基地退出暂行办法》第7条（详细内容见附件）。

（四）宅基地制度改革后续管理困难重重，村民幸福感大打折扣

提高农村生活环境，建设美丽家园，是农村宅基地改革的目标之一，在农户拆除超面积宅基地、规范农户建房行为后，如何让广大村民感受到生活环境的切实改善，是维持农村宅基地改革成果的重要条件。然而，目前由于经费不足、工作人员不够等，后续管理工作难以及时跟进，极大地影响了村民对农村宅基地改革带来的获得感，这在开展了新农村建设的试点村反映尤为强烈，这些村庄通过卫生厕所建设、庭院的美化、道路的硬化、建筑外观的“穿衣戴帽”等新农村建设工程，已拥有了相对稳定和舒适的居住环境，现在超占的庭院要拆除、原有的道路要改变，现场一片零乱，个别村民报怨：新农村建设是在“做好事”，而宅基地改革在“做坏事”。目前，浏阳市已经安排了5000万元的财政资金，用于农村的后期环境整治，但能否取得效果有待于进一步跟踪考察。

四、浏阳市深化宅基地制度改革的建议分析

面对浏阳市在宅基地制度改革中的不足以及其所面临着的困境，笔者认为可以从以下几个方面进一步深化浏阳市的宅基地制度改革工作：

（一）加强村集体经济组织建设，协调好村委会与行政部门间的关系

1. 加强村集体经济组织建设，提高村委会的权威

在理论中村集体经济组织和村委会是两个独立的组织，但是在实践中二者往往很难区分，在我们走访的几个试点村中村委会和村集体经济组织基本都是一套班子，宅基地改革工作小组也是由这套班子的成员具体负责。浏阳市在改革文件中也明确提出由各村的村支书和村主任作为该村宅基地改革工作的具体负责人。所以加强村集体经济组织建设其实就是要加强村民委员会领导班子的建设，提高村委会在宅基地制度改革工作的权威。加强村委会的建设首先要把好导向选好人。宅基地改革工作错综复杂，需要选好配强村级班子。班子中最重要的是领头人，最关键的是把好“进口关”。① 在村支书和村主任的选任中应始终坚持德才兼备、以德为先的选人用人标准，在村级组织换届中，把好“思想品德关、政治素养关”，采取“从现任干部中挑、从后备干部中推、从外出人员中引、从机关干部中派、从返乡大学生中聘”

① 苟正金．我国宅基地制度变革的道路选择与反思［J］．江汉论坛，2017（4）．

等办法，注重从政治素质好、熟悉农村情况、熟悉土地改革政策方针、群众基础好、文化素质高的人员中，推荐选拔优秀人才担任村干部；应当加强村委会的制度建设，政府应帮助每个村的村委会制定相关村规民约、村委会组织章程和民主管理农村宅基地的村规民约，用制度来管事管人，使村干部在进行宅基地改革工作时有法可依、有理可用，从而提高村委会的权威。

2. 协调好村委会和行政机关之间的关系

当前农村宅基地改革的大量工作都是交由村委会的村干部们具体执行，政府部门一般是规则制定者、事项调控者和工作监督者的角色。然而由于村委会的人员力量有限且并不具有强制执行权，使得许多宅基地改革执行工作在实践中屡屡碰壁，这就需要协调好村委会和行政机关在宅基地改革执行工作上的关系。行政机关不能仅仅只作为改革工作的指导者，也应深入农村一线帮助村委会执行改革的具体政策。对于不配合改革的农户和无法顺利执行的政策，村委会也不应听之任之，应及时将情况求助和反馈于行政机关。笔者认为鉴于村委会不具有强制执行权，政府部门应当定期派驻国土资源部门的干部对各村的宅基地改革情况进行调查，发现有村委会无力执行的事项，应当及时通知有关部门强制执行，切实推进宅基地制度改革工作在农村的开展或落实。

（二）进一步深化宅基地使用权退出制度的改革

1. 完善违规宅基地无偿收回方面的规定

首先，对于农户违法占用的宅基地，不仅应当规定由村集体无偿收回其宅基地的使用权，还应当在有关规定中责令其主动拆除宅基地上的房屋和附着物，将宅基地交由村集体统一规划处理，对于拒绝拆除违规宅基地上房屋和附着物的农户，有关权力部门可以强制拆除或者申请法院强制执行，以保证村集体经济组织对宅基地的实际控制。对于具体由哪个行政部门来负责强制拆除，根据《土地管理法》第77条规定：“农村村民未经批准或者采取欺骗手段骗取批准，非法占用土地建住宅的，由县级以上人民政府土地行政主管部门责令退还非法占用的土地，限期拆除在非法占用的土地上新建的房屋。”由此可见，对于违规宅基地上住宅的拆除国土资源部享有当然的法定权力。所以在今后的改革中浏阳市国土资源局不仅应当成为宅基地制度改革的规划者、监督者，而且应当主动承担起违规宅基地无偿收回的强制执行工作。

2. 转变闲置宅基地退出的现有模式

对于合法取得的闲置宅基地的退出，在当前的改革中简单地将其分为有偿退出与无偿退出两个方面，然而实践已经证明，单纯依靠政策宣传和鼓励，无法使大多数拥护一户多宅的普通农户自愿退出闲置的宅基地，而实行有偿退出的模式，村集体又受到资金有限的困扰。所以笔者认为在今后的改革中应该转变闲置宅基地退出的现有模式，实行综合的宅基地退出模式。综合的宅基地退出模式既不一味鼓励农户无偿退出，也不贸然给予农户全额的经济补偿，而是通过“五步走”的方式将无偿退出模式与有偿退出模式相结合，倡导农户主动退出宅基地。第一步，对于某些觉悟高，愿意积极配合国家宅基地改革政策的农户，政府和村集体应当积极倡导其无偿退出宅基地，实践也证明虽然大部分农户无法接受无偿退出，但在改革的这三年中浏阳市也有 189 户农户同意了无偿退出宅基地，所以我们可以将无偿退出作为综合退出模式的第一步；第二步，对于某些只需给予少量补偿就肯退出宅基地的农户，村集体可以在资金允许的范围内通过补偿的方式收回宅基地使用权；第三步，对于某些需要全额市价经济补偿才肯退出闲置宅基地的农户，政府和村集体可以主动帮助其闲置的宅基地投入土地交易市场进行流转，利用社会资本对其进行补偿，将其自身闲置的宅基地转让给有需要的符合受让条件的其他农户。并且为了促进此类宅基地更好更快的转让，政府和村集体可以放宽宅基地转让后的使用范围，除了不得用于开发商品房地产项目和城镇居民的住宅建设以外，可以用于其他任何范围；第四步，对于某些需要全额市价补偿才肯退出闲置宅基地，又无法马上实现其宅基地转让的农户，村集体可以采取土地承包经营权置换宅基地使用权的模式来收回宅基地。即村集体允诺有意退出宅基地的农户，在其宅基地退出复垦后，该复垦田地的土地承包经营权在一定年限内归该农户所有，该农户可以自由选择耕种或转让其土地承包经营权，以获得退出闲置宅基地的经济补偿。这种做法不仅节省了村集体回购宅基地使用权的资金，还有效盘活农村土地的有效利用，也省去了村集体复垦田地的工作量；第五步，如若前四种方式都无法与农户达成退出宅基地的协议，而村集体或政府又因公共设施和公益事业建设需要占用农户闲置宅基地的，则可以通过按市价予以有偿回购的方式收回宅基地的使用权。

（三）着力解决宅基地制度改革中所存在的资金短缺危机

针对农村宅基地改革工作资金紧张的问题，笔者认为一方面需要政府加大财政专项款的补助，另一方面则需要村集体通过开源节流的方式，实现自身造血。然而村集体在宅基地制度改革中应当如何开源节流呢？笔者认为农村集体可以借鉴政府建设公共基础设施时所采取的 PPP 模式，在农村宅基地改革建设中引入社会资本，解决村集体资金困难的问题，与社会上有土地运作经验的企业合作，盘活农村土地的有效利用。具体可以在集中居民点建设和宅基地退出复垦建设中引入社会资本，因为这两项建设既是农村宅基地改革项目资金的主要支出范围，也是最适合引入社会资本的项目。首先，村集体可以在集中居民点建设阶段引入社会资本，来帮助村里建造和修整集中居民点中的地基、公共设施和公路，建成后以村集体的名义将集中居民点内的宅基地使用权对外流转，所得转让费由村集体和参与建设的社会企业按一定的比例分配。社会企业分得一定比例的转让费后仍不能回本和获取利润的部分，由社会企业在一定的协商年限内代替村集体向集中居民点的居民收取物业管理费和无偿使用集中居民点内的公共区域进行商业活动来收回剩余成本和利润。其次，在宅基地的退出复垦工作中，村集体可以引入社会资本来改造土地、增强土地肥力和耕种田地，即由村里出地，社会企业出资来进行宅基地的复垦工作。宅基地复垦工作完成后，由村集体和社会企业协商在一定年限内将复垦成功田地的土地承办经营权转让给该出资的社会企业，转让年限设置在该企业能够收回投入成本和约定利润为止。

（四）及时跟进村庄后续管理，增加村民的改革获得感

要制定并及时实施切实可行的宅基地改革中的村庄环境整治方案，把因宅基地拆除对村庄环境的影响降到最低，切实维持村民的利益，立足于村民的生活舒适需求，及时恢复损坏的生活环境，确保村民的生活环境随着宅基地改革而有所改善；① 做好农村工作政策的前后衔接解释工作，不同部门村庄建设政策因角度不同而在具体内容上会有所区别，但总的目标都是为了提高村民的生活环境，要向村民解释清楚政策之间的区别所在，获得村民的理解与支持；加强村庄的日常管理，按照农村社区建设的需求，建设宜居美丽乡村为目标，完善相应的生活基础设施与环境管理制度，通过软件建设弥补村庄公益设施硬件建设不足的差距，让村民切实感受到农村宅基地改革带来的种种实惠，增强改革的获得感。

---

① 龙开胜．宅基地使用权制度改革的现实逻辑与路径选择［J］．社会科学家，2016（2）．

结语

通过三年的宅基地制度改革工作，目前浏阳市在宅基地制度改革方面已经初步取得了不少的改革成果，形成了较为完整的改革思路，构建起了比较完善的制度体系。但是在农村具体改革实践中，仍然存在一些改革上的困境与不足，这就需要有关政府工作部门和村集体在今后的工作中，针对实践中所暴露出的问题，继续深化改革，完善有关宅基地利用的制度构建，形成以保障农民权益为核心的农村宅基地制度，为我国新《土地管理法》的出台和今后改革工作的全面推广提供可靠的“浏阳经验”。

参考文献

［1］龙开胜．宅基地使用权制度改革的现实逻辑与路径选择［J］．社会科学家，2016（2）．

［2］宋才发，马国辉．农村宅基地使用权制度改革的法律问题探讨［J］．贵州民族研究，2015（1）．

［3］王燕霞．城市化进程中宅基地使用权制度的改革与完善［J］．河北经贸大学学报，2016，37（2）．

［4］狄亚娜，宋宗宇．宅基地使用权的现实困境与制度变革——基于三省（市）法院2004～2013年428件裁判文书的数据分析［J］．农村经济，2016（5）．

［5］杨保勤．农村宅基地使用权退出的现实风险、法治理念和路径选择［J］．现代经济探讨，2015（10）．

［6］杨俊，张晓云，汤斌．深化改革背景下农村房屋买卖路径探析［J］．中国土地科学，2015，29（6）．

［7］姜振颖．改革完善我国农村宅基地法律制度探究［J］．河南社会科学，2015，23（11）．

［8］桂华．制度变迁中的宅基地财产权兴起——对当前若干制度创新的评析［J］．社会科学，2015（10）．

［9］危薇．稳步推进问题导向的农村宅基地制度改革——对晋江三个村庄的调查［J］．江淮论坛，2015（4）．

［10］魏程琳．“空心村”治理与宅基地制度变革——基于广西富县实地调研［J］．城市规划，2017，41（1）．

[11] 张菡冰．宅基地使用权去身份化改革的两难困局及其突破［J］．中国土地科学，2015（8）．

[12] 孙雪峰．不同经济发展水平地区农户宅基地退出意愿及其影响机制研究［J］．江苏社会科学，2016（2）．

[13] 吕军书，张誉戈．供给侧结构改革视阈下农户宅基地有偿退出的实现路径——以“百村调查”为样本［J］．经济体制改革，2017（1）．

[14] 崔江红．以有限市场化流转为核心构建农村宅基地节约利用制度［J］．云南社会科学，2016（1）．

[15] 赵之枫．城市化背景下农村宅基地有偿使用和转让制度初探［J］．农业经济问题，2001（1）．

[16] 赵树枫．试论农村宅基地制度改革［J］．农村工作通讯，2006（10）．

[17] 刘守英．农村宅基地制度的特殊性与出路［J］．国家行政学院学报，2015（3）．

[18] 夏克勤．宅基地流转改革的价值趋向与改革路径［J］．江西社会科学，2016（9）．

[19] 杨璐璐．沿海地区农民宅基地退出意愿的实证分析——以福建省晋江市为例［J］．财经问题研究，2016（1）．

[20] 韩清怀．农村宅基地使用权制度研究［M］．中国政法大学出版社，2015.

[21] 佚名．农村土地制度改革研究［M］．社会科学文献出版社，2015.

[22] 赵树枫．农村宅基地制度与城乡一体化［M］．中国经济出版社，2015.

[23] 于霄．中英比较视野下的宅基地法律改革［M］．上海人民出版社，2013.

附件一

关于农村基层治理法治化建设实证研究的接洽函

您好：

我们是湘潭大学“农村基层治理法治化建设实证研究”项目的成员。该项目旨在通过对长株潭地区近年来农村治理法治化建设情况的实地调研，发现该地区推进农村法治化治理进程中的成果和存在的困难，为实现“法治湖南”“乡村振兴”出谋划策。为了获取本次调研所需的资料数据，需要贵部门的帮助和支持，请贵单位予以安排。在此对贵部门的接纳予以感谢。

我们将于　　年　月　日　赴贵单位完成该次调研，期予以接洽为盼。

年　　月　　日

学院印章：

附件二

访谈提纲（浏阳市国土局）

一、总体情况了解

1. 贵市的宅基地改革从2015年3月开展以来，已三年有余，今年又是国家土地改革的收官之年，请问你认为贵市在农村宅基地制度的改革中取得了哪些重大性突破？哪些成果是可以被推广并为其他地区所借鉴的？

2. 据悉贵市就农村宅基改革颁布了一系列的制度性文件，例如：《浏阳市农村宅基地制度改革试点工作方案》《浏阳市农村宅基地有偿使用暂行规定》《浏阳市农村宅基地使用权及房屋所有权确权登记暂行办法》《浏阳市宅基地使用权流转管理办法》《浏阳市宅基地管理办法（试行）》。除了我方所提到的这几份文件之外，是否还有其他制度性文件？此外，贵方能否向我方提供此类文件的具体内容？

3. 以上制度性文件属于什么性质的文件？制定主体和颁布主体是谁？是否属于地方行政规章？是否与现行法律法规相冲突？冲突之处是否得到了有关国家机关的批准？

4. 贵市在宅基地改革的过程中是否有遇到困难和瓶颈？能否具体说明？

二、有关宅基地登记工作的问题

1. 据悉贵市自改革以来，贵市开始颁发宅基地使用权与房屋所有权合一的不动产权证，请问截至目前贵市一共有多少户宅基地，有多少户办理了不动产权证？

2. 宅基地登记工作具体由哪个部门负责？登记程序相较之前有哪些变化？登记确权是否要向农户进行收费？登记时是否要对每户的宅基地重新进行丈量或审批？

3. 对于非村集体的农户所取得的宅基地是否能够确权登记？有何相关依据？登记手续较之村集体的农户有无不同？

4. 对于一户多宅和宅基地面积超标的农户如何进行确权登记？贵市在改革之后的宅基地的占地面积标准是多少？自留地是否包括在宅基地登记的范围内？

5. 贵市除了登记程序改革了之外，在宅基地的确权和审批上是否有新的变化？

三、有关宅基地有偿使用的问题

1. 据悉贵市在改革以来，对于面积超标的宅基地实行有偿使用制度。贵市宅基地的占地标准是多少？是依据什么来确定农户宅基地的占地面积？至今贵市一共有多少户超标？其中有多少户已经缴纳了有偿使用费？

2. 对于宅基地超标的农户所征收的费用是多少？依据什么标准确定？由哪个部门征收？所征收的费用如何处理？

3. 对于不配合征收的农户贵市在改革中是如何处理的？是否存在强制征收的情况？

4. 宅基地面积超标的农户在缴纳了有偿使用费用后是否意味着该农户对超出标准的土地享有使用权？有偿使用制度是否意味着实际上是“花钱买地”。

四、有关宅基地退出的问题

1. 据悉贵市在改革中对于空闲的宅基地和一户多宅的情况采取退出的制度。贵市一共有多少处空闲的宅基地？有多少户农户同意退出宅基地？

2. 对于宅基地的退出贵市是否相关依据的政策或文件？宅基地退出是有偿退出还是无偿退出？由哪个部门负责该项工作？退出的宅基地的用途是什么？

3. 对于宅基地退出工作，农户是否配合？选择退出的农户大都是基于什么原因？不配合的农户贵市是如何处理？是否存在强制退出？

五、有关集中居民点建设的问题

1. 集中居民点所针对的对象是否主要是非村集体的外来农户？本村已有宅基地的村民是否有可能入住集中居民点？对于非村集体的农户取得集中居民点的宅基地使用权目前是否有相关依据？

2. 外来农户入住集中居民点是否要缴纳相关费用？是否有确定的标准？外来农户入住集中居民点后，原先在其他村集体拥有的宅基地如何处理，是否都已经退出？

3. 集中居民点采取什么方式建造？是一户一栋还是类似于商品集资房？对于集中居民点的村民是否都已经办理了宅基地登记手续？

六、有关宅基地流转的问题

1. 将宅基地转让的范围扩大至全市范围是否意味着城镇居民也可以参与，还是仅限于全市范围内的农村居民？宅基地使用权转让后是否只能用于居住性质？

2. 转让宅基地和受让宅基地在现有规定中需要满足哪些条件？已有宅基地的农户是否可以购买在全市范围内转让的宅基地使用权？对于一户多宅的情况是否允许农户将其多余的宅基地进行对外转让？

3. 当前贵市除了允许宅基地使用权转让以外，是否还允许其他形式的宅基地流转？贵市的金融部门是否接受宅基地的抵押？有无相关宅基地抵押的具体规定？

4. 据悉近年贵市有在开展土地信托的改革，采取了股田制、转包制、租赁式和拍卖式等模式。请问在宅基地使用权的流转上贵市是否允许采取信托的方式？具体流程是怎样的？

5. 贵市是否存在宅基地私下流转的情况？贵市是如何打击这种违法的转让方式？

附件三

访谈提纲（村委会）

一、总体情况

1. 据悉贵村作为浏阳宅基地改革的试点村，已经开展了三年多的宅基地改革工作。请问在这三年中贵村在宅基地使用制度方面取得了哪些突破？您认为经验和成果是否值得推广和借鉴？

2. 贵村在宅基地改革过程中是否有遇到什么困难和瓶颈？能否具体说明？

3. 贵村的宅基地改革工作主要是依据哪些法律法规或政策性文件？贵村在改革的实践中对这些规定的实用性有何看法或意见？贵村认为浏阳市新颁布的一系列有关宅基地改革的政策性文件在实践中有无不合理之处？

二、有关宅基地确权和登记的问题

1. 贵村的宅基地一共有多少户？其中有多少是外来农户？所有农户是否都已近进行了新的宅基地登记？

2. 贵村村民办理宅基地登记的途径是否畅通？有关部门是否有向村民收取相关费用？

3. 在改革之后贵村是否有重新审批和确认新的宅基地？审批新的宅基地的手续较之以前有什么变化？

4. 贵村的宅基地确权工作的进展如何？在确权过程中是否要发现不符合国家政策的宅基地？贵村是如何处理的？

5. 对于外来农户，贵村是如何来确定其申请宅基地的资格？外来农户在本村购置宅基地是否要向村委会缴纳相关费用？

三、有关宅基地有偿使用和宅基地退出的问题

1. 贵村宅基地面积超标的情况一共有多少户？截至目前有多少户已经缴纳了相关费用？共计收费多少？

2. 贵村一户多宅的情况一共有多少户？对于一户多宅的情况贵村采取的是缴纳有偿使用费还是退出宅基地？

3. 目前贵村已经退出的宅基地有多少户？是无偿退出还是有偿退出？

退出的土地一般如何处理?

4. 村民对于缴纳有偿使用费的态度如何?对于宅基地的退出和有偿使用村民们有哪些诉求?对于不愿意配合缴纳费用的农户,贵村村委会是如何处理的?

四、有关集中居民点居住的问题

1. 贵村正在建设和计划即将建设的集中居民点共有几处?目前一共有多少户农户入住了集中居民点?

2. 贵村建设集中居民点的资金来源是什么渠道?是完全由入住的村民集资还是有政府或村集体的支持?

3. 集中居民点主要针对的对象是哪些群体?非村集体的外来农户是否大多数居住于此?本村已有宅基地的农户是否有机会申请入住集中居民点?

4. 集中居民点中的公共用地属于什么性质?集中居民点内公共区域的物业管理贵村是如何操作的?

五、有关宅基地使用权流转的问题

1. 贵村目前宅基地使用权流转的范围是否已经扩大至全市范围内?自改革以来有多少户农户转让了其宅基地的使用权?其中是否有非村集体的受让方?贵村宅基地使用权转让的价格是多少?

2. 贵村的村民一般是基于什么原因转让宅基地的使用权?转让宅基地后,这些农户的去向如何?是否有固定的居住场所?

3. 宅基地使用权的受让方获得宅基地后一般用途是什么?办理宅基地转让的手续是否方便?是否存在宅基地转让后闲置的情况?

4. 贵村目前是否有农户将其宅基地使用权进行抵押?一共有多少这样的情况?村民一般基于什么原因将宅基地使用权抵押?是否存在农户的宅基地使用权因抵押到期无法还债而被拍卖的情况?

5. 除了转让、抵押之外,贵村是否还存在其他形式的宅基地使用权流转的形式?是否存在私下的宅基地流转?村民们对于宅基地的流转一般是什么态度?村民是否了解相关宅基地流转的政策?村委员是否有告知村民们宅基地流转中所存在的风险?

附件四

湘潭大学法学院暑期调研团队

——浏阳市农村宅基地制度改革现状的实证研究调研问卷

（普通村民）

尊敬的__________女士（先生）

您好，我们是湘潭大学“农村基层治理法治化建设实证研究”项目的成员。该项目旨在通过对长株潭地区近年来农村治理法治化建设情况的实地调研，发现该地区推进农村法治化治理进程中的成果和存在的困难，为实现“法治湖南”“乡村振兴”出谋划策。此问卷仅限于学术研究，采取不记名形式。如果您有时间，希望您能积极参与并请实事求是地予以回答。我们将本着专业精神承诺：在调研过程中严格保守秘密，不向任何第三方透露被调查者的任何非公开信息，不将此问卷用于本次调研以外的任何目的。请您在符合情况的序号下画“√”。谢谢您的合作！同时对您提供的热忱帮助表示由衷感谢！

1. 您是本村村民还是外来农户

A. 本村村民　　B. 外来农户

2. 作为外来农户的您是否已经取得了该村的宅基地使用权

A. 已经取得　　B. 即将取得

C. 尚未取得，但符合取得的条件　　D. 尚未取得也不符合取得的条件

3. 您家一共有几口人

A. 3 人以下（包括 3 人）　　B. 3 至 5 人

C. 5 人以上

4. 您家宅基地的面积有多大

A. 130 平方米以下　　B. 130 平方米至 180 平方米

C. 180 平方米以上

5. 您对您村近年来所进行的宅基地改革情况是否了解

A. 完全不了解　　B. 略知一二

C. 特别了解

6. 村干部或者政府工作人员是否有向您宣传过浏阳市近年来所颁布的新的宅基地政策

A. 完全没听说　　B. 曾经宣传过

C. 经常宣传普及

7. 您对您村近几年的宅基地改革工作是否满意

A. 十分满意　　B. 比较满意

C. 不太满意

8. 您家是否已经办理了宅基地使用权与房屋所有权合一的不动产权证

A. 已经办理　　B. 尚未办理

C. 正在办理

9. 您如何看待宅基地登记制度的改革

A. 是项利好的政策，统一宅基地使用权和房屋所有权，方便村民申请银行贷款

B. 需要重新申请产权证，程序太麻烦，不看好

C. 不太在意，只要能保证自身的权利就好

D. 其他__________________

10. 对于面积超标的宅基地要缴纳宅基地有偿使用费用，您如何看待

A. 不合理，本来就是自家的宅基为什么要缴纳使用费

B. 有部分合理性，公平起见面积超标的农户应当缴纳使用费，但应缴纳多少费用没有征求农民的意见

C. 十分合理，能够推动宅基地的有效利用，合理分配集体资源，应积极响应这项政策

D. 其他__________________

11. 您家宅基地的面积是否超标或者存在一户多宅的情况

A. 是　　B. 否（直接跳至第 13 题）

12. 您家是否缴纳了宅基地有偿使用费或者退出了闲置的宅基地

A. 是　　B. 否

13. 您对您村所开展的集中居民点（芙蓉小区）建设有什么看法

A. 营造新的环境有利于节约农村用地，改善村民的生活条件

B. 建造的房屋数量不多且申请的条件严格，并不适合广大村民

C. 已经有自家的宅基地，并不关心这项政策

D. 其他__________________

14. 您是否有转让您家的宅基地或者将其用于抵押的想法

A. 风险太大，从没有考虑

B. 已经转让或者抵押了自家的宅基地

C. 有这个想法，但由于政策不成熟，不敢贸然行动

D. 计划赶不上变化，不确定以后会怎样

15. 您身边的亲朋友好是否存在转让或者抵押其宅基地的做法

A. 基本没有　　B. 有几个

C. 很多

16. 您对浏阳市放宽宅基地流转的限制有何看法

A. 有利于促进农村土地的交易流转，活跃乡村经济

B. 宅基地流转的范围扩大会导致大量非村集体的人口涌入，不利于农村的稳定

C. 并不考虑流转宅基地，所以无所谓政策的变化

D. 其他__________________

附件五

浏阳市国土资源局调研访谈笔录

一、总体情况了解

问1：贵市的宅基地改革从2015年3月开展以来，已三年有余，今年又是国家土地改革的收官之年，请问您认为贵市在农村宅基地制度的改革中取得了哪些重大性突破或者创新之处？哪些成果是可以被推广并为其他地区所借鉴的？

答：跟以前的宅基地制度相比，我市在改革中主要在以下几个方面进行了大胆的创新尝试：

第一，扩大了流转的范围，以前《土地管理法》和《湖南省关于进一步加强农村宅基地管理制度》等一系列的法律法规中规定：农民的宅基地只能在所在的集体经济组织内进行内部流转，不能跨集体经济组织流转；我市改革后把流转的范围扩大了，只要对方符合一户一宅，且是农村户口，在全市范围内均可流转（浏阳四区除外）；

第二，采取有偿使用的办法来压缩或者控制村民多建，达到节约规范宅基地的使用；

第三，对废旧的宅基地、退出的宅基地进行复垦，复垦以后通过验收，我们会给予集体组织一定的补偿；

第四，把宅基地占地的面积放大了，以前湖南省管理制度里面规定：农村村民建住宅，每户用地面积（包括住房、杂屋、厕所和畜舍），使用荒山荒地的不超过210平方米，使用耕地的不超过130平方米，使用村内空闲地和其他土地的不超过180平方米。我们根据实际情况认为这样并不是很合理，所以在改革时制定了自己的标准，即：在城镇规划建设用地范围内每户宅基地面积不得超过140平方米，家庭人口在7人以上（含7人）的可增至180平方米；城镇规划建设用地范围外每户宅基地面积不得超过180平方米，家庭人口在7人以上（含7人）的可增至210平方米。我们现在是以地理位置区分，看宅基地是否属于城镇规划建设用地范围内，往往建设住宅区域都是在城镇规划建设用地范围之内，所以我们对住房面积进行压缩，也是为达到节约用地的目的；

第五，湖南省从2012年起取消了对村民宅基地占用耕地的耕地开垦费，但是我们本次改革中向省政府申请恢复了收取耕地开垦费，而且我们的标准也有所提高，目前标准是水田40元/平方米、旱土30元/平方米，我们这样做的目的就是让农民建房尽量不占用耕地、少占耕地，用经济杠杆来打消村民建房对耕地的占用的欲望或者需求。之前不收取耕地开垦费，村民就大量的去占用耕地而不用规划地建房，因为在耕地建房的成本要远远低于在林地建房的成本，所以我们就采取经济杠杆，抑制占用耕地的现象，2015年之前整个浏阳市村民建房占耕地每年将近二十多公顷，到2015年、2016年只有六公顷左右，下降了将近一半，因为村民觉得建在田里的话六七千块钱就不如选择别人退出的宅基地，换也好买也好，经济成本都会更小一些；

第六，为了使宅基地可以在全市范围内自由流转，我们在全省率先创立了农村建设用地地价体系。宅基地使用权要在全市流转的话就需要我们土地管理单位出台一个文件来对流转价格进行引导，我们只是对价格进行指导，经济集团组织可以根据自己的基础设施的投入、地理位置以及配套设施等情况来合理确定流转的价格。我们出台的这个指导性文件在全湖南省是第一个。

问2：在宅基地制度改革过程中，浏阳市是否有出台相应的改革制度性文件和规范？一共有多少部涉及宅基地改革的制度文件？以上制度性文件属于什么性质的文件？制定主体和颁布主体是谁？是否属于地方行政规章？是否与现行法律法规相冲突？冲突之处是否得到了有关国家机关的批准？

答：在改革过程中我市一共出台了六个有关宅基地制度改革的规定，分别是《浏阳市农村宅基地管理办法（试行）》《浏阳市农村宅基地有偿使用暂行规定》《浏阳市农村宅基地退出暂行规定》《浏阳市农村宅基地使用权及房屋所有权确权登记暂行办法》《浏阳市农村宅基地使用权流转管理办法（试行）》《浏阳市民主管理宅基地村规民约》。这些规定属于浏阳市地方政府的规范性文件，由浏阳市政府制定。同地方行政规章一样，在浏阳市全市范围内具有法律效力。虽然浏阳市作为县级市没有相应的地方立法权，但是全国人大常委会在宅基地改革工作开展后明确授权了包括浏阳市在内的33个改革试点县市在改革试点的范围内享有自主制定有关规范性文件的权力，规范性文件的内容可以在国家允许的范围内突破现有《物权法》《土地管理法》的规定，为改革工作作出有益的尝试，但此类规范性文件只能严格适用于改革试点地区。

问3：贵市在宅基地改革的过程中是否有遇到困难和瓶颈？能否具体说明？

答：改革不可能一蹴而就，我市改革的过程肯定存在着许多困难和障碍，从目前的实践来看具体可以表现在以下几个方面：第一，在宅基地有偿使用制度改革上，村民抵触情绪很大，对宅基地占地面积超过规定标准的农户每年要交一定的费用，以前从来没有实行过，农户会认为土地本来就是自己的，为什么还要交钱。第二，在宅基地退出制度改革上，由于我市存在大量的一户多宅和宅基地闲置的情况，并且大部分农户对于无偿自愿退出宅基地存在严重的抵触心理，所以宅基地退出制度改革是一项任务艰巨的工作。此外宅基地退出后的复垦工作也开展得并不顺利，因为退出复垦工作一方面需要资金，另一方面需要技术，而这两方面在我市农村都极为缺乏；第三，我市政府在宅基地改革中起得是规则制定者和指导者的作用，具体改革工作则由各村村集体的村干部们负责。但是由于一些村的村干部素质不高，缺乏土地改革经验，所以部分改革政策在实践中落实得并不是十分理想。第四，就是地方财政紧张，无法提供大量的资金支持每个村的宅基地改革工作，特别是目前改革工作已经在全市范围内展开，我市在改革项目上的资金确实有限，不可能照顾到每一个村。而村集体内部的资金往往因为缺乏有效管理而很难实现收支平衡。

二、有关宅基地登记工作的问题

问1：据悉自改革以来，贵市开始颁发宅基地使用权与房屋所有权合一的不动产权证，请问截至目前贵市一共有多少户办理了不动产权证？

答：自改革以来，我市就在各村大力宣传办理不动产权证的好处，目前我市超过6成以上的农户已经办理了不动产权证。具体有多少户还需要到不动产登记管理中心查询。

问2：宅基地登记工作具体由哪个部门负责？登记程序相较之前有哪些变化？登记确权是否要向农户进行收费？登记时是否要对每户的宅基地重新进行测量？

答：2015年以后我市就已经成立不动产登记管理中心，为我局的下属机构，全市所有的不动产登记（包括宅基地在内）都统一到这里办理。同时为了方便村民进行宅基地登记确权，我们在每个乡镇的国土所都设立相应登记代办机构。而且普通农户想要办理宅基地登记，不用自己亲自来办理，可以统一交到村委会，由村委会统一代办。登记过程除了工本费之外完全不向农民收取任何其他费用。在不动产权登记时，如果在以前的登记中由相关部门测量过宅基地面积的则无需再次测量，若以前没有由权威部门测量过的，则需要重新测量再进行登记确权。

问3：对于外来农户所取得的非村集体的宅基地是否能够确权登记？有何相关依据？登记手续较之村集体的农户有无不同？

答：外来农户取得其在非村集体的宅基地确权取决于其是不是本市的农业户口、是不是一户一宅、是否已经退出原有宅基地的使用权，如果满足了以上条件，那么其登记手续和本村村民并无不同，只是会在不动产权证上注明其不是本村村民。

问4：对于无法确权的宅基地和非法建造的房屋如何处理？

答：对此类宅基地我们肯定是不会对其进行登记，一般都是要求村集体无偿收回宅基地的使用权。

问5：贵市除了登记程序改革了之外，在宅基地的审批上是否有新的变化？

答：在宅基地的审批工作中，我市确立了宅基地只减不增的原则。即今后尽量不再另外审批新的农村土地用于宅基地建设。今后对于有宅基地需求的村民，我市都会通过对闲置宅基地退出、流转、置换的方式安排给这些村民。这样既可以利用起以前闲置的宅基地又可以节约农村的土地。

三、有关宅基地有偿使用和退出的问题

问1：您刚刚说浏阳市现在宅基地用地标准已经跟原来的不一样了，那目前为止浏阳市农村宅基地面积超标的情况大概有多少？

答：精确的数据不可能收集到，因为我们算了一下整个浏阳市要高精准测量的话，测量费要1.5亿元，而且假如单测量一项的资金就这么多，那算上其他方面的人力物力方面的资金投入，经济成本太高，这项改革就是不可推广的，我们只是在搞试点的时候对其中两个村进行了测量，就用了两百多万元。所以宅基地面积超标的情况我们只能交由村集体负责，他们长期在农村居住，比较熟悉当地情况，每户宅基地占地多少村干部们或许比我们清楚。

问2：如果无法全面准确测量的话，那么有偿使用制度怎样实行？

答：我们采取这样的方式：第一种，要申请登记发证的，自己申请，如果以前没有经过国土部门测量的，则自己承担测量费用，在这个过程中如果发现面积超标，在允许申请发证的范围内收取有偿使用费；另外就是一户多宅的清理，最近市委书记也布置了这个任务，要对一户多宅进行清理，多宅也是有偿的对象；此外，可以按照房产证上的面积收取有偿使用费。

问3：您刚刚说的一户多宅是需要退出还是要有偿使用？

答：违法的一户多宅要退出，但一户多宅也有合法的，是分阶段的，有1986年之前的，有1999年之前的，还有一些通过合法继承的，这些合法的一户多宅可以有偿使用，违法的一户多宅必须退出。

问4：到目前为止全市一共缴纳了多少有偿使用费？费用由谁收取？农户不配合征收的话如何处理？收取来的有偿使用费一般用于何处？

答：目前全市各村一共收取了三百多万元的有偿使用费。有偿使用费的收取政府不参与，是由村集体经济组织收取，收取来的费用也由他们自己公开自行支配。对于不肯缴纳有偿使用费的村民，目前我们没有采取什么强制措施，而是通过软性的手段催促其缴纳有偿使用费，例如，没有缴纳有偿使用费的就不给其办理不动产权证，办理后不交纳的在不动产年审中就不予通过。

问5：贵市闲置的宅基地一共有多少户？闲置的宅基地和一户多宅一般是由于什么原因产生的？在改革中宅基地的退出分为几种情况？如何区分有偿退出和无偿退出。

答：据不完全统计，我市一户多宅以及闲置的宅基地有近万户，这是一个庞大的数字，其实不只浏阳市，在全国范围内宅基地闲置都是一个十分严重的问题。这些闲置的宅基地和一户多宅的情况基本都是历史遗留问题，一般都是由以下三种原因产生：一是由于历史原因或者合法继承、接受赠与取得造成的“一户多宅”；二是处于偏远落后地区、深丘区的农户重新择地建新房后未退出原宅基地造成的“一户多宅”；三是城市近郊的农户觉得区位好、房产升值空间大，便在房前屋后的空地、自己承包的土地上多建房子，以供今后出租、转让等流转后获取较高经济收益的“种房子”现象形成的“一户多宅”。这些闲置的宅基地有些是合法取得，有些则是违法取得。所以在闲置宅基地退出中，我市根据取得方式的不同，分为了有偿退出和无偿退出。对于合法取得的宅基地我市一方面鼓励其自愿无偿退出，对于不愿意无偿退出的，我市不会强制其退出，而是采取有偿回收的方式取得其闲置的宅基地；对于那些通过非法方式取得的宅基地，我市则坚持要求其必须无偿退出。

问6：宅基地退出工作是由村委会自己进行的吗？有不配合的农户要怎么处理？目前浏阳市一共退出多少宅基地？

答：对于合法取得的闲置宅基地的退出工作，一般是交由村集体处理，由村委会干部做这些农户的思想工作，或者由村委会出资收回这些宅基地使用权；对于非法方式取得的宅基地的退出工作，一方面由村集体收回其宅基地的使用权，另一方面由国土部门注销其宅基地使用权的登记，并由乡镇政府督促其强制退出。截至目前我市无偿退出和有偿退出的闲置宅基地已经有两千多户了。

问7：目前贵市一共收取了多少占用耕地开垦费？这些开垦费以后用于什么地方？

答：目前还没有统计，应该是一百多万元吧。开垦费收取后都是用于复垦工作，我们湖南省对耕地的保护很严格，必须占一补一，占了耕地就必须补回来，所以这笔钱是由集体经济组织收取后，直接打到市财政的账户上，专用于耕地的开垦以及指标的购买。

问8：如果有人因为复垦费退出宅基地，那么其另外购买宅基地需要自己出钱吗？

答：也不能叫购买，退出宅基地有的是因为一户多宅，这种情况对他们是没有补偿的，因为一户多宅本身就是违法的，如果属于一户一宅退出的，我们是根据前面说的地价体系由土地评估单位对宅基地进行评估，评估价格公示以后可以按那个标准进行赔偿，另一种方式就是协商。

五、有关集中居民点建设的问题

问1：集中居民点主要是针对外来农户吗？

答：我们这项制度是为了满足本村的需求，比如说分户，满足本村集体经济组织需求后还有空余的话可以在全市内对符合条件的农户进行流转，所以是先满足集体组织内部需要，有多余的再向外流转。

问2：外来农户要申请宅基地要符合哪些条件？

答：要是外来的就不能说是申请，要进行有偿使用，要通过择位竞价、公开竞价的方式取得宅基地的使用权，每年还要缴纳有偿使用费。满足一户一宅且是农村户口即可。

问3：如果农户在自己的集体经济组织中有宅基地，建的房屋倒了之后没有再建，想在别的集体组织中取得宅基地，那原来的宅基地要怎么处理？

答：可以退出复垦，我们会有相应的补偿。

六、有关宅基地流转的问题

问 1：宅基地流转后是不是只能用于居住，会不会有人用于商业用途？

答：宅基地只能用于居住，但国家改革，其实是鼓励农民利用自己的一户一宅进行经营创收的，比如说开农家乐、民宿，可以增加农民的收入。

问 2：受让宅基地一方要满足哪些条件？

答：这就是流转的条件，浏阳市范围内满足一户一宅、农村户口即可。

问 3：除了允许宅基地使用权的转让外，是否还允许其他形式的宅基地流转？比如说抵押？抵押要符合哪些条件？

答：可以，我们浏阳市抵押是做得最好的，单纯宅基地抵押这块就有十几亿元。只要有证件就可以抵押。

问 4：宅基地抵押后如果无法还贷，那么宅基地使用权就会转让了是吧？

答：因为房子是私有的，只不过宅基地是集体的，我们通过扩大流转范围，如果银行在处置资产的过程中，受让人符合条件就完全可以发生流转，达到银行进行变现的目的，处置不良资产。

问 5：抵押权实现后农户就没有了宅基地，那他们还能再申请吗？

答：不能再免费申请，因为宅基地是福利性质的，不能无限制的申请。但是浏阳市宅基地抵押权实现后造成没有房子住的情况是没有发生过的，因为在抵押的时候，农民一定要出具一份承诺，承诺即便抵押权实现房屋被卖自己也有住的地方，比如住兄弟姐妹家。不能因为抵押权实现造成农民没有房子住。另外，到目前为止，我们市也没有农民因为还不起钱导致抵押权实现，因为我们每年财政投入五百万元的风险金，是对农商行有财政补贴的，如果出现无法还钱，银行是要跟农民协商解决的，在充分保障农民居住权的情况下协商解决，比如可以延长贷款期限。

问 4：是否存在宅基地私下流转的情况？如何打击这种违法行为？

答：改革之前私下流转的，在改革期间可以补办手续，像南山村就是这样处理的，那边以前有很多移民，因为自然灾害等原因，建房条件非常有限，很多就迁出来了，改革之前一直没办法办手续，我们这次改革扩大了流转范围，只要符合条件，由集体经济组织进行统一的补办手续，让他们合法化。

附件六

浏阳市大瑶镇南山村村委会调研访谈记录

一、总体情况

问 1：据悉贵村作为浏阳市宅基地改革的试点村，已经开展了三年多的宅基地改革工作。请问在这三年中贵村在宅基地使用制度方面取得了哪些突破？

答：我们村作为浏阳市最先试点的几个村庄之一，主要在宅基地的有偿使用、宅基地退出和集中居民点建设方面取得比较大的突破，这也是浏阳市政府最早在我们村试点的几个方面。在有偿使用方面我们村一共有 300 多户农户已经缴纳了有偿使用费（占面积超标农户总数的 85% 以上）；无偿退出了 30 多宗闲置的宅基地；村集体有偿回购了 3 宗宅基地；新建了芙蓉小区、新河小区、燕子婆小区等集中居民点，改善了村民的居住条件。

问 2：贵村在宅基地改革中是否有遇到什么困难和瓶颈？能否具体说明？

答：一是在宅基地有偿使用方面，许多面积超标的农户对于祖祖辈辈居住的宅基地超了面积要缴费不是十分理解和赞同；二是一户多宅的农户对于自己通过继承或其他合法方式取得的空闲宅基地要无偿退出表示十分不理解和不配合，而村委会又缺乏强制手段要求其退出。还有就是浏阳市近年来所颁布的一些改革办法和文件可能不太适合我们农村实际，在改革中有些不方便实施和开展。

二、有关宅基地确权和登记的问题

问 1：贵村一共有多少户？宅基地有多少宗？其中有多少是外来农户？所有农户是否都已经进行了新的宅基地登记？

答：我们村一共有农户 871 户，宅基地 862 宗，房屋 1041 栋。外来农户有 96 户。现在正在开展新的宅基地登记工作，已经有 400 多户农户完成了宅基地的确权认证，填报了相关表格和资料。不动产统一登记以来，我村村民李运送拿到了全省第一本宅基地不动产权证。由于新的不动产权证是宅基地使用权证和房屋所有权证双证合一，方便村民抵押、流转，所以大家申请登记的热情还是很高的。

问 2：贵村村民办理宅基地登记的途径是否畅通？有关部门是否有向村民收取相关费用？

答：宅基地登记和不动产权证办理工作基本不需要村民亲自办理，基本都是各个农户统一报到村委会，由村集体统一向国土部门申请办理。有些之前没有登记过的宅基地，由于面积不清，在登记前需要测量宅基地的面积，对于测量费用之前省里有专门的经费无偿给农户进行测量，现在基本是农户和政府部门对半出钱。在具体办证过程中只需要缴纳工本费即可。

问 3：在改革之后贵村是否有重新审批和确认新的宅基地？审批新的宅基地的手续较之以前有什么变化？

答：浏阳市宅基地改革以后宅基地审批权限下放到乡镇人民政府，审批和确认主要是依据宅基地审批流程。2016 年以来，我村新办理了村民建设用地许可证 74 宗，面积 8787 平方米。

问 4：在确权过程中是否要发现不符合国家政策的宅基地？贵村是如何处理？

答：发现不符合要求的宅基地的情况，主要是由国土部门采取行政措施。一方面不对其进行确权颁证，另一方面对于违法的宅基地国土部门可以责令其退出、拆除。村民对国土部门处罚决定不服的，可在接到处罚决定之日起 15 日内向人民法院起诉；期满不起诉又不自行拆除的，依法申请人民法院强制执行，费用由违法者承担。

问 5：外来农户申请宅基地需要满足哪些条件？外来农户在本村购置宅基地是否要向村委会缴纳相关费用？

答：我村有许多外来农户，这些外来农村大多是因为外来务工或者因为自然灾害而迁移到我村，我村对于外来农户一般将其安置于集中居民点居住。而外来农户取得我村宅基地的条件是其必须是本市农村户口、一户一宅、原有宅基地必须退出。来我村集中居民点居住的农户一般是通过择位竞价的方式来购买宅基地，所以需要向村集体缴纳一定购买费用。除了购买费用以外集中居民点的农户每年还要定期向村委会缴纳一定的物业费用，因为村委会要负责集中居民点公共区域的物业管理。目前我村外来户绝大多数办了宅基地使用权与房屋所有权合一不动产权证。

三、有关宅基地有偿使用和宅基地退出的问题

问 1：贵村宅基地面积超标的情况一共有多少户？截至目前有多少户已

经缴纳了相关费用？共计收费多少？

答：我们村超过省标准面积的有 504 户（含一户多宅），占比 58%。应缴纳宅基地有偿使用费的为 504 户，应收金额为 738766 元，截至 2016 年底已收 348 户，已收金额 512768 元。

问 2：贵村一户多宅的情况一共有多少户？对于一户多宅的情况贵村采取的是缴纳有偿使用费还是退出宅基地？

答：我村一户多宅的情况有 133 户，占比 15%。对于一户多宅我村按照市政府的有关规定，区分合法取得的一户多宅和非法取得的一户多宅两种情况；对于合法取得的多余宅基地，我村鼓励农户自愿退出，不愿意退出的则按超标面积征收有偿使用费；而对于非法取得的宅基地，根据《浏阳市宅基地退出暂行办法》的规定，由村集体无偿收回。

问 3：目前贵村已经退出的宅基地有多少户？是无偿退出还是有偿退出？退出的土地一般如何处理？宅基地退出工作存在哪些困难？

答：我村目前已经无偿退出宅基地 10 户，有偿退出宅基地 3 户，退出的宅基地我们一般按照浏阳市政府的规定进行复垦工作，但是由于经费有限，复垦工作难以持续开展。宅基地退出工作可以说是我村改革中最为棘手的问题。首先，由于村委会没有强制执行的权力，对于违规的宅基地即使收回了其宅基地使用权也无法强制拆除宅基地上的住宅，使得村集体仍然无法实际控制宅基地；其次，村民自愿退出宅基地热情不高，到目前为止自愿退出的 10 户都是村干部或家人在政府机关工作的家庭；最后，宅基地有偿退出方面，由于我村资金有限，无法大面积的有偿回购闲置的宅基地，只能选择部分因公共设施建设而需要占用的闲置宅基地进行有偿回收。

问 4：村民对于缴纳有偿使用费的态度如何？对于宅基地的退出和有偿使用村民们有哪些诉求？对于不愿意配合缴纳费用的农户，贵村村委会是如何处理的？

答：我们一部分村民对超面积缴费存在抵触态度，他们认为祖祖辈辈居住的宅基地超了面积要缴费，无法理解，但通过村委会干部反复的上门做思想工作，目前大多数的农户已经缴纳宅基地超标的有偿使用费。对于宅基地退出村民的抵触情绪明显更大，想让他们没有任何补偿的退出自己手中的空闲宅基地，大多数农户是拒绝的，但是，目前也有一些一户多宅的农户也在考虑退出原有的宅基地，这很大程度上是宅基地有偿使用机制倒逼出来的。目前我村以及全市范围内并未对宅基地面积超标户和一户多宅的农户采取任何强制手段，我们只是鼓励他们配合政策工作，但是如果实在不愿意配合的农户，国土资源部门则拒绝给其办理新的宅基地不动产权证，有些村民一开始不愿意缴纳有偿使用费，但是为了能够办理不动产权证，也只好缴纳了相关费用。

四、有关集中居民点居住的问题

问 1：贵村正在建设和计划即将建设的集中居民点共有几处？目前一共有多少户农户入住了集中居民点？

答：目前我村已经建成了芙蓉小区、新河小区两处集中居民点，正在积极筹建燕子坡小区。芙蓉小区完工已经很多年，29 户农户全部都已经入住，农户们反应良好；新河小区的基础设施建设基本已经完工，一共可容纳 28 户农户居住，该集中居民点的宅基地使用权目前已经全部对外转让，已经有 5 户农户入住。此外，燕子坡小区由于资金问题，目前还未正式动工，但已经初步完成了选址和规划工作。

问 2：贵村建设集中居民点的资金来源是什么渠道？是完全由入住的村民集资还是有政府或村集体的支持？在建设中存在哪些方面的困难？

答：集中居民点建设的资金除了有部分政府财政补助以外，基本都是由村集体自己出资建设。集中居民点小区建成后宅基地使用权对外转让的费用也归村集体所有，以填补建设的支出。集中居民点建设中所存在的困难主要还是资金有限的问题。集中居民点建设是由村集体自己出资建设、自负盈亏，然而村集体的前期启动资金有限，难以满足集中居民点建设庞大的支出，所以我村燕子坡小区的建设还在等待启动资金。此外，集中居民点的宅基地使用权对外转让所得的费用往往无法填补建设过程中的支出，所以村集体的资金难以实现收支平衡。

问 3：集中居民点主要针对的对象是哪些群体？非村集体的外来农户是否大多数居住于此？本村已有宅基地的农户是否有机会申请入住集中居民点？

答：集中居民点小区主要针对是两类群体：一类是外来农户，第二类是本村没有宅基地的村民。目前集中居民点居住的大多是外来农户。由于我村经济水平发展较快、交通便利、离城区近，所以吸引很多外来农户到本村定居。根据浏阳市新出台宅基地流转管理办法，外来农户只要是本市农业户口，满足一户一宅的条件即可受让。本村村民没有宅基地的，或者原有宅基地因自然灾害、年久失修等原因摧毁退出的，可以在集中居民点中重新申请宅基地。

问 4：集中居民点中的公共用地属于什么性质？集中居民点内公共区域的物业管理贵村是如何操作的？

答：集中居民点中公共用地属于农村建设用地的性质，归村集体使用，由集中居民点居住的农户共同使用。公共区域内的基础设施和环境卫生的打理由村集体负责，集中居民点内的村民按年缴纳一定的物业管理费用。

五、有关宅基地使用权流转的问题

问 1：贵村目前宅基地使用权流转的范围是否已经扩大至全市范围内？自改革以来有多少户农户转让了其宅基地的使用权？其中向村集体以外转让的有多少户？贵村宅基地使用权转让的价格是多少？

答：2015 年以后宅基地的流转已经扩大至全浏阳市的范围，不再仅限于村集体内部流转。但是根据《浏阳市民主管理宅基地村规民约》的规定。宅基地转让给本市其他农村集体经济组织符合宅基地申请条件的成员的，应当由集体经济组织收购（回）后通过公开竞价的方式流转。目前我村申请宅基地使用权转让的农户并不是很多，一共不到 10 户，其中有 6 户是对外流转。价格一般根据全市地价评估体系确定。国土局成立了专门的土地使用权流转交易中心，需要对外流转的宅基地，都通过此渠道向村集体以外的农户流转。村集体一般先通过该土地流转交易中心确定是否有符合资格的农村居民愿意受让该宅基地的使用权，与受让人达成受让意愿后，村集体会先向需要转让宅基地使用权的本村村民回购宅基地，然后再对外转让。

问 2：贵村的村民一般是基于什么原因转让宅基地的使用权？转让宅基地后，这些农户的去向如何？是否有固定的居住场所？

答：我村转让宅基地使用权村民并不多，现有已经转让了宅基地的村民大多是因为一户多宅的情况，即有些村民因继承或赠与而取得了多余的宅基地，从而将此类宅基地对外转让。所以这些村民即使转让其闲置的宅基地，仍然有居住场所，不会出现居无定所的情况。通常只有一处宅基地的农户，即使已经长期进城务工也不会轻易转让自己的宅基地，同时村里面也会有相应保护措施。

问 3：贵村目前是否有农户将其宅基地使用权进行抵押？一共有多少这样的情况？村民一般基于什么原因将宅基地使用权抵押？将宅基地抵押贷款的做法是否受到当地政府或司法机关的认可？是否存在因抵押到期无法还债，导致宅基地而被拍卖的情况？

答：目前我们村将宅基地抵押的情况还是比较普遍的，特别是实施不动产权证登记以后，我村已经共有超过100户农户抵押了自己的宅基地。由于我村村民都是务工和经商为主，很少在家务农，所以对于资金周转的需求更为强烈，基于这种原因大家都愿意将自己的宅基地抵押。特别是宅基地制度改革以后，政府放宽了抵押的范围和条件，有专门的农商银行为村民提供抵押贷款，同时政府每年还投入500万元的风险金，在农民无法还贷时可以与银行协商延长贷款期限，在强大政策保障和支持下，越来越多的村民选择抵押自己的宅基地。

至于抵押到期无法还债的情况，至今我村还没出现过，而且在村民抵押自己宅基地之前，我们也要求提供一份即便抵押权实现自己也有房可住的承诺。

问4：除了转让、抵押之外，贵村是否还存在其他形式的宅基地使用权流转的形式？是否存在私下的宅基地流转？村民是否了解相关宅基地流转的政策？村委员是否有告知村民们宅基地流转中所存在的风险？

答：除了转让、抵押之外，我们村还有少量的村民将自己的房屋出租，但这种情况还是比较少的。私下流转的情况在改革之前还是存在的，改革之后流转范围放开了，这种私下流转的情况就少了，而且以前私下流转的宅基地，在改革之后，符合政策规定的，也获得了官方的承认。村民大多都了解宅基地流转的新政策，对于这些政策我们已经在村民大会和村委会的宣传栏上多次进行了宣讲，在村民进行宅基地使用权转让和抵押时，村干部也会亲自上门告知其宅基地流转的风险，并要求他们提供相应的担保。

附件七

浏阳市北盛镇边洲村村委会调研访谈笔录

一、总体情况

问 1：据悉贵村作为浏阳宅基地改革的试点村，已经开展了三年多的宅基地改革工作。请问在这三年中贵村在宅基地使用制度方面取得了哪些突破？

答：我们村是浏阳市宅基地改革先行试点的村庄之一，政府的试点改革政策是在永安镇坪头村、芦塘村和我们村实行专项工作，重点将宅基地自愿退出，农民集中居住、空心村复垦等试点内容进行突破。我们村启动了浏阳市首个宅基地退出复垦项目，将符合条件的空置闲置宅基地和村民们有偿退出和无偿退出的宅基地复垦为高标准基本农田，这个项目涉及牛园组、合心组 32 户居民的宅基地和铁坝小学，退出宅基地的居民统一安排在村上的安置区，这次复垦项目的复垦规模有 82 亩，复垦后可新增水田 36 亩，将重新分配给农民。

问 2：贵村在宅基地改革中是否有遇到什么困难和瓶颈？能否具体说明？

答：根据政府的政策，我们鼓励村民自愿退出闲置宅基地，对于合法宅基地有偿退出、违法宅基地无偿退出。但是村民们普遍不愿意自愿退出，而有偿退出方面部分村民也认为补偿太低，而政府对此也没有采取强制退出的手段。在这个方面改革措施和实际状况存在矛盾。另一方面，复垦工作效率不是太高，许多待复垦或者进行到一半的项目堆积在村子里，造成村子不美观，影响村子的形象。

二、宅基地确权和登记的问题

问 1：贵村一共有多少户？宅基地有多少宗？其中有多少是外来农户？所有农户是否都已经进行了新的宅基地登记？

答：我们村有 1010 户，宅基地 997 宗。外来农户有 101 户。并不是所有农户都进行了新的宅基地登记，但大家在这个方面积极性比较高，因为上面的政策说新的宅基地使用权证可以用来进行银行抵押贷款。很多之前不能办证的外来户这次也可以办证了，所以大家还是很积极的。

问2：贵村村民办理宅基地登记的途径是否畅通？有关部门是否有向村民收取相关费用？

答：非常畅通。现在村民们想办理宅基地登记，都是交到我们村委会，再由我们统一到国土部门进行办理，因为现在上面的政策是鼓励村民来办理宅基地登记，所以办理过程是比较畅通的，也不用花太多时间。在办证登记这一块国土局只收了工本费，因为其他的费用省里都有专门的经费来帮助农民们。

问3：在改革之后贵村是否有重新审批和确认新的宅基地？审批新的宅基地的手续较之以前有什么变化？

答：有的，因为这个改革主要针对宅基地的退出和复垦，同时严格了宅基地的确认标准，因此也有村民来重新审批自家的宅基地。现在宅基地的审批手续都下放到了乡镇政府，对于农户来说，比以前更方便了。

问4：在确权过程中是否要发现不符合国家政策的宅基地？贵村是如何处理的？

答：不符合国家政策的宅基地是要无偿退出的，也不能像合法宅基地一样按照流程确权登记，也不能办理新的使用权证，但是我们村委会没有强制其退出的行政权力，因此一般是我们上报，由国土部门来处理。

问5：外来农户申请宅基地需要满足哪些条件？外来农户在本村购置宅基地是否要向村委会缴纳相关费用？

答：按照这次试点改革的政策，外来农户申请宅基地只需要满足本市农村户口、一户一宅、原有宅基地必须退出这三项条件就可以了。外来农户在本村购置宅基地一般都是通过择位竞价的方式，所以要缴纳购买费用，也要缴纳一定的物业费用。这些费用由村集体统一收支，一般用于村里的基础设施建设和集中居民点的建设。

三、有关宅基地有偿使用和宅基地退出的问题

问1：贵村宅基地面积超标的情况一共有多少户？截至目前有多少户已经缴纳了相关费用？共计收费多少？

答：超标的一共有689户（含一户多宅），应收金额为1009940元，截至2016年底已收到712392元。

问2：贵村一户多宅的情况一共有多少户？对于一户多宅的情况贵村采取的是缴纳有偿使用费还是退出宅基地？

答：我村一户多宅的情况有158户。对于一户多宅市政府有出台相应的规定，我村严格按照规定执行，对于合法取得的宅基地，我村鼓励自愿退出，不愿意退出的则按照超标面积征收有偿使用费；对于非法取得的宅基地，由村集体无偿收回，拒绝收回的我们上报给国土部门，由国土部门强制执行。

问3：目前贵村已经退出的宅基地有多少户？是无偿退出还是有偿退出？退出的土地一般如何处理？宅基地退出工作存在哪些困难？

答：我村目前已退出宅基地17户，其中无偿退出宅基地12户，有偿退出5户。退出的土地我们用于复垦为高标准基本农田，重新分配给农民。宅基地退出工作主要存在三个难点：第一，有偿退出宅基地方面，由于经费有限，给予的补偿无法获得大多数村民的认同，许多村民觉得补偿太少不愿意接受有偿退出的政策；第二，无偿退出宅基地方面，由于村委会没有强制执行的权力，国土部门在执行这个政策的时候也采取相对温和的方式，不轻易强制拆除，致使许多违法的宅基地还没有得到妥善解决；第三，自愿退出宅基地这项政策我们已经宣传了很久，但是大部分村民还是不愿意将自己家世代居住的宅基地退出来，可能后期还要加大自愿退出宅基地政策的宣传和普及工作，也希望政府能拿出更多切实惠及农民的政策出来。

问4：村民对于缴纳有偿使用费的态度如何？对于宅基地的退出和有偿使用村民们有哪些诉求？对于不愿意配合缴纳费用的农户，贵村村委会是如何处理的？

答：因为有偿使用费缴纳上分为几个等级，所以一些超出面积不大的农户，由于缴纳的费用比较少，所以比较支持我们的工作，但也有一部分超出面积比较多的农户，每年要缴纳的费用比较多，对于我们的工作表现出抵触情绪。在宅基地退出方面村民们希望补偿的费用能多一些，因为要缴纳有偿使用费，一些宅基地超面积的村民也在考虑无偿退出。对于不愿意缴纳费用的农户，我们不接受他们的使用权登记申请，国土部门也不会通过他们的申请为他们登记发证，我们目前还不会强制收费或者是逼迫他们退出，总体来说主要工作还是让村民们充分理解政府和国家的这项政策。

四、有关集中居民点居住的问题

问1：贵村正在建设和计划即将建设的集中居民点共有几处？目前一共有多少户农户入住了集中居民点？

答：按照我们村的村庄规划，预计2020年我们村人口将达到5500人，人均建设用地241.17平方米，建设用地面积为142.29平方米。我们按照居民点分布状况、地段区位条件、地形地貌、地质情况及今后发展趋势等因素综合考虑，计划设置八个居民点——许家河居民点、宜夫塘居民点、岭上居民点、山上聂居民点、禾垦居民点、高乔居民点以及六家局居民点。目前刚刚完成向社会公示、听取公众意见的工作。

问2：贵村建设集中居民点的资金来源是什么渠道？是完全由入住的村民集资还是有政府或村集体的支持？在建设中存在哪些方面的困难？

答：有部分是政府的财政补助，另外的都是由村集体自己出资建设，自己的出资中也有部分是来自宅基地有偿使用收取的费用，也有一些返乡的商户给我们支持。但总的来说资金空缺还是比较大，虽然我们作为集中居民点建设专项计划的实验村，但是目前我们所有的资金还有政府的财政补助力度，是不够我们按计划建成理想的集中居民点的。

问3：集中居民点主要针对的对象是哪些群体？非村集体的外来农户是否大多数居住于此？本村已有宅基地的农户是否有机会申请入住集中居民点？

答：针对外来农户和本村没有宅基地的村民。外来农户基本都将居住在集中居民点。按照政策，本村已有宅基地的农户由于宅基地破损或者自然灾害等原因退出宅基地的，可以申请入住集中居民点。

问4：集中居民点中的公共用地属于什么性质？集中居民点内公共区域的物业管理贵村是如何操作？

答：属于农村建设用地，由村集体所有。集中居民点内的物业主要由村集体负责，入住的村民们需要缴纳一定的物业费。

五、有关宅基地流转的问题

问1：贵村目前宅基地使用权流转的范围是否已经扩大至全市范围？自改革以来有多少户农户转让了其宅基地的使用权？其中向村集体以外转让的有多少户？贵村宅基地使用权转让的价格是多少？

答：按照政策现在村民们使用的宅基地可以在全市范围内进行流转了，我们推广了这项政策，没有对村民们的宅基地流转加以限制。目前我们村向村集体以外转让的不是特别多，具体数据还没有统计，但是应该在10户左右。价格问题不是我们说了算，一般都是根据市政府确定的地价评估办法来计算，国土局还成立了专门的土地使用权流转交易中心，价格问题主要在流转的时候由他们来指导确定，这个问题你们可以向他们咨询。

问2：贵村的村民一般是基于什么原因转让宅基地的使用权？转让宅基地后，这些农户的去向如何？是否有固定的居住场所？

答：有的是因为一户多宅，有的是因为是违法宅基地，又不想无偿退出所以转让了宅基地的使用权，符合规定的合法宅基地，又居住在农村的，一般不会转让自己的宅基地，只有部分外出务工，家中无人居住的村民会转让自己的宅基地，但总体来说数量也不多。转让宅基地之后这些农民也有固定的居住场所，还没有出现过没有地方住的情况。

问3：贵村目前是否有农户将其宅基地使用权进行抵押？一共有多少这样的情况？村民一般基于什么原因将宅基地使用权抵押？将宅基地抵押贷款的做法是否受到当地政府或司法机关的认可？是否存在因抵押到期无法还债，导致宅基地而被拍卖的情况？

答：有的，自从试点改革已经合法登记的宅基地可以向银行申请抵押贷款以来，农民们将自己的宅基地使用权进行抵押的现象是比较普遍的。一共应该已经超过100起。因为这次改革放宽了抵押的条件，政府也给了很多保障让农民们没有了后顾之忧，所以农民们都愿意将宅基地抵押贷款用来投资或者是用于经营上的周转。这种做法是政府认可的，是鼓励村民们积极登记自己的宅基地的一种措施。到目前为止还没有出现过到期无法还债导致宅基地被拍卖的情况，因为政府和农商银行有协议，政府提供保证金，农民在到期无法还债的情况下，是可以协商延长还款期限的。

问4：除了转让、抵押之外，贵村是否还存在其他形式的宅基地使用权流转的形式？是否存在私下的宅基地流转？村民是否了解相关宅基地流转的政策？村委员是否有告知村民们宅基地流转中所存在的风险？

答：以前确实存在私下流转的情况，因为相关的政策规定不充分，也不好掌控和管制这种情况，但改革之后私下的宅基地流转就比较少了，因为改革之后宅基地合法流转的范围很广，以前许多不合法的形式现在也合法了，自然也很难存在私下的宅基地流转了。我们有积极地宣传这些政策，村民应该普遍都比较了解了这些政策。我们的村干部在政策宣讲的时候都会反复告知村民们可能存在的风险，村民对这些风险也比较了解了，在他们进行宅基地流转的时候，应该会进行考虑。

附件八

浏阳市农村宅基地管理办法（试行）

第一章　总则

第一条　为了规范和加强农村宅基地管理，合理利用土地资源，根据《中华人民共和国土地管理法》《中华人民共和国物权法》《中华人民共和国城乡规划法》《湖南省实施〈中华人民共和国土地管理法〉办法》等法律、法规和政策规定，结合本市实际，制定本办法。

第二条　本办法所称农村宅基地，是指农村居民合法使用或经依法批准，用于建造住宅及其生活附属设施的集体所有土地。

第三条　本办法所称农村集体经济组织成员，是指户籍在本村的农业人口，在该集体经济组织生产或生活，并与该集体经济组织发生权利、义务关系的人。家庭内现役义务兵、士官、在读大中专学生、正在服刑的人员经本集体经济组织同意可认定为本集体经济组织成员。

第四条　本办法适用于本市行政区域内农村的宅基地管理。

第五条　市人民政府负责本行政区域内的农村宅基地管理，由市国土资源局具体实施。市住建、公安、民政、交通、水务、农业、林业、文体、安监、规划等部门、乡（镇）人民政府、街道办事处、村集体经济组织或村（居）民委员会按照各自职责，共同做好农村宅基地管理工作。

第二章　农村宅基地规划

第六条　切实发挥规划的控制和引导作用。新建农村房屋应符合乡（镇）土地利用总体规划和集镇、村庄建设规划，不占耕地的单宗建房可视同符合规划，禁止占用基本农田新建房屋。农村宅基地应当坚持节约、集约用地原则，尽可能在规划的农村集中居住点选址布局，充分利用废旧宅基地、空闲地和非耕地，鼓励占用荒山、荒坡进行建设。新增宅基地纳入年度建设用地计划指标管理。

第七条　在城镇规划范围内建设农村房屋，原则上不再进行单宗分散的宅基地审批，应当按城乡规划统一安排，集中兴建住宅小区。鼓励城镇规划建设用地范围外的农户按照城镇化和集约用地要求，向集镇、中心村的集中居住区集聚，逐步实现集中居住。

第八条　建立宅基地退还激励机制。对符合宅基地申请条件且没有宅基地并承诺不再申请宅基地的农户，或者主动放弃已有的合法宅基地由集体经济组织无偿收回的农户，按所在村民小组宅基地评估均价×可申请使用面积（或放弃的合法面积）×50%予以补贴。

第九条　强化耕地占补平衡管理。农村居民建房取消除工本费、耕地开垦费以外的行政事业性、服务性费用，所占林地不得收取森林植被恢复费。耕地开垦费按水田40元/平方米、旱土30元/平方米的标准，由村集体经济组织或村（居）委会统一筹集，缴至市财政专户，所占耕地由县（市）国土部门统一补充。

第十条　大力推进农村宅基地复垦。鼓励乡（镇）、村集体经济组织对废旧宅基地进行复垦并落实栽种，复垦规模在1公顷以内的项目由市人民政府委托相关职能部门立项、验收、评等。对复垦项目经验收确认的新增建设用地指标和耕地占补指标，按市人民政府规定的奖励标准予以补偿。节余的新增建设用地指标和耕地占补指标由市人民政府统筹，用于全市范围内的项目建设。复垦后的农用地由当地集体经济组织进行承包经营权分配。

第三章　农村宅基地申请条件与用地标准

第十一条　明确建房分户的基本原则：

（一）独生子女住户，不论几代人，为一个家庭户型；有两个以上农业户口子女的，有子女已达婚龄且已嫁娶的，并经公安机关分户可作为两个以上家庭户型，但父母必须伴靠一农业户口子女建房。

（二）夫妻关系存续期间分户的只能认定一户；离婚一年以上且未共同生活或离婚后一方又另行结婚的可以认定分户。

（三）与父母共同生活的外嫁女及未婚子女不能和父母分户。

（四）丧偶未再婚的（应提供婚姻登记机关出具的证明）可以认定为一户。

（五）本办法未规定的其他特殊情形，应提交村民代表大会按“一事一议”集体讨论决定，经乡镇人民政府、街道办事处协同相关部门审核后公示认定。

第十二条　农村居民一户只能拥有一处宅基地。农村居民符合下列情形之一的，可以申请一处宅基地：

（一）符合立户条件且无宅基地的；

（二）现有宅基地不能满足生产生活需要，需拆除重建的；

（三）因发生或防御自然灾害、实施建设规划或进行乡镇、村公共设施和公益事业建设，需要拆建、迁建住房的；

（四）回乡定居的华侨、台湾和港澳同胞、外籍华人、烈士家属申请建房的；

（五）法律、法规规定可以申请建房的其他情形。

第十三条　农村居民有下列情形之一的，不予批准宅基地：

（一）不符合建房立户条件的；

（二）符合分户条件，但现有宅基地面积已达到分户建房用地合计面积标准的；

（三）将原有住房出租的；

（四）夫妻双方均为农业户口，双方户口未迁至同一集体经济组织，其中一方已有宅基地的；

（五）与农村集体经济组织没有权利、义务关系的城镇居民所使用的宅基地不得申请改建；

（六）有非法占地行为尚未处罚到位的；

（七）法律、法规规定不得批准的其他情形。

第十四条　将原有住房转让给他人的本集体经济组织成员，以及本市其他农村集体经济组织符合宅基地申请条件的成员，必须通过公开、有偿的方式申请宅基地。

第十五条　严格宅基地面积标准。城镇规划建设用地范围内每户宅基地面积不得超过140平方米，家庭人口在7人以上（含7人）的可增至180平方米；城镇规划建设用地范围外每户宅基地面积不得超过180平方米，家庭人口在7人以上（含7人）的可增至210平方米。

宅基地面积指主屋、附屋（单独的厨房、厕所等生活设施用房）以及主屋与附屋之间相连的过道或坪场所占用的面积。宅基地周围的菜地、绿化用地、晒场、农具存放间、粮食仓库、宽度在6米以内的农村道路及畜禽舍应按农用地或设施农用地进行管理。

第十六条　现状宅基地使用面积未超过法定面积的，无偿使用；超过法定面积，其超出面积实行有偿使用。

新增宅基地面积不得超过上述标准，超过上述标准批准或使用的，依法追究相关责任。

第四章　农村宅基地审批

第十七条　农村宅基地申请。符合本办法第十一条、第十二条、第十四要求，农村居民建住宅的，由本人向集体经济组织提出用地申请，经村民小组代表会议讨论通过，在集体经济组织内张榜公示 7 天。公示期满无异议的，由申请者向乡镇国土资源所提交用地申请。

第十八条　农村宅基地受理。乡镇国土资源所接到宅基地申请后，经实地审查建房条件和用地选址符合要求后，发放《建设用地呈报表》。《建设用地呈报表》由组、村两级签署明确同意的意见后，根据选址实际，提请规划、公路、水务、安监、文物、电力等部门审查，由乡镇国土资源所收集相关图件、表册及身份资料进行审核上报。

第十九条　农村宅基地审批。集镇规划建设用地范围外占用荒山荒地、存量建设用地的宅基地由乡镇人民政府、街道办事处审批。集镇规划建设用地范围外占用农用地以及集镇规划建设用地范围内的宅基地由市人民政府委托市国土资源局审批；涉及农用地转用的，分批次报市人民政府审批后，由市国土资源局按年度上报省国土资源厅和长沙市国土资源部门备案，核减年度建设用地计划指标。

第二十条　在宅基地审批过程中，乡镇国土资源所应当做到“三到场”：受理宅基地申请后，实地审查申请人员是否符合建房条件，拟用地是否符合规划，拟建房位置是否避开地质灾害隐患点；宅基地经依法批准后，实地丈量批放红线；住宅建成后，实地检查是否按照批准的面积和位置使用土地。

第二十一条　在城镇规划建设用地范围内建房先行办理规划许可。淮川、集里、关口、荷花等四个街道辖区非城市规划建设用地范围内的建房必须有规划部门的具体意见。严控外来户在淮川、集里、关口、荷花等四个街道辖区以及经开区、高新区规划建设用地范围内建房。

第二十二条　公路两侧、河流两岸以及水库等水域周边和水利设施（包括供水设施）保护范围、文物保护范围、校园周边、电力设施等公共设施保护、控建范围的建房，按照相关规定，必须先经公路、水务、文物、教育、电力等部门审核；严格控制化工和危爆生产厂房周边 300 米范围内新增建设用地，确需建房的必须先经安监部门签署意见。

第二十三条　严格旧屋处置。农村居民易址新建住宅的，在申请宅基地时应提交原《建设用地许可证》和不动产权证书（集体土地使用证）。其旧屋基可调剂给本集体经济组织符合宅基地申请条件的成员，并提交调剂双方及组、村签字同意的旧屋（基）调剂协议；不作调剂处置的，必须向乡镇人民政府、街道办事处作出自行拆除旧宅的书面承诺。乡镇人民政府、街道办事处也可采取收取拆旧保证金的方式，要求建房户在作出拆旧承诺的同时缴纳拆旧保证金，待旧屋拆除并经乡镇国土资源所现场验收后，退回拆旧保证金。建房户未按承诺期限自行拆除旧屋的，乡镇人民政府、街道办事处可直接组织强拆，拆旧保证金不予退还，抵作强拆所需费用。拆除后的旧宅基地由集体经济组织收回，重新分配给集体经济组织其他成员或纳入复垦范围。

拆旧保证金标准：不论建筑面积的多少，土木结构房屋5000元/栋，砖木结构房屋10000元/栋，砖混结构房屋15000元/栋，钢混结构房屋20000元/栋。

第二十四条　有下列情形之一的，报经市人民政府批准，可以注销其宅基地批准文件或不动产权证书（集体土地使用证），由村集体经济组织收回宅基地使用权：

（一）自批准宅基地之日起满两年未动工兴建的；

（二）未按承诺期限拆除旧屋的；

（三）经批准实施旧村改造或下山移民的村，已迁入新居（村）居住的原宅基地；

（四）因发生或者防御自然灾害，造成自然灭失或者需要主动搬迁的原宅基地；

（五）“五保户”亡故后遗留的未处置宅基地；

（六）骗取批准、非法转让或以其他方式非法取得，又不接受行政处理的宅基地；

（七）法律法规规定其他应收回宅基地使用权的情形。

第五章　农村宅基地登记发证

第二十五条　市国土资源管理部门负责农村宅基地登记发证工作，乡镇人民政府、街道办事处会同村民委员会调处农村宅基地权属争议。

第二十六条　农村居民建造住宅依法取得的宅基地应当按有关规定办理土地使用权登记。农户在建房竣工验收（城镇规划建设用地范围内由规划部门与国土部门共同验收，城镇规划建设用地范围外由国土部门验收）合格后30日内向乡镇国土资源所申请土地登记，领取不动产权证书。

因转让、继承等原因造成集体土地使用权变更的，当事人应当自变更之日起30日内，向国土资源管理部门申请办理集体土地使用权变更登记，换发不动产权证书。

第二十七条　农村居民宅基地使用权被收回的，当事人应当自接到收回通知之日起30日内，向国土资源管理部门申请办理不动产权（集体土地使用权）注销登记。

第六章　农村居民建房地质灾害防范

第二十八条　乡镇人民政府、街道办事处每年汛前都要组织一次全面的农村居民建房地质灾害隐患排查，国土资源管理部门和城建规划部门负责业务指导。对排查出的安全隐患，逐点逐户填写排查表，制定防治方案和措施，并以村为单位登记造册。

第二十九条　无条件外迁，只能在地质灾害易发区建房的，由乡镇人民政府、街道办事处组织国土资源所和城建所对建房选址地块进行地质环境现场踏勘，对建设的可行性、地质灾害危险性和引发地质灾害的可能性进行分析论证。需要进行地质灾害评估的，由市国土资源主管部门委托有资质的地质灾害评估单位对建房选址进行评估，确定建房的适宜性。

第三十条　农村居民建房确需切坡的，须在乡镇人民政府、街道办事处和国土、住建等部门以及村委会的监督和指导下，在切坡的同时实施护坡治理工程，坚持先治坡后建房。

第三十一条　切坡要分台阶进行，每个台阶高度不超过2.5米，宽度不少于2.5米，切坡最高不得超过两个台阶，房屋后墙与后塝距离不少于3米。由乡镇人民政府、街道办事处组织国土、住建等部门及村委会现场验收放线后，方可建设住宅。

第三十二条　崩塌、滑坡危险区和泥石流易发区等山洪地质灾害危险区以及水土流失重点预防区和重点治理区严禁建房。有下列情形之一的，一律不准建房：

（一）选址屋后山体过高、坡度超过二十五度以上的；

（二）选址位于已查明的地质灾害隐患点影响区范围内的；

（三）屋后山体存在较厚的土层和风化岩层的；

（四）选址处于低洼、河流河滩等地区及冲沟沟口等地段；

（五）法律法规禁止的其他地区。

第七章　监督管理

第三十三条　市国土资源管理部门应严格依法行政，切实加强农村宅基地的日常监管，建立健全和完善动态巡查制度，及时发现和严肃查处各类土地违法行为。住建、民政、农业、林业、水务、安监、规划等部门要积极配合支持农村宅基地管理工作，各司其职，齐抓共管，切实做好农村宅基地管理工作。

第三十四条　各乡镇人民政府、街道办事处应积极配合国土资源管理部门，切实加强对农村宅基地的管理，认真做好本辖区内土地管理法律法规的宣传、村镇建设规划的编制与实施、废旧宅基地复垦的监督管理和土地违法案件的查处等工作。

第三十五条　村民自治组织应依法制定符合本地实际的乡规民约，积极协助做好宅基地申请资格审查、建房信息公示、土地置换、权属纠纷调处、废旧宅基地复垦、违法问题查处等相关工作。

第三十六条　未经批准或者采取欺骗手段骗取批准，非法占用土地建住宅的，由市国土资源管理部门责令退还非法占用的土地，限期拆除在非法占用的土地上新建的房屋。

本办法实施前使用的宅基地按照《浏阳市农村宅基地使用权及房屋所有权确权登记暂行办法》予以确权发证；本办法实施后，超过本办法规定标准多占的土地以非法占用土地论处。

第三十七条　非法占用土地新建住宅和其他设施的，必须立即停止施工，自行拆除；对继续施工的，由市国土资源管理部门作出限期拆除的处罚，建房人对处罚决定不服的，可在接到处罚决定之日起 15 日内向人民法院起诉；期满不起诉又不自行拆除的，依法申请人民法院强制执行，费用由违法者承担。

第三十八条　违反本办法第二十二条规定的，由市国土资源局责令其限期交还土地使用权，逾期仍不交还的，申请人民法院强制执行。

第三十九条　违反本办法第二十四条规定，不及时办理土地使用权登记的，由市国土资源局责令限期办理；逾期不办理的，给予警告，并可处 1000 元以下罚款。不及时办理土地使用权变更登记的，由市国土资源局责令限期办理；逾期不办理的，给予警告，并可处每平方米 10 元以上 20 元以下的罚款。

第四十条　在宅基地审批与管理过程中负有相关职能职责的部门工作人

员玩忽职守，滥用职权，徇私舞弊的，依法给予行政处分；情节严重构成犯罪的，依法追究刑事责任。

第八章　附则

第四十一条　本办法自公布之日起试行。

附件九

浏阳市农村宅基地有偿使用暂行规定

为完善我市农村宅基地管理制度，促进农村土地节约集约利用，强化耕地保护，改善农村人居环境，根据《国土资源部关于农村土地征收、集体经营性建设用地入市和宅基地制度改革试点实施细则》（国土资发〔2015〕35 号）和《国土资源部关于湖南省浏阳市农村宅基地制度改革试点实施方案的批复》（国土资函〔2015〕406 号）精神，制定本暂行规定。

一、宅基地使用面积标准

宅基地面积指主屋、附屋（单独的厨房、厕所等生活设施用房）以及主屋与附屋之间相连的过道或坪场所占用的面积。宅基地周围的菜地、绿化用地、晒场、农具存放间、粮食仓库、宽度在 6 米以内的农村道路及畜禽舍应按农用地或设施农用地进行管理。

我市城镇规划建设用地范围内每户宅基地面积不得超过 140 平方米，家庭人口在 7 人以上（含 7 人）的可增至 180 平方米；城镇规划建设用地范围外每户宅基地面积不得超过 180 平方米，家庭人口在 7 人以上（含 7 人）的可增至 210 平方米。

二、宅基地有偿使用对象

（一）我市城镇规划建设用地范围内宅基地使用面积超过 140 平方米（7 人以上的超过 180 平方米）的超出部分；城镇规划建设用地范围外宅基地使用面积超过 180 平方米（7 人以上的超过 210 平方米）的超出部分。

（二）一户多宅的多宅部分。

（三）非本村成员通过继承、受赠房屋或其他方式合法使用的宅基地，以总面积的 50% 作为计费面积，实行有偿使用。

（四）本村成员因继承、受赠房屋或其他方式合法取得宅基地，与原有宅基地合计面积超过户均标准的，以超过部分的 50% 作为计费面积，实行有偿使用。

三、宅基地有偿使用标准

（一）根据我市经济社会发展现状，参照国有土地市场价格，将全市范围内的各街道、乡镇分为六个等别，每个等别区分集镇（城市）规划建设用地范围内、村庄规划建设用地范围内、集镇（城市）和村庄规划建设用地范围外三个档次，分类确定有偿使用费缴纳标准（见附表）。

（二）宅基地有偿使用费缴纳标准由市国土资源管理部门组织有资质的技术单位测算拟定，经相关市直部门讨论通过，由市人民政府审核同意，报省国土资源厅批复后向社会公布。宅基地有偿使用费缴纳标准每5年更新一次，更新结果经公示无异议后报省国土资源厅备案。

（三）宅基地有偿使用实行阶梯式收费：有偿使用面积在20（含）平方米以内按文件规定标准缴费，21—40（含）平方米按标准的1.5倍缴费，41平方米以上按标准的2倍缴费。

四、宅基地有偿使用费的收取和监管

（一）自2016年1月1日起，凡根据本办法应实行宅基地有偿使用的对象，应按规定缴纳有偿使用费。宅基地使用权人可自愿选取以下方式之一缴纳有偿使用费：

1. 逐年缴纳。每年12月31日之前将当年宅基地有偿使用费交至宅基地所在村委会，主动缴纳的优惠3%；逾期不缴的按应缴金额的1—2‰/日收取滞纳金，当年退出宅基地的退回本年度有偿使用费。

2. 按时间段提前缴纳。可一次性提前缴纳多个年度。一次性提前缴纳5个年度的优惠5%；一次性提前缴纳5个年度以上、10个年度以下的优惠10%；一次性提前缴纳10个年度以上、20个年度以下的优惠15%；一次性缴纳20个年度以上、30个年度以下的的优惠20%。一次性缴纳期限不能超过30年。

（二）宅基地有偿使用费归村民小组集体所有，由村委会代管，按照宅基地收益民主管理村规民约相关要求进行收取、保管、分配和使用，乡镇人民政府及国土资源管理部门协助管理。党员、村组干部、村民代表应带头缴纳。

（三）国土资源部门凭村委会收款票据在集体土地使用权证上注明有偿使用费缴纳情况。对集体土地使用权证实行年检制，督促有偿使用费的收缴。一次性缴纳多个年度有偿使用费的可不必每年提交年检，年检时间可延至有偿使用费缴纳期末。未按时年检的宅基地使用权及地上房屋，不得出租、转让、抵押和继承。

（四）宅基地有偿使用费的收取、管理、分配和使用应当按照村规民约相关规定实行民主决策、按期公示、接受监督。市监察、发改、财政、农业、审计等部门依据各自职能职责进行监督检查，对超标准、超面积收取或私自减免、截留、侵占、挪用宅基地有偿使用费的，严肃追究相关责任人的责任。

五、本规定自公布之日起试行

宅基地有偿使用乡镇等别分类

乡镇等别	乡镇名称
Ⅰ	淮川、集里、关口、荷花
Ⅱ	大瑶、蕉溪、洞阳、北盛、永安
Ⅲ	古港、沿溪、文家市、镇头、柏加、沙市
Ⅳ	官渡、大围山、永和、金刚、澄潭江、枨冲、淳口、社港
Ⅴ	达浒、高坪、葛家、普迹、官桥、龙伏
Ⅵ	张坊、小河、中和

宅基地有偿使用标准（拟）

单位：元／平方米·年

乡镇类别	集镇（城市）规划建设用地范围内	村庄规划建设用地范围内	规划建设用地范围外
Ⅰ类乡镇	20	17.5	15
Ⅱ类乡镇	17.5	15	12.5
Ⅲ类乡镇	15	12.5	10
Ⅳ类乡镇	12.5	10	7.5
Ⅴ类乡镇	10	7.5	5
Ⅵ类乡镇	7.5	5	3

附件十

浏阳市农村宅基地退出暂行规定

为完善我市农村宅基地管理制度，促进农村土地节约集约利用，强化耕地保护，健全宅基地自愿有偿退出机制，根据《国土资源部关于农村土地征收、集体经营性建设用地入市和宅基地制度改革试点实施细则》（国土资发〔2015〕35号）和《国土资源部关于湖南省浏阳市农村宅基地制度改革试点实施方案的批复》（国土资函〔2015〕406号）精神，制定本暂行规定。

一、农村宅基地退出方式和范围

（一）农村居民一户只能拥有一处宅基地，鼓励农村居民将闲散宅基地使用权直接赠与集体经济组织或本集体经济组织符合宅基地申请条件的成员。

（二）村庄内空闲地及无主宅基地使用权归村委会或村民小组所有。

（三）有下列情形之一的，报经市人民政府批准，可以注销其宅基地批准文件和不动产权证书（土地使用权证），由集体经济组织无偿收回宅基地使用权：

1. 自批准宅基地之日起满两年未动工兴建的；

2. 未按承诺期限拆除旧房的原宅基地；

3. 经批准实施旧村改造或下山移民的村，已迁入新居居住的原宅基地；

4. 因发生或者防御自然灾害，造成自然灭失或者需要主动搬迁的原宅基地；

5. “五保户”亡故后未处置的遗留宅基地；

6. 骗取批准、非法转让以其他方式非法取得，又不接受行政处理的宅基地；

7. 法律法规规定其他应收回宅基地使用权的情形。

（四）下列宅基地使用权由集体经济组织实行有偿收回（购），报经市人民政府批准后，注销其宅基地批准文件和不动产权证书（集体土地使用证）：

1. 因实施建设规划或进行乡镇、村（社区）公共设施和公益事业建设需要占用的宅基地；

2. 农村住宅闲置无人居住的宅基地，或全家户口均已迁出且与原集体经济组织解除权利与义务关系的宅基地，应当通过协商或委托公开竞价的方式在规定范围内流转；对无法流转，又有退出愿望的可实行有偿退出。

3. 城镇居民通过继承、受赠房屋或其他方式合法取得的宅基地，或农村居民通过继承、受赠房屋或其他方式合法取得的一户一宅之外多余的宅基地，应当通过协商或委托公开竞价的方式在规定范围内流转；对无法流转，又有退出愿望的可实行有偿退出。

（五）宅基地连同地上建筑物、附着物，可按照《湖南省农房抵押融资试点暂行办法》《浏阳市集体土地上房屋抵押贷款办法》《浏阳市农民住房财产权抵押贷款试点实施方案》《浏阳市农村宅基地流转管理办法》等文件相关规定，经村民小组、村委会同意进行抵押。因抵押人没有履行到期债务，抵押权人可依法申请对抵押物进行处置，被处置的抵押物的受让对象为我市辖区内符合宅基地申请条件的农村集体经济组织成员；但淮川、集里、荷花、关口等四个街道辖区，以及经开区、高新区等两个园区规划建设用地范围内的宅基地及地上房屋抵押处置的受让对象，仅限于土地所在集体经济组织或本集体经济组织符合宅基地申请条件的成员。

二、农村宅基地退出补偿标准

（一）农村宅基地依法流转给我市符合宅基地申请条件的农村集体经济组织成员的，按照《浏阳市农村宅基地使用权流转管理办法（试行）》执行。将原有住房出租的，不得再次申请宅基地。

（二）农村宅基地退出由集体经济组织有偿收回（购）的，根据本人意愿及村集体民主决策，采取下列方式之一确定补偿价格：

1. 有资质的评估中介机构对宅基地使用权及房屋所有权依法评估后的评估价；

2. 退出意愿人与集体经济组织的协商价。

宅基地退出补偿价格应按照宅基地民主管理村规民约的相关规定在本集体经济组织内部进行公示。

（三）对符合宅基地申请条件且没有宅基地并承诺不再申请宅基地的农村居民，或者主动放弃已有的合法宅基地由集体经济组织无偿收回的农村居民，按所在村民小组宅基地评估均价 × 可申请使用面积（或放弃的合法面积）×50% 予以补贴。

三、集体经济组织收回（购）宅基地程序及处置措施

（一）申请人持以下材料向当地乡镇人民政府提出申请：

1. 自愿退出宅基地申请表；

2. 宅基地批准文件、使用权证或其他权属证明材料；

3. 家庭户口薄及家庭成员身份证明材料；

4. 农村集体经济组织意见及村委会意见；

5. 现居住场所的证明材料；

6. 全部退出宅基地的，还应当提交不再重新申请宅基地的承诺书；

7. 其他需要提供的材料。

（二）乡镇人民政府对退出宅基地进行初审。经初审符合本规定条件的，由乡镇人民政府组织国土资源所等有关单位在15个工作日内对宅基地状况、拟退出宅基地面积进行调查，调查结果在所在村民小组公示后，由申请人与农村集体经济组织签订《自愿退出宅基地协议》。

（三）乡镇人民政府自签订《自愿退出宅基地协议》之日起5个工作日内，将《自愿退出宅基地协议》及有关材料报市国土资源局审核。

（四）经审核符合本规定的，市国土资源局报市人民政府批准后，注销原宅基地批准文件和不动产权证书（集体土地使用证）。

（五）宅基地退出户按照协议在规定期限内腾空现有房屋，并将地上建筑物及附着物清除，或签订放弃地上建筑物及附着物协议书后，申请房屋处置验收，经所在乡镇、村组织验收，验收合格后领取房屋处置验收合格单。

（六）宅基地全部退出户凭验收合格单领取退出补贴。

（七）农村集体经济组织通过收回、收购、受赠、置换等方式取得的宅基地，除预留部分宅基地申请使用空间，其余部分在市国土、农业等部门的指导下，组织开展村庄整治和土地复垦。土地复垦验收合格后按市人民政府规定的奖励标准予以补偿，节余的建设用地指标及耕地占补指标由市人民政府统筹，用于全市范围内的项目建设，复垦后的农用地由当地集体经济组织进行承包经营权分配。

（八）宅基地复垦奖励资金及宅基地收购资金的管理和使用应当按照村规民约相关规定实行民主决策、按期公示、接受监督。市监察、发改、财政、农业、审计等部门依据各自职能职责进行监督检查，对擅自改变补偿标准或私自截留、侵占、挪用相关资金的，严肃追究相关责任人的责任。

四、本规定自公布之日起试行。

附件十一
浏阳市农村宅基地使用权及房屋所有权确权登记暂行办法

为贯彻落实党中央、国务院、国土资源部关于宅基地制度改革的相关精神，进一步夯实农村宅基地权能，维护农村居民宅基地权益，规范宅基地使用权及房屋所有权确权登记发证工作，特制定本办法。

一、依法确定非农村居民的宅基地使用权及房屋所有权

宅基地使用权及房屋所有权应当按照“房地一体”原则和主体一致原则，依据批准用地、建房手续等依法确定权属。属于下列情形的非本农村集体成员可以按照规定确权登记发证：

（一 1999 年《土地管理法》实施前，非本农村集体成员（含回乡落户的离退休职工、回乡定居的华侨、港澳台同胞、长期在农村工作的教职员、医务人员、科技人员）原在农村合法取得的宅基地及房屋，现状没有发生变化的，经该集体经济组织出具证明并公告无异议的，可依法确认其宅基地使用权和房屋所有权，并在不动产登记薄和不动产权证书记事栏注记“该权利人为非本农村集体经济组织成员”。

（二）1999 年 5 月 6 日《关于加强土地转让管理严禁炒卖土地的通知》（国办发〔1999〕39 号）明令禁止城镇居民到农村购买宅基地上的房屋前，按照有关规定允许购买宅基地建造房屋或直接购买农村住房的房屋买卖期间，由非农业户口居民合法购买宅基地或宅基地上的房屋致使其占有使用宅基地迄今的，依法确定其宅基地使用权。在不动产登记薄和不动产权证书记事栏应注记“该权利人为非本农村集体经济组织成员”。

（三）非本集体经济组织的农村居民，因地质灾害防治、新农村建设、移民安置等集中迁建，在符合当地规划的前提下，经本农村集体经济组织三分之二以上成员同意并经有权机关批准异地建房的，可按规定确认宅基地使用权及房屋所有权。

（四）因继承房屋占用农村宅基地的，可按规定确定宅基地使用权及农村房屋所有权，并在不动产登记簿和不动产权证书的记事栏注记“该权利为继承取得”。

对城镇居民在农村违规购置宅基地、购买或违法建造住宅的，不予确认宅基地使用权及农村房屋所有权。

二、分阶段、分类型处理宅基地及房屋超过批准面积问题

对宅基地及房屋超过批准面积的，在确权登记时按下列情况处理：

（一）1987 年《湖南省土地管理实施办法》实施前，农村居民建房占用的宅基地在《湖南省土地管理实施办法》实施后至今未扩大用地面积的，可按现有实际使用面积确定其宅基地使用权。

（二）1987 年《湖南省土地管理实施办法》实施起至 2000 年《湖南省实施〈中华人民共和国土地管理法〉办法》实施时止，农村居民建房占用的宅基地超过当时规定的面积标准（山地、丘陵不超过 230 平方米，湖区、平原不超过 200 平方米，城郊不超过 160 平方米）的按照实际批准面积确定其宅基地使用权。原未经依法批准擅自使用，现已依法补办批准手续的宅基地，按补办批准手续时批准的面积登记发证。

（三）2000 年《湖南省实施〈中华人民共和国土地管理法〉办法》实施后（占用耕地不超过 130 平方米，荒山荒地不超过 210 平方米，其他土地不超过 180 平方米），农村居民建房占用的宅基地，按照实际批准面积确定其宅基地使用权；或在符合规划的前提下，按不超过 210 平方米的面积标准补办批准手续、登记发证，超过现行面积标准（城镇规划建设用地范围内 140 平方米，7 人以上的户型可增至 180 平方米；城镇规划建设用地范围外 180 平方米，7 人以上的户型可增至 210 平方米）的部分实行有偿使用。

（四）符合现行分户建房规定而尚未分户的农村居民，其现有的宅基地没有超过分户建房用地合计面积标准的，可按现有宅基地面积确定宅基地使用权。

（五）农村居民因继承、受赠房屋或其他方式合法取得宅基地，与原有宅基地合计面积超过现行规定标准，按照宅基地有偿使用有关规定处理后允许继续使用的，可确定其宅基地使用权。

（六）因人民法院、仲裁委员会的生效法律文书取得宅基地的，可确定其宅基地使用权。

对于没有权属来源证明的宅基地，其占用宅基地建房的时间，采取使用人申报——村委会核实——公示征求意见——乡镇（街道）审查盖章的方式确认。

宅基地实际面积超过现行面积标准的，应当按照有关规定实行有偿使

用，并在不动产权证书记事栏内注明超过标准面积的数量，待以后分户建房或现有房屋拆迁、改建、翻建、或政府依法实施规划重新建设时，按当时规定的面积标准重新确定宅基地使用权，其超过部分由集体收回。

三、按照“一户一宅”原则确定宅基地使用权和房屋所有权

坚决贯彻“一户一宅”的法律规定。属于一户多宅的，原则上申请人只能选择其中的一处宅基地及房屋依法进行确权，其余的依法拆除或退出，但通过房屋继承等方式依法取得的除外。

一户多宅（含继承、受赠房屋或其他方式合法取得宅基地以及未按规定拆除或退出的一户多宅）应当按照有关规定实行有偿使用。

四、妥善处理农村住宅社区涉及的宅基地及房屋确权问题

农村居民以宅基地使用权及地上建筑物、构筑物折价置换农村住宅社区楼房的，不再确认农村居民的原宅基地使用权及房屋所有权。农村居民置换的成套（层、间）房屋，参照建筑物区分所有权的法律法规及政策进行确认登记。

五、规范确认共用宅基地使用权的主体

两户或两户以上农村居民共同使用一处宅基地的，由相关农户首先自行协商确定各自使用范围。经过协商能够确定各户准确使用界线，且符合规划分割条件的，按协商确定的界线单独确权登记；经过协商不能确定各户准确使用界线但能确定各自分摊面积的，按协商确定的分摊面积办理确权登记；经过协商不能确定各户准确使用界线，也不能确定各自分摊面积的，按共同共有办理确权登记。

六、宅基地权属来源证明不全

对于宅基地没有权属来源证明或证明不全的，应当查明土地历史使用情况和现状，由村委会出具证明并公告30天无异议，经乡（镇）人民政府审核，报县（市）级人民政府审定，属于合法使用的，确定宅基地使用权。

七、本办法自公布之日起试行。

附件十二

浏阳市农村宅基地使用权流转管理办法（试行）

第一章　总则

第一条　为贯彻落实中共中央办公厅、国务院办公厅《关于农村土地征收、集体经营性建设用地入市、宅基地制度改革试点工作的意见》精神，进一步夯实农村宅基地权能，维护农村居民宅基地权益，规范宅基地使用权流转行为，根据《中华人民共和国土地管理法》《湖南省集体建设用地管理暂行办法》《长沙市集体建设用地使用权流转管理办法》等规定，结合本市实际，制定本办法。

第二条　本办法所称的农村居民宅基地（以下简称宅基地）使用权流转，是指已经依法批准为集体建设用地用于建造农村居民住宅的土地使用权，在保持土地所有权不变的前提下，依照规定程序，转让、出租和抵押等方式发生转移的行为。

第三条　本市行政区域内的宅基地使用权流转管理，适用本办法；淮川、集里、荷花、关口等四个街道辖区，以及经开区、高新区等两个园区规划建设用地范围内的宅基地使用权流转还应符合《浏阳市农村宅基地管理办法（试行）》《浏阳市农村宅基地退出暂行规定》等相关规定。

第四条　市国土资源管理部门负责本区域内宅基地使用权流转的管理和监督工作，财政、住建、民政、农业、林业、规划等有关部门协同做好相关工作。

各乡镇人民政府、街道办事处应当配合有关部门做好本行政区域内宅基地使用权流转管理的相关工作。

第五条　市国土资源局不动产交易服务中心负责组织实施职责范围内宅基地使用权流转交易工作。

第六条　宅基地使用权的流转，坚持依法、自愿、有偿、公平、公正和诚实信用的原则，应当进入交易中心公开进行。

第七条　宅基地使用权流转必须同时符合下列条件：

（一）符合土地利用总体规划和城市、镇、乡、村庄等城乡规划要求；

（二）经依法批准的宅基地使用权；

（三）未被司法机关、行政机关限制权利；

（四）已依法登记发证；

（五）界址清楚、面积准确，没有权属争议；

（六）法律、法规规定的其他条件。

第八条　宅基地流转的范围（含宅基地抵押权处置范围）

（一）宅基地所在农村集体经济组织通过流转方式有偿收购；

（二）本市范围内符合宅基地申请条件的农村居民。流转后，经原集体经济组织同意，其土地承包经营权等权利、义务关系不发生改变；不享受宅基地所在集体经济组织的权益分配，征地时不享受安置补偿政策。

在同等条件下，本集体经济组织成员享有优先权。

第九条　宅基地使用权流转必须经拟流转土地的所有权人所处的村或村民小组会议三分之二以上（含本数，下同）成员或三分之二以上村民代表同意。如涉及其他农村集体经济组织成员也应经其集体经济组织三分之二以上成员或三分之二以上村民代表同意。

第十条　宅基地使用权不得用于开发商品房地产项目和城镇居民的住宅建设。

第十一条　宅基地使用权及其附属设施出租后，不再批准新的住宅及附属设施用地。对符合宅基地申请条件且没有宅基地并承诺不再申请宅基地的农村居民，或者主动放弃已有的合法宅基地由集体经济组织无偿收回的农村居民，按所在村民小组宅基地评估均价 × 可申请使用面积（或放弃的合法面积） ×50% 予以补贴。

第十二条　宅基地流转实行合同管理和登记制度，明确和规范流转各方的权利义务关系。

第十三条　宅基地使用权流转合同一般包括下列条款：

1. 双方当事人的姓名、住址；
2. 流转宅基地的名称、座落、面积、经依法登记的土地使用权证号
3. 流转宅基地的使用期限和起止日期；
4. 流转宅基地的土地所有权人；
5. 双方当事人的权利和义务；
6. 成交价款和付款方式；
7. 违约责任；

8. 解决争议的方式。

第二章　宅基地使用权转让、出租

第十四条　宅基地使用权转让，是指宅基地使用权人将集体建设用地使用权转移的行为，包括出售、交换和赠与。

宅基地使用权出租，是指宅基地使用权人将宅基地租赁给承租人使用，由承租人向租赁人支付租金的行为。

第十五条　宅基地使用权转让、出租应当签订书面合同。

转让合同文本采用国土资源部门制定的统一格式。

第十六条　宅基地使用权转让的，原使用权人的相关权利、义务（如有偿使用等）随之转移；宅基地使用权出租的，出租人应当继续履行宅基地使用权人的相关权利、义务，出租人与承租人应就有关权利、义务事项进行书面约定。

第十七条　宅基地使用权转让、出租时，其地上建筑物及其他附着物随之转让、出租；宅基地上的建筑物及其他附着物转让、出租时，其占用范围内的土地使用权应随之办理转让、出租手续。

第十八条　宅基地使用权转让的，当事人双方应当在合同签订后 30 天内，向市国土资源管理部门提出申请，经审查符合流转条件的，依法在交易中心进行交易后，申请办理土地登记和领取相关权属证明。

第十九条　申请办理宅基地使用权转让手续的，应当提交下列材料：

（一）双方签订的转让合同；

（二）双方身份的有效凭证；

（三）宅基地使用权证原件；

（四）法律、法规和规章规定的其他资料。

第三章　宅基地使用权抵押

第二十条　宅基地使用权的抵押，应当符合《物权法》《担保法》《湖南省农房抵押融资试点暂行办法》《浏阳市集体土地上房屋抵押贷款办法》《浏阳市农民住房财产权抵押贷款试点实施方案》及其他法律、法规、文件的规定。

第二十一条　宅基地使用权抵押的，应当签订书面合同，在规定的时间内申请办理抵押登记，符合抵押条件的依法办理建设用地使用权抵押登记。地上建筑物、其他附着物应一同依法办理抵押登记。

第二十二条　申请办理宅基地使用权抵押登记手续的，应当提交下列材料：

（一）主合同和抵押合同；

（二）宅基地使用权证、房屋产权证；

（三）双方身份的有效凭证；

（四）登记机关认为应提供的其他材料。

第二十三条　依法办理抵押登记的宅基地使用权被作为抵押物的，债务人不履行债务时，抵押权人可与抵押人协议以抵押物折价或者拍卖、变卖该抵押物。协商不成的，抵押权人可以请求人民法院依法处理。

因处分抵押财产而取得宅基地使用权和地上建筑物、其他附着物所有权的，应当办理过户登记。处分抵押宅基地使用权所得，抵押权人有优先受偿权。

宅基地土地所有权人与债权人、债务人协商，可以收回（购）宅基地使用权。

第二十四条　抵押权因债务清偿或其他原因而消灭的，应当办理注销抵押登记。

第四章　土地价格及收益

第二十五条　市国土资源管理部门负责组织本行政区域土地分等定级估价工作，并统一制定本区域内宅基地的基准地价、标定地价，报市人民政府批准后定期公布执行。

第二十六条　宅基地使用权通过协议方式流转，经有资质的评估机构评估后，由土地交易机构按土地评估价的0.16%收取“宅基地协议流转服务费”。

引导和鼓励通过土地交易平台公开招拍挂的程序办理宅基地使用权流转，竞买人限于本办法第八条所规定的范围，以最高竞价者为竞得人。土地交易机构按成交价的0.16%收取“宅基地招拍挂流转服务费”。

第二十七条　宅基地使用权交易价格明显偏低的，宅基地所有权人享有优先回购权。宅基地所有权人放弃优先回购权时，市人民政府有优先购买权。

第二十八条　宅基地协议流转服务费和宅基地招拍挂流转服务费的70%返还给宅基地所在村集体经济组织，纳入农村集体财产，按照民主管理宅基地收益村规民约的相关规定进行统一管理、分配和使用。

第五章　监督检查

第二十九条　流转后的宅基地闲置的，市国土资源管理部门应当责令限期改正；宅基地土地所有权人对闲置的土地负有直接责任的，在土地闲置状况改正之前，暂停办理其新增集体建设用地审批手续。

第三十条　宅基地使用权不进入土地交易中心公开交易的，交易结果不予认定，并责令限期改正；未纠正的，不得办理产权变更登记或者他项权利登记手续。

第三十一条　土地交易中心、农村集体经济组织、乡（镇）及其他管理部门工作人员弄虚作假、玩忽职守、循私舞弊、索贿受贿的，进行责任追究；构成犯罪的，依法追究刑事责任。

第六章　附则

第三十二条　本办法自公布之日起试行。

附件十三

浏阳市民主管理宅基地村规民约

第一章　总则

第一条　为积极审慎稳妥推进浏阳市农村宅基地制度改革试点工作，根据《国土资源部关于湖南省浏阳市农村宅基地制度改革试点实施方案的批复》（国土资函〔2015〕406号）等相关文件精神，结合本村实际，制定本《村规民约》。

第二条　本村土地，除法律规定属国家以外，均属农村居民集体所有，各农户对承包田、自留地、宅基地等土地只有使用权。村民委员会根据新村规划、经济发展等需要，通过党员、村民代表会议决议集体土地管理。

第二章　宅基地管理

第三条　村民建房用地、临时建筑用地，必须服从统一管理，履行申批制度，做到先批后建，严格按《土地管理法》和《浏阳市农村宅基地管理办法（试行）》办事。

第四条　村民建房必须符合上级下达的年度用地计划和农用地占用计划，服从本村规划，尽量使用村内空闲地及退出的老宅基地。事前写出申请，由村民委员会审核同意后，方可办理报批手续。须调地的由建房户与土地承包户协商解决。

第五条　村民建房必须占用农用地的，应按照标准向村民委员会缴纳耕地开垦费，并由村民委员会负责或呈报市国土资源主管部门落实耕地占补平衡。

第六条　村民建住宅必须严格按照《土地管理法》和《浏阳市农村宅基地管理办法（试行）》有关规定，严格控制占用耕地建住宅，严格遵守“一户一宅”规定。

第七条　村民新建、扩建、拆建大小房屋，须向村民委员会申请，经村集体讨论同意，上报审批并办理建设用地许可（领取《村民建设用地许可证》）和规划许可（领取《建设用地许可证》《建设工程规划许可证》或《乡村建设规划许可证》），由当地城建规划部门（城镇规划建设用地范围内）或国土资源所（城镇规划建设用地范围外）按批准要求定桩放样后方可施工。

（一）申请新批地基的，其旧房必须在新屋完工后 1 个月内全部拆除，其旧屋宅基地由村集体统一规划处理。

（二）老屋原拆原建，必须在符合村统一规划的前提下，经左邻右舍签字同意后，向村委会提出申请，方可报批。

第八条　宅基地有偿使用规定。

（一）村委会依据市人民政府组织开展宅基地清查的确认登记结果或自行清查丈量结果，对全村宅基地进行分户初始登记造册；对扩建、新建、继承、受赠、转让、出租的宅基地进行变更登记，新增面积计入宅基地使用面积。

（二）核定的宅基地使用面积超出法定面积上限的，超出部分由村委会按照《浏阳市农村宅基地有偿使用暂行规定》的相关标准收取宅基地超占面积有偿使用费。

（三）一户多宅的多宅部分，非本村居民因继承、受赠或其他方式使用的宅基地，由村委会按照《浏阳市农村宅基地有偿使用暂行规定》的相关标准收取宅基地有偿使用费。

第九条　宅基地自愿有偿退出规定。

（一）宅基地可以在本集体经济组织成员之间协商自由转让、出租，其中出租宅基地的不得再次申请宅基地。宅基地转让给本市其他农村集体经济组织符合宅基地申请条件的成员的，应当由集体经济组织收购（回）后通过公开竞价的方式流转。宅基地连同地上建筑物、附着物，在村委会的担保下可以抵押，村委会的担保职责是防止村民因抵押而流离失所。

（二）村委会对村内宅基地转让有优先购买权；村委会对外迁农户移交的宅基地和超占面积腾退的宅基地进行统一收回（购）。

（三）村委会对村庄整治搬迁空出的宅基地和自然灾毁的宅基地统一收回，并重新安排新宅基地；“五保户”亡故后未处置的遗留宅基地，由村委会无偿收回；村庄内空闲地及无主宅基地归村委会或村民小组所有。

（四）鼓励村民将闲散宅基地直接赠与村委会或村民小组。

第十条　土地收益收支管理规定。

（一）土地收益即村民集体所有的土地收益，包括宅基地有偿使用收益和村庄整治收益。宅基地有偿使用收益由村委会统一收取，以村民小组为核算单位；村庄整治收益统一缴入村委会财经账户，以村民小组为核算单位。

（二）土地收益支出包括：宅基地回购、村庄整治、搬迁补偿、村内基础设施建设、村级公共事业开支、村民小组国土资源协管员工资、村民土地收益分红、村民奖励。

（三）土地收益分配：宅基地有偿使用收益以村民小组为核算单位，村委会和村民小组按比例分配，由村民小组均分给全组农户，每年春节前结算一次。

（四）宅基地回购、村内基础设施建设、村级公共事业开支、村民土地收益分红、村民奖励等使用土地收益支出由村委会决定，其中一次性超过 1 万元的支出须经三分之二以上的村民或村民代表同意。

（五）土地收益收支应当向全体村民公开，并在每年春节前公示当年收支账目明细表。

第三章　监督管理

第十一条　每个村民都有监督集体所有土地经营管理的义务，对发现的土地违法违规行为要及时向村民委员会和上级国土资源部门举报。

第十二条　建立村民小组国土资源协管员制度。协管员主要负责本组的法规政策宣传、土地巡查监管、违法行为制止和调解土地纠纷等，做到监管到位、上报及时。

第十三条　凡发现未经批准擅自建房和不按批准的地点、面积建房的，村民有权向村民委员会或国土资源部门汇报，村民委员会应立即制止施工，并报国土资源部门处理。

第四章　奖惩措施

第十四条　村内奖罚规定。

（一）有下列情形之一的，村委会应当给予奖励（补贴）：

1. 主动转让、腾退、赠与宅基地给村民委员会回购、收回的。

2. 积极主动配合村庄整治过程中宅基地调整的。

3. 切实遵守《宅基地村规民约》，并主动足额缴纳宅基地有偿使用费的。

4. 举报国土资源违法行为者，一经核查属实，予以奖励 100 元。

（二）有下列情形之一的，村委会应当给予处罚：

1. 未经批准在农村建房，非法转让宅基地给城镇居民的。

2. 不遵守《宅基地村规民约》，超出宅基地建房面积，又不足额缴纳宅基地超占面积有偿使用费的。

（三）滥收、滥支、贪污、挪用、私分归村民集体所有的土地收益的，取消当事人参与土地收益分配权利；责令全额退还相关款项；触犯刑法的依法追究刑事责任，其中属村委会干部的撤销其干部职务，属村民代表的罢免其代表资格。

第十五条　村民因违反本《宅基地村规民约》而没收、缴纳的全部款项，由上级国土资源部门、乡镇政府及村民委员会共同监督管理，专款专用于奖励及本村公益事业。

第十六条　本《村规民约》自村民代表大会讨论决议通过后实施，最终解释权归村民委员会。

第二篇　湘西苗族服饰文化法律保护的现状与对策调研报告*

许久以来，苗族服饰文化就被认为是一部穿在身上的史书，而湘西苗族服饰文化则是这部史书中不可缺少的篇章。湘西苗族服饰的起源历经了一段绵长而持久的演化与积淀过程，才谱写出了现在至美绝伦的湘西苗族服饰文化。湘西苗族服饰文化起源于湘西苗族深厚的文化底蕴，是从湘西苗族的历史长河中滋养出来的一朵美不可言的服饰文化之花。随着社会经济的发展，传统观念发生变化，苗族服饰文化赖以生存的环境也产生了巨大的变化，受外来文化的影响，苗族服饰文化不断被蚕食，面临着保护与传承的困境，保护苗族服饰文化成为我们无法回避的问题。为探寻一条苗族服饰文化法律保护的新路，调研团拟通过对湘西苗族服饰文化作为非物质文化遗产的保护工作的现状进行系统调研，详尽梳理和分析其取得的成就，深刻剖析保护工作面临的困境及成因，并有针对性地提出解决问题的对策，希望通过这次调研能为苗族服饰文化保护工作提供有价值的参考。

一、湘西苗族服饰文化变迁

苗族是一个古老而优秀的民族，在千年的历史长河中，创造了灿烂的民族服饰文化。湘西苗族人民根据所处的历史条件和生活环境，凭借着勤劳聪慧、心灵手巧，不断完善自己的工艺，使自身的服饰更具特色，更为纷繁多彩。因此，湘西苗族服饰古今沿革变迁比较大，在不同的时期具有不同的服饰。在此，笔者根据部分史料以及在考察时的当地资料，将其大致划分为四

---

* 该调研报告为湘潭大学法学院 2017 年暑期调研项目成果，由李文静主持，任志、王进、唐熳婷、李松榆、邱伯静、程文豪、曾妍共同完成。

个时期。①

第一时期，东汉至唐宋湘西苗族服饰的“五色衣”。在卓简民族文化研究中心了解的资料中，对湘西苗族服饰有所记载的文献，是从东汉开始的。东汉应劭的《风俗通》和晋干宝的《搜神记》中记载：“盘瓠子孙，织绩木皮，染以草实，好五色衣服，裁制皆有尾形……世称‘赤髀横裙，盘瓠子孙’。”后来的《隋书·地理志》又有记载：“诸夷本其所出，承盘瓠之后，故服装多以斑布为饰。”《宋史·蛮夷传》有记载：“诸蛮……椎髻，足走险如履平地……衣服斑斓。”在从东汉到唐宋的这类史料记载中，我们可以了解到，当时的湘西苗族人民为了御寒、遮羞、装饰，遂以具有柔软、结实、不易折断的树叶、树皮及葛麻等做材料，并用五彩的果实作为染料，装饰自己的衣服，制成“五色衣”。亦正如《苗族古歌·溯河西迁》中的“老葛根当作饭，崖藤叶作衣衫”所描绘，从而形成了最古老、最原始的湘西苗族服饰样式和服饰意识。“好五色”“赤髀横裙”“衣服斑斓”“椎髻，足”等，都为以后的湘西苗族服饰所传承，成为其特点之一。②

第二时期，元、明、清三代湘西苗族服饰的布衣银饰。随着社会经济的发展和生活条件的变化，湘西苗族服饰在沿袭传统的基础上产生了新的特色。据明成化初年沈瓒的《五溪蛮图志》记载：“惜以楮木皮为之布，今皆用丝、麻染成五色，只花绸、花布裁制服之。上衫皆直领，下裙围转细壁积倒折……妇女皆插排叉，状如纱帽展翅。富者以银为之，贫者以木为之……男女皆戴银耳环，尺围大；皆足。”由此可见，当时的湘苗人民仍沿袭着“好五色”“赤髀横裙”“椎髻，足”的传统，而普遍的用麻、丝、棉布代替“织绩木皮”为布料的现象，又表现了湘西苗族服饰的发展。乾隆初段汝霖的《楚南苗志》有记：“领尚红，周身衣边俱秀五彩花……腰系红带者，则为红苗也。”道光《乾州厅志》（卷七）有记载：“苗人，前惟寨长剃发，余皆裹头椎髻……女亦著中衣，裹脚，与昔年异矣。”也就意味着，至少是在乾隆年间，湘西的苗族已被统称为“红苗”。而在后来改土归流，随着“苗疆”的开辟，清政府的“剃发”和“裹脚”政策便在湘西苗族盛

① 王钊．历尽沧桑，洗尽铅华终还在——湘西苗服史［J］．科学之友（上半月），2014（02）．

② 丁世良等．中国地方民俗资料汇编：中南卷［M］．连云港：江苏美术出版社，1992.

行了，这也就引起了苗族服饰上的新变化。

第三时期，中华民国时期美丽的苗族服饰。伴随着民国时期思想的不断解放，湘西苗族服饰也开始冲破封建的束缚，并且不断融入汉族的元素。据石启贵的《湘西苗族实地调查报告》描述："民国以来，较为进化……今有剪短发，习汉装，穿长衫套马挂者。但为数较少，不上百分之一。男子均以黑帕缠腰，青布裹腿。也有喜包花裹脚的……女子发形尚古式，不见法，绹独辫……衣全是满襟，无对襟式……裤子短，裤脚大，绣花边或数纱边。有礼裙，长而宽……平日是包布裹脚，穿草鞋。"① 在这一时期，湘西苗族服饰中出现了亮丽新风景，即妇女的下装出现了绣有花边的裤，并由光脚变为喜爱穿草鞋了；男子一改清朝时"前惟寨长剃发"而开始剪短发了，并穿上了汉人的长衫马褂，在服饰方面与汉族进行相互的融合，并不断发展。

第四时期，中华人民共和国成立后湘西苗族服饰的新突破。中华人民共和国成立后，政府把工作重点转移到经济建设上来，促进了民族经济的发展，封闭的苗寨透进了现代文明之光，湘西苗族服饰也有了新的突破。湘西苗族中无论男女，都不再裹脚，穿起了布鞋和胶鞋，从此免除了苗民的裹脚之苦。吴仕忠的《中国苗族服饰图志》中又有介绍："少女绾髻于头顶，用红头绳挽头一圈扎紧，包青布头帕，帕尾上翘。上穿对襟无扣长衣，两袖缀彩色布和刺绣图案。外套挑花披肩缀有蜡画，系蜡染丝绣长围腰，围腰边缘绣有花纹图案……衣袖饰有挑花，刺绣花边。男人汉服装扮。"而在2006年8月本人所看到的湘西的苗族服饰：苗族妇女包的是白色头帕，帕上绣有四对青色花蝶，即"头上帕子四个角，四个角上绣飞蛾"。这与《中国苗族服饰图志》中的介绍不一致，但从另一个侧面讲，这也正说明了苗族服饰的多样性。随着蜡染、挑花等工艺的出现，刺绣的运用也更为广泛，苗族服饰已真正出现了丰富多彩，绚丽多姿的局面，从此，苗族服饰走出了大山，在保留自己特色的基础上，与其他民族服饰相融合，真正融入到中华民族服饰体系中。②

---

① 龙光茂．中国苗族服饰文化［M］．北京：外文出版社，1994.

② 东旻．试论苗族服饰文化的历史积淀［D］．中国民族学学会2004年年会论文集．

二、湘西州少数民族非物质文化遗产保护工作现状

湘西州少数民族非物质文化遗产都是在当地特殊的文化生态环境里生成和发展，并经过千百年艺人的口传心授形成的，具有原生性、独特性、唯一性和传承性等特性。通过系统地发掘、收集、整理及积极地申报，目前，湘西州共有国家级非遗名录 26 项（28 个项目保护单位）、省级非遗名录 62 项（77 个项目保护单位）、州级非遗名录 234 项（316 个项目保护单位），这些数字是按照各批次文件公布项目进行叠加统计的，即州级里含有省级和国家级，省级里含有国家级。非遗资源在湘西州空间分布上呈“一南一北，一山一水”的格局，即酉水流域土家族文化核心区和腊尔山台地苗族文化核心区，其中酉水流域土家族文化核心区内国家级名录项目占全州 42%，省级占 29%；腊尔山台地苗族文化核心区内国家级名录项目占全州 42%，省级占 19%。湘西州为了搞好非物质文化遗产保护工作，近年来，始终坚守“保护为主、抢救第一、合理利用、传承发展”的方针，不断加强非物质文化遗产普查、抢救、申报等工作，从机制到方法对非物质文化遗产的保护工作进行了积极探索，已创造了一些好的经验，非物质文化遗产保护工作硕果满枝，取得了明显的成效。

（一）积极开展项目申报

2004 年以来，湘西州以项目申报为推手，积极开展一系列非物质文化遗产项目申报工作，成功争取将湘西州确定为国家级文化生态保护示范区，永顺县被国家民族委员会确定为国家级民族文化联系点；2010 年 11 月 26 日，经国家文化部审核，武陵山区土家族苗族文化生态保护实验区在湘西州正式挂牌。截至 2016 年底湘西州有国家级非物质遗产名录 26 项、省级 62 项、州级 295 项、县市级 729 项。龙山县、永顺县、吉首市和保靖县，分获“全省非遗保护十强县”。先后申报确立了国家级项目代表性传承人 22 位、省级项目代表性传承人 74 位、州级项目代表性传承人 344 位，以确保优秀的民族文化遗产后继有人、薪火相传。苗族服饰作为非物质文化遗产于 2006 年进入第一批湖南省非物质文化遗产名录，随后进入第一批国家非物质文化遗产扩展名录，项目保护单位为州非物质文化遗产中心。目前，苗族服饰项目有省级非物质文化遗产代表性传承人 1 人，州级项目代表性传承人 3 人。

（二）强化政策保障措施

湘西州最早涉及非物质文化遗产保护的立法性文件是2004年州政府办公布的《湘西土家族苗族自治州凤凰历史文化名城保护条例》（该条例第四章提出了民族民间文化的保护办法）。2006年湘西土家族苗族自治州人民代表大会公布了《湘西土家族苗族自治州民族民间文化遗产保护条例》，是我国第一个地级市的地方性保护法规。2007年湘西州政府公布的《湘西自治州民族民间文化遗产传承人保护管理暂行办法》，规定了传承人的认定标准、权利与义务。此外，还有《湘西州土家族医药苗医药条例》《关于发展民族民间文化产业的若干优惠政策》等7个政策性文件，分别就非物质文化遗产保护的目标、方针、原则、工作机制、保障措施等方面作出了明确具体规定，为非物质文化遗产保护工作奠定了战略框架。同时，州委、州政府成立了以州长任组长，州财政局、州民委、州文广新局等州直有关单位主要领导为成员的州非物质文化遗产保护工程领导小组；建立了国家、省、州、县四级保护名录体系和四级传承人保护体系，州、县（市）成立9个非物质文化遗产保护中心，设专门人员从事非物质文化遗产保护工作。

（三）切实增加保护投入

自2005年起，全州财政预算每年安排非物质文化遗产保护专项经费100万元，8个县市每年安排15—20万元保护经费。同时，为了搞好非物质文化遗产普查工作，财政投入专项普查资金近500万元；大力实施“百个特色村落、千栋百年老宅、万栋特色民居”保护工程，三年来，共投入资金1亿多元，对全州6个古镇古城、84个古村落、1.2万栋特色民居进行改造保护并建设一批配套设施。2011年，仅全州民委系统承担的9个试点村，共归集投入资金1900万元，项目建设初见成效。

（四）深入推进普查工作

从2005年开始至2008年年底，基本完成了全州8县市164个乡镇1969个村的普查。近4年来先后投入普查经费约500万元，出动工作人员4131人次，走访传承人5401人，收集资源线索5735条，调查项目涵盖16大门类8352种，收集实物830多件，登记实物1503件，项目录像1523盒、拍摄照片52583张，记录文字资料10306万字，电子资料977G、录音20002小时，摄像27334小时，培训普查工作人员500多人次。通过普查，各地采集、记录和整理了一大批非物质文化遗产资料，先后出版了《湘西土家族茅古斯舞》《湘西土家族织锦技艺》《湘西苗族银饰锻造技艺》等非物质文化遗产系列丛书共10部，约300万字，印刷2万多册，特别是对一些濒临灭绝的民间绝技、民俗活动进行抢救拍摄、排练展演，完成了土家族建筑、苗族建筑等共12大门类25项重点传统民族民间工艺美术专题片摄制。制作《湘西民族民间文化资源图录》等，收集了30余种民族民间文化保护图书音像资料存档入库。

表1　湘西州与湖南省非物质文化遗产第一、二、三批项目比较

分项/地区	湖南省拥有数	湘西州拥有数	湘西州占全省的比重
国家级“非遗”项目	99项	26项	24.2%
国家级代表性传承人	76人	22人	28.9%
省级“非遗”项目	167项	62项	31.1%
省级代表性传承人	179人	74人	24.6%

（五）搭建文化传播平台

近12年来，湘西州先后申报设立了中国民族民间文化艺术之乡36个、省民间文化艺术之乡12个、州级非物质文化遗产传习所34所，已建有5所各类民族文化博物馆，组建了民间文艺表演队达600多支，组织开展了湘西民族民间文化艺术节、湘西苗族银饰节、苗鼓节、毛古斯节等48场交流展演活动。同时，把每年的6月定为全州“文化遗产日”活动月，大力开展民族文化“进机关、进校园、进社区、进农村”活动，要求机关干部“人人会唱一首民歌，会跳一种民族舞蹈”；与吉首大学联手组建了非物质文化遗产培训基地和民族服饰模特表演队，常年有30多名队员参加各种庆典活动展演。完成了苗族服饰传习所、柳薄乡德榜村苗族银饰锻制技艺传习所等2个第二批州级“非遗”传习所的申报、授牌工作。进一步拓展了“非遗进校园”活动项目，相继开展了苗族花鼓、苗族服饰、苗族跳花、苗绣、茶灯等“非遗”项目进校园工程。2003年成立的湘西自治州毕果民族服饰研制中心，后因企业发展需要于2015年成立吉首金毕果民族服饰有限公司，于2005年取得国家工商局商标注册；2007年，被确定为全国少数民族特需商品定点生产企业；2008被国务院授牌“国家级非物质文化遗产‘苗族服饰’”保护单位，是湖南省土家族、苗族服饰标准制定单位。

表 2 湘西州民族民间艺术之乡一览表

民族/分类	艺术名称	乡镇数	乡镇名称
土家族民间艺术之乡	①打溜子；②毛古斯；③摆手舞；④土家山歌；⑤哭嫁；⑥土家织锦；⑦土家族调年	15	里耶镇；靛房乡；苗儿滩乡；农车乡；洗车河乡；灵溪镇；对山乡；王村镇；两岔乡；大坝乡；断龙乡；红石林镇；清水坪镇；碗米坡乡；迁陵镇。
苗族民间艺术之乡	①苗鼓舞；②苗族狮舞；③苗族山歌；④花灯；⑤琐呐；⑥数纱；⑦跳香	15	社塘坡乡；寨阳乡；矮寨镇；丹青乡；长乐乡；团结镇；麻栗场乡；雅西乡；排碧乡；落潮乡；山江镇；默戎镇；梁家潭镇；白沙镇；葫芦乡；
其他民间艺术之乡	①辰河高腔；②踏虎凿花；③茶灯；④跳马；⑤阳戏；⑥傩戏	6	浦市镇；合水乡；双塘乡；茶田镇；水打田乡；古阳镇；

三、湘西苗族服饰文化法律保护面临的困境

（一）立法困境

1. 苗族服饰文化作为非物质文化遗产面临的普遍难题——知识产权保护

目前，法律上对非遗知识产权的保护还有较多的有争议的看法，因非遗大部分是农耕文明的产物，早就过了知识产权的保护年限；非遗有成谱系的传承人，其知识产权的归属很难确定，何况有的非遗是一个群体传承。在现实生活中，非遗作品的创作者想要维权太不容易，非遗产品权利人的认定问题也很难明确，传统技艺是否构成商业秘密等许多问题也是学术界和司法界一直讨论不休的问题。所以容易出现这样的典型例子：20 世纪 90 年代末，雕漆国家级代表性传承人北京的文乾刚创作了一款直径 30 厘米的雕漆盘，很快就被两家工厂无偿拿去仿制。那款作品作为两家工厂的畅销产品卖了 20 多年，收入估计有几千万元，但文乾刚始终没有收到过任何创作设计费用。很多传承人之所以热衷于把他们所掌握的非遗绝技手把手地教给下一代

人，是靠他们对此非遗项目的热爱，而非经济利益的驱动。非遗工艺缺乏起码的知识产权保护。①

《湘西土家族苗族自治州民族民间文化遗产保护条例》第 13 条规定："列入民族民间文化遗产保护名录的传统工艺、制作技艺和艺术表现方法以及其他技艺，需要保密的，由州、县（市）人民政府的文化行政主管部门商保密部门确定密级。纳入保密范围的传统工艺、制作技艺和艺术表现方法以及其他技艺，必须依法进行传播、传授和转让。"相较于国家层面上的立法更加细化，将传统工艺作为一种类似于商业秘密的形式来保护，是一种创新举措，但是仔细分析，仍然存在很多弊端。首先，条文只规定了对纳入保密范围的传统工艺要依法进行传播、传授和转让，但是并没有具体规定要依何种法以及违法后果如何，这样很容易导致条文成为一纸空文。其次，"商业秘密"只有处于保密状态才能最大程度上发挥优势，但在苗族服饰传习所，服饰的制作流程可以被游客自由参观、大量印刷成宣传材料或者被拍摄成影像资料，任何人都可以获悉这种制作工艺。并且如果过度保密，易造成苗族服饰制作技艺闭塞，不利于传承，不利于苗族服饰文化的发展。

2. 制衣者的维权路很艰难

其一，非遗权利被侵犯难以取证并且成本高。随着百姓生活水平的提高，审美意识和水平也不断提高，对文化产品的需求也越来越大。在经济利益的诱惑下，民间市场出现比较混乱的情况，小作坊或小型企业在缺乏创新能力的情况下，仿冒产品来获得经济利益。仿冒品在礼品店、特产店出售时无法开具正规发票，所以难以取证，并且售卖衍生品的特产小店多是在游客较多的景点，经营不正规，甚至有的还是流动摊贩。笔者在凤凰县古城旅游区调研中发现，古城内有很多出售苗族服饰的店铺，但由于店铺规模等因素，很多店铺无法提供正规发票，而游客在购买的过程中也不太重视索取发票，这就导致了取证困难。其二，维权过程复杂。苗族服饰元素获得渠道众多，尤其是在互联网如此发达的社会，素材唾手可得，有的设计工作者在没有取得作者同意的情况下将网上的素材使用在自己的设计图纸中，缺乏对他人创作成果的基本尊重。在调研中，笔者发现售卖苗族服饰的商家进货渠道很多，有的是线下，有的是线上，但很少有人究问苗族服饰的源头，基本上

---

① 党和苹，景浮英．关于非物质文化遗产著作权保护的探讨［J］．法学杂志，2008（4）．

只看重便捷与价格，更别提对知识产权的保护了。苗族同族聚居在一起，而同宗往往就住在附近村寨，彼此都是亲戚关系，一旦出现恶意模仿，碍于情面难以予以追究；再加上法制意识淡薄，许多制衣者根本没有维权意识，当有新工艺或新产品出现时，较易被模仿，从而使工艺或产品失去核心竞争力。尽管服饰在销售中的价格不断被抬高，但制衣者直接获益却不多，而制衣者所从事的是创造性工作，获益不多直接打击其创作积极性。总之，生产和销售的利益分配不均，导致了制衣者合法权益未受到正当的保护。

问题6：在出售苗族服饰的时候您会为客人开具发票吗？

答案选项	会	不会	偶尔会	客人要才开
选择比例	10%	52%	14%	24%
本题有效填写人次：85				

问题8：您对苗族服饰的知识产权保护怎么看？

答案选项	不了解	没必要	有必要	综合各方利益
选择比例	23%	36%	25%	16%
本题有效填写人次：85				

3. 立法可操作性不强

国家层面上涉及少数民族文化保护的法律法规有现行《宪法》第22条第2款、《民族区域自治法》第25条，这两条都是原则性的规定。《著作权法》将民间文学艺术作品（包括民间传统手工艺作品）的保护纳入保护范围，《著作权法》第6条规定："民间文学艺术作品的著作权保护办法由国务院另行规定。"但由于民间文学艺术的自身性质与理论研究不足，国务院尚未出台相关规定。2011年6月1日施行了《中华人民共和国非物质文化遗产法》，该法共6章45条，主要制定了调查、代表性项目、传承和传播三项重要制度对非物质文化遗产加以保护。在具体制度设计上都是围绕着保护展开，调查、认定、记录、建档、设置名录、宣传、展示，评选代表性项目和传承人，政府拨款给代表性传承人，以便其培养人才、保管、保存。而有关非遗的利用和开发的规定寥寥数语，且缺乏明确的制度保障。对知识产权问题也是一笔带过，不作深入探讨。由此看来，对非物质文化遗产的保护，就是认定、记录、存档，成为博物馆里的东西，成为"死"的文化。文化遗产是"活"的精神财富，离开人们广泛的参与就失去了意义。

2006 年 3 月 29 日湘西土家族苗族自治州第十一届人民代表大会第四次会议通过，并由 2006 年 5 月 31 日湖南省第十届人民代表大会常务委员会第二十一次会议批准的《湘西土家族苗族自治州民族民间文化遗产保护条例》（以下简称《条例》）将此前一系列鼓励和扶持对非物质文化遗产实施保护的行政措施法制化，但有些内容的操作性不强。例如，该《条例》规定了代表作保护名录和民族民间传统文化之乡、民族文化生态保护区、民族文化村寨博物馆命名的条件和程序，却没有规定保护这些命名项目的具体措施和相关各方的权利和义务，从而使名录中项目的保护难以落到实处。再如：《条例》中“认定与传承”一章，使用了“熟练掌握”“较大影响”等含义模糊的词汇，又没有对其进行必要的说明，也没有规定由谁来判别，这种模糊的立法表述使得法的实施困难重重；且非物质文化遗产门类众多，每一类都特点各异，表现方式也不尽相同，如果不分开制定认定标准，必然导致操作层面的困境。另外，现行立法在性质上基本都属于行政法，规范的主要是非物质文化遗产保护管理关系，而缺乏关于传承人私权利的规定，无法充分调动他们保护非遗的积极性。

4. 基层的非遗保护专业人才缺乏

对苗族服饰文化这类非物质文化遗产进行搜集、记录、分类、编目等工作主要是由基层政府的相关工作人员来完成，这些工作不仅量大，而且涉及面广、专业性强，这就要求工作人员要具备专门的知识和丰富的经验。在对州非物质文化遗产中心的调研中，笔者发现从事非物质文化遗产保护工作的人员大都是“半路出家”，由于缺乏相关的专业理论知识，他们在开展非物质文化遗产普查工作时，很难把工作做到位，特别是当工作中遇到重大阴暗问题时，更无法运用相应的理论知识加以研究和解决。

（二）文化困境

在调研中，笔者通过问卷及深度访谈对凤凰县进行了实地调研，结果显示：尽管 60 岁以上的妇女仍热衷苗族传统女装，但是 25—40 岁的年轻女性多是身着现代服饰，虽然其中约半数的人仍比较喜欢本民族服装，但较为年轻的女性却表现出积极汉化的一面。就传统服饰的制作而言，20 岁以下的年轻一代几乎不会，且表现为不屑学习；20—35 岁之间的女性三分之一的人偶尔会穿，但是普遍手艺不精，且无完整制作一套服饰的经历；同时尽管长辈愿意传授，但下一代却很少愿意接受。

问题 9：传统的苗族服饰与现在的时装相比，您更喜欢哪一种？

答案选项	都喜欢	都不喜欢	苗族服饰	现代服装
选择比例	44%	2%	39%	15%
本题有效填写人次：240				

问题 10：在一般生活中，您是穿苗族服饰还是现代装束？

答案选项	只穿苗族服饰	只穿现代服饰	以苗族服饰为主	以现代服饰为主	次数平均
选择比例	22%	25%	12%	32%	9%
本题有效填写人次：240					

1. 苗民还未认识到苗族服饰文化的价值

就算是一些受过教育的苗民，甚至是机关工作人员对自己本民族的这一文化精华反应也较为淡漠，没有认识到蕴涵其中的重要价值，这一民族文化在未被评为非物质文化遗产之前基本处于自生自灭的状态。受到现代审美观念的影响，苗族服饰文化发生了一定程度的变异。20 世纪 80 年代以后，外来文化不知不觉地渗透到苗民生活的诸多方面。尤其是受电视媒体的影响，电视剧和广告中的时尚服饰成为年轻苗民的效仿对象，苗民渴望尽快吸收现代时尚文化，逐步脱去传统服饰，出现服饰上与汉族的趋同。另外，现代快节奏的生活方式也突显出工艺复杂、重量较大的服饰在工作和生活方面的不便，尤其是年轻人更喜好选择简单随意的现代服饰。

2. 苗族服饰文化传承队伍弱化

长期以来，样式和纹饰各异的服饰既是苗民身份和社群认同的“族徽”，又是承载民族迁徙漂泊生息发展信息的载体。在过去，传统的苗族服饰制作往往是年轻一代的女孩子向长辈女性学习其制作技艺后，通过自己的双手一针一线地完成服饰的制作。制作服饰的用途在于自家使用，比如和异性的交往、婚嫁以及下一代子女使用，或少量用于亲友间的馈赠。苗族服饰基本上就是个自产自用的生活用品，基于实用目的，而不是牟利用的商品。在过去的苗族社区，由于经济社会发展的落后以及教育条件的不足，接受教育的苗族孩子很少，特别是女孩子，很少有上学的。她们作为苗族服饰的主要传承人，在未婚嫁之前主要角色是在家帮助父母干农活和家务。她们在母亲、姐姐或是其他邻居长辈的带领下，耳濡目染，习得了苗族服饰的制作技艺。女孩子在其成长的过程里，给自己和家人制作了自用的服饰，使得苗族服饰文化得以传承。而如今，绝大多数孩子都接受了义务教育，在乡村里读了小学，镇上读了初中。平时住校学习，周末回家是许多孩子们的生活模式。许多孩子在初中毕业后继续到更远的中心城镇去读高中，甚至是考上大学外出念书。没有选择升学的孩子们往往也不再留在家里从事农业劳动，他们多是到城市就业。男孩子们本来就没有学习服饰制作的技艺，女孩子们也较她们的女性前辈更少有时间和更少有机会长期学习服饰制作工艺。她们的女性前辈曾经自童年起就耐心学习挑花刺绣，并且母传女，姐带妹，邻里互授，而她们如今在校园里学习的是国家制定的教育内容，回到家的刺绣学习时间大大减少。另一方面，苗族服饰制作是需要反复习得、特别消耗时间和精力的一件事情，一条普通的绣片就要花费一周左右的时间。而承载着苗族对祖先的追溯和对后代的期冀的百鸟衣（子女婚嫁每人必备一件），从养蚕吐丝种棉榨籽纺纱织布开始，经靛染着色、剪纸出样、织花绣锦、拈羽修缀，整个过程完全靠手工完成，耗时少则大半年多则三五年。所以，由于作为传承人的年轻女性普遍减少了学习技艺的时间和频度，如今掌握传统服饰技艺的女性人数已经大为减少，掌握工艺的精细程度和技术水平也较过去的女性长辈大为减弱。

问题 11：您是否得到自己的苗族服饰文化传承？

答案选项	没有得到	得到一些	得到全部
选择比例	25%	57%	18%
本题有效填写人次：240			

目前，传承人老龄化严重。湘西苗族服饰 4 位代表性苗族服饰传承人年龄都在五六十岁以上。在此次调研中，笔者发现，传承人老龄化不光是在苗族服饰这一块，这也是其他非物质文化遗产传承的通病。据统计：湘西州国家级传承人 18 人平均年龄达 66. 94 岁，省级传承人 44 人平均年龄达 68. 7 岁，第一、二批国家、省级传承人 62 人平均年龄 68. 2 岁。由于学艺人员减少，传承面临断代危险，许多弥足珍贵的非物质文化遗产正面临“人亡歌息、人去艺绝”的局面。

（三）产业困境

苗族服饰制作具有完整的工艺流程，工序繁多，苗族女孩七八岁或十一二岁就要开始跟妈妈学习服饰制作，长大后就要负责全家人的穿戴，不会做服饰或做得不好往往会成为别人嘲讽的对象，因此当地苗族女性把制作服饰作为一生的大事经营，努力学习和掌握服饰制作相关的技艺和技能，但如今，传统的纺织、制衣、刺绣等服饰工艺也随之衰微，掌握服饰制作工艺的人越来越少，传统工艺面临失传的危险。①

1. 传统的服饰制作方式受到现代纺织工业的影响

苗族服饰的制作通常费料、费工、费时，主要采取家庭手工的方式生产。伴随现代纺织技术的突飞猛进，此种传统的制衣方式不断改良。家庭手工制衣被舍弃，取而代之的是机器制衣；麻棉主打的土布原料被舍弃，取而代之的是化纤面料。先民日常服饰被迫退出生活舞台，逐步走向礼仪化。传统手工技术落后，要想大量生产民族服饰，只得将现代技术和机器加入到民族服饰的制作当中。随着化学原材料和先进纺织材料的进入，使传统的棉花、蚕丝、织布、染料等传统手工材料制作活动减少，而涉及服装制作的相关加工行业也开始减少，随之而来的，便是原来传统落后的服装制作方式被现代自动化制衣技术所取代。

2. 政府对发展本民族服饰的扶持力度不够

苗族地区经济相对落后，政府对民族服饰的扶植力度不大，而苗民因文化程度低、外出较少，加之宣传力度不够，对信息把握不对称，因此无法掌控产品的需求信息和销售渠道。而处于信息化时代，不借由营销和宣传，再精美的服饰也难以为外界所获悉，因此难以实现高效益的产业化经营。为摆脱生活困境，越来越多的人宁愿放弃尝试和坚持，转而选择低风险的外出务工。

四、影响苗族服饰文化保护工作的原因分析

（一）现代文明冲击

随着时代的发展、社会的进步、民族间的交融，湘西州土家族、苗族的特有文化和民俗现象正在遭受冲击，有的甚至趋于消亡。正如联合国教科文组织《宣布人类口头和非物质遗产代表作申报书编写指南》中所指出的："在世界全球化的今天，此种文化遗产的诸多形式受到文化单一化、武装冲

① 袁熙旸．冲出"围城"——后工业化社会中手工艺的处境与出路［J］．南京艺术学院学报，2007（01）．

突、旅游业、工业化、农业人口外流、移民和环境恶化的威胁，正面临消失的危险。”如今绝大多数年轻人喜欢的是现代服饰，很少着苗族服饰了，甚至在一些苗族地区很难找到完整的成套苗族服饰，苗族服饰、银饰日益萎缩。究其原因，除了人们的审美趋向、生活习俗的改变外，还有其他重要因素，如其手工生产成本过高，大部分古老传统工艺都能被现代加工手段大批量低成本地模仿生产，或者被现代产品所替代。正如中国民间文艺家协会主席冯骥才一针见血地指出：“商业文化和流行文化像风暴一样弥漫了我们的精神世界，原有的文化的载体、文化的家园被现代化、城市化、商业化冲得七零八落。”

（二）经济社会影响

苗族服饰文化的存在，与他们的日常社会习俗、生活群体紧密相关，脱离了相关的社会人文条件不可能孤立存活。随着经济社会的进步和发展，苗族服饰文化赖以生存的环境发生变化，一定程度上丧失了生存和传承的环境和条件。同时，由于市场经济的竞争，年轻人受市场经济和当前就业观念的影响，已不再像他们的祖辈那样，千百年来依附着脚下那片贫瘠的土地，驻守那千年不变的绿地草原、山头箐间，也不再满足于居住在那世代留下的“吊脚楼”，不愿学习和继承传统文化艺术，人们无心顾及传统的历史文化，一心只想外出打工挣钱，他们或求学、从军、外地成婚，或漂洋过海去了异国他乡，源源不断地离开家乡故土，仅留下耄耋老者隅守故土，使得一些宝贵的非物质文化遗产后继无人，导致湘西州 39% 依靠口传心授的非物质文化遗产民间技艺正在不断消失。近 5 年来，湘西州外出务工人员都在 45 万人左右，每年劳务收入达 27—30 亿元，30 岁以下的占 67.1%，31—45 岁的占 26.6%，全州农村 90% 以上的青壮年劳动力都已外出打工挣钱。据调查，凤凰县现有 135 名技艺精湛的重点传承人绝大部分年龄都在 63 岁以上，然而收授徒弟的不到 20%，子女不愿传承技艺的占 60%。山江镇银饰加工艺人麻茂廷的 5 个子女都外出打工，没有一人愿意承接父业。

（三）思想认识淡漠

在调研过程中，笔者发现地方对苗族服饰文化保护工作的重要性和紧迫性认识不足，未能充分认识到苗族服饰文化保护工作在传承民族文脉、提高国家软实力和促进社会和谐发展方面的重要作用，甚至持观望态度。非物质文化遗产保护工作没有列入各级党委、政府的重要工作日程和当地的经济社会发展规划，工作进展缓慢。对苗族服饰文化常识宣传普及力度不大，很多人对苗族服饰文化了解不多，认为这项保护工作是文化部门一家之事，缺乏开发保护的自觉性。一些地方对苗族服饰文化保护缺乏整体思考和科学规划，纯从经济视角来审视，片面强调其经济价值，实践中申报与保护脱节，存在重申报而轻保护、重开发而轻管理的现象。特别是对保护工作实践中遇到的一些重大问题和新课题，缺乏相应的理论指引和政策支撑。一些相关的理论政策研究与保护工作实际结合不紧，未能提供有针对性的指导意见。这些都严重影响了苗族服饰文化保护工作的开展。同时，部分社会公众对非遗保护的重要性认识不够，主张任其自生自灭或等经济高度发达后再行保护的大有人在。

（四）资金投入不足

非物质文化遗产保护工作从普查到挖掘提炼，从人员培训到资料整理，从规划保护到抢救利用，都需要资金作支撑。但由于湘西州属于贫困地区，地偏人穷，财政捉襟见肘，去年全州财政总收入仅只占全省财政总收入的1.8%左右。一是保护经费偏少。尽管全州每年非物质文化遗产保护经费100万元纳入预算，每个县每年非物质文化遗产保护经费15万元纳入预算，但面对丰富的非物质文化遗产项目资源，这些对非物质文化遗产投入的保护经费无异于杯水车薪。据有关资料显示，法国自1975年以来，每年用于文化遗产保护的投入一直稳定地占国家总预算的1%；日本每年的无形文化财保护预算均在100亿日元左右，其中尚不包括筹集基金几十亿日元。由于经费严重缺乏，为数不少的地方没有安排专项的保护经费，技术装备不足，一些濒临消失的非物质文化遗产得不到有效记录和抢救，而已记录、整理的非物质文化遗产普查资料和民间文艺作品不能出版，甚至一些已经记录和整理的非物质文化遗产资料和实物，面临损毁和再次流失的危险；严重影响了非物质遗产普查、抢救、保护工作以及调研、培训、督查等工作的开展。二是补助标准偏低。非物质文化遗产必须由人去延续，由人来传承，人是非物质文化遗产能够绵延不绝的核心。长期以来，非物质文化遗产的传承人，没有受到应有的社会承认，待遇偏低，属于被边缘化和被遗忘的群体。如目前湘西州只有被认定为国家级传承人一年才有10000元补助，而被认定为省级、州级传承人一年分别只有3000元、1000元补助，被认定为县级传承人一年只有200元补助（有的县还没有补助）。这与日本政府每年补助传承人的110万日元（约合8万元人民币）和韩国每月补助传承人的100万韩元

（约合人民币 6000 元）简直是天壤之别，更不用说给予“准传承人”的补助了。在与苗族服饰文化传承人的访谈中，笔者了解到，政府给予传承人的不多，并不能作为生活的经济来源，而是通过自己的其他工作赚取收入，一些传承人的生活还是比较困难的，这很不利于他们全身心投入文化传承中。

（五）体制机制不完善

虽然经过几年的努力，目前湘西州已经初步建立起符合州情的非物质文化遗产保护制度，但非物质文化遗产保护机构仍较薄弱，未能形成自上而下的长久保护工作机制，对列入名录体系的非遗项目，缺乏科学的保护计划和具体的保护措施，仅限于文化部门单打独斗，未形成全社会共同参与的格局。湘西州迄今为止已颁布了 7 个有关非物质文化遗产的法规、条例，但与非物质文化遗产密切相关、影响最大的就是 2006 年的《湘西土家族苗族自治州民族民间文化遗产保护条例》。这虽是我国首个地级州市实施的民族民间文化保护条例，但笔者调查得知，近年来颁布的这些法规条例在推广和实施方面存在许多瑕疵，主要是由于政府不少管理人员对法规条例、非物质文化遗产知识了解不够，操作性不强，许多条例在制定出来后就成为一纸空文，没有机构或人员来监督法律的实施和运作。同时，“重申报轻保护”“重利用轻管理”的现象还不同程度地存在，基层非物质文化遗产保护机构仍较薄弱，相当一部分县市级保护工作机构尚未建立或健全，都存在人员紧缺的情况，绝大部分县（市）的“非遗保护”工作人员都是从乡、镇文化站等单位临时抽调的，无专职人员，从而导致“非遗保护”工作缺乏长效机制，各项工作进展缓慢，工作落实力度不够，工作出现断层，理论研究仍落后于保护工作的实践。同时，体制上存在多头管理，政令不一。如一处遗产地往往分属多个单位管辖，各有各的利益，各有各的背景，各有各的靠山，互相掣肘，最终遗产遭殃。

（六）“碎片化”和“庸俗化”趋势，对苗族服饰文化的整体性和原真性造成影响

随着工业化进程的加速及城市现代化的发展，苗族服饰文化赖以生存的环境受到冲击，“碎片化”程度加重。同时，随着旅游业的兴起，民族民间文化作为旅游资源被融入到旅游业中，但是很多地方曲解民族民间文化，滥用民族民间文化，在一些地方出现了不顾非物质文化遗产传承规律，借用文化遗产，唯利是图，以一种不负责任的态度任意改变非物质文化遗产形态，出现“伪民俗”的现象，失去了原有文化的本质特征。湘西州是苗族与土

家族的聚居地，两个民族都有本民族的服饰，但两者的民族服饰有相似点，这就容易让游客混淆两个民族的服饰文化，甚至有的本地人对这两种服饰都区分不清。为了迎合大众喜好，出现了将苗族服饰按照当代时尚的审美趣味加以改造，从表面上看，似乎是热衷于保护，实际上是对苗族服饰文化的一种根本性伤害。这种为服务于旅游开发目的，以单纯追求利润为目标，把民族文化粗俗化、庸俗化的行为，让苗族服饰文化失去了真实性。

五、推进湘西苗族服饰文化法律保护的对策

（一）建立健全管理机制

当前，非物质文化遗产保护已经初步建立了有本地特色的保护工作机制，但很多方面还需要进一步完善和加强。下一步，要把加强非物质文化遗产保护作为加快“文化强州”建设的重点工作来抓，纳入湘西州经济社会发展总体规划，明确各级政府的保护主体职责，制定全面的长远的切实可行的工作规划，做到有组织、有规划、有措施，实现非物质文化遗产保护工作的科学化、规范化、网络化、法制化。

一是建立分级保护制度。要设立国家、省、市、县四级保护名录体系，完备相应的申报、审核、公示和保护机制；设立直属于州、县市政府的专门性工作机构，配备工作人员和设施设备，从事非物质文化遗产的保护工作。

二是完善协调机制。湘西州 11 家单位对非物质文化遗产有分属管辖权，体制上存在多头管理，政令不一。要健全州级、县级联席会议制度，联席会议是非物质文化遗产保护工作的领导机制和协调机制。通过整合各部门资源，凝聚共识，统一协调解决非物质文化遗产保护工作中的重大问题，尤其是财政局、教委、经信委、卫计委、旅游局等与非遗保护工作息息相关的部门，要建立长期的定时的沟通合作机制，加强协作配合；同时还要由政府出面，协调沟通政府相关部门之间，政府与学术界、学术界各学科之间，政府与有关社会组织、团体之间的关系，真正形成“政府主导、社会参与、明确职责、形成合力”的保护工作局面。

三是建立激励机制。制定非物质文化遗产进入市场经营的优惠政策，在土地使用、税费规费、人事编制等方面给予支持，以发展促保护。对我州非物质文化遗产传承人中的优秀者和作出重大贡献者，对优秀的非物质文化遗产传承单位，授予相应的荣誉称号和给予奖励。

四是建立专业培训机制。苗族服饰文化保护工作要落实到操作层面上，也就是谁来实施的问题。湘西州非遗保护中心工作人员一直走在非遗保护工作最前线，对当地的非遗是最熟悉的，因此应当适当引进法律界人士，进行法律指导，同时定期对工作人员进行业务培训，提升业务素养。

五是建立督查评估制度。建立健全全州、市、县文化部门的监管机制，把保护与管理目标任务分解到各级文化主管部门、具体到项目、落实到岗位、量化到个人，做到事先有方案，平时有跟踪，阶段有评估，成效可检验。通过评估把握进度，评价效果，发现不足，及时修订政策，完善规范。评估结果可以公开的都要向社会公开，接受公众监督，强化对保护单位的责任约束。对管理不到位、玩忽职守、履责不力，致使非遗项目受到损害和破坏的行为，要追究相关部门和人员的责任，构成犯罪的，要依法追究刑事责任。对于考评成绩优秀、工作成绩突出的单位与传承人，要通过各种方式进行表彰与奖励，在资金申报时予以倾斜，促使其在保护工作方面作出更多的成绩。

六是优化管理模式。因考虑到有些保护单位在人力、财力等方面的不足，可以尝试推行与州非遗中心、县非遗中心，或者其他有关单位进行共同管理的模式，在有关非遗项目保护的规划制定、措施落实、资金运用以及传承人培养方面，实行共管共理、协调运作。也可尝试推行委托社会第三方组织进行项目的“委托管理”模式，由这些专业机构或社团组织承担相关的部分保护管理工作，但官方的督导力度必须加强。

（二）建立健全知识产权保护体系

苗族服饰文化从根本上说属于知识（信息）的范畴，与知识产权的客体具有同质性；同时知识产权是一种专有垄断权，对权利人的保护程度相对较高。因此，尽可能地通过知识产权法对少数民族传统工艺进行保护是最有力的、最符合国际惯例的手段，也是大势所趋。

笔者认为，苗族服饰的制作工艺是苗族服饰的核心，但对苗族服饰的产权保护侧重点应当是苗族服饰上所体现的元素，即保护的重点应当是苗族服饰的成品而非制作过程。制作技艺是千百年来口传心授所形成的，但是真正体现制衣人独创性与心血的是其所制成品上的花纹、配色、剪裁等，同时，为了使苗族服饰文化得到传承，其制作技艺势必要向公有领域公开。因此，应当注重苗族服饰的版权保护，由相关法律针对不同的项目特点，进行特别保护。一是成立苗族服饰文化保护基金会，商业性利用的个人或组织需要向基金会交纳一定的费用，再由基金会向制衣人进行补贴，形成有偿使用，非商业性利用时，应当注明出处和来源；二是对扭曲、篡改成品，伤害民族、人民利益和感情的行为进行处罚。①

强化注册普通商标制度。苗族服饰确立了传承人，形成了较高的艺术价值，如果将传承人的名字或者姓氏注册为商标，很容易获得市场的认同。与在产品上加盖印鉴的方式相比，注册商标专用权是一种以国家强制力保障的垄断权利，不仅有利于区分产品来源，而且一旦他人未经许可擅自使用还可以直接追究其法律责任。②

注册地理标志。地理标志是一种特殊的标识，它表明产品的特质与其生产地的地理、自然、人文环境有着密不可分的联系，从而形成独特的优良品质。湘西的苗族服饰有其自己的特色，比如湘西苗族男装以对襟和满襟为主，女装分为三种类型，松（桃）凤（凰）型、花（垣）保（靖）型、泸（溪）古（丈）型。围裙是湘西苗族服装的重要组成部分，分为高腰围裙和低腰围裙，凤凰一带的苗女喜爱高腰围裙，吉首、花垣一带的苗女喜爱低腰围裙。如果能够由当地政府出面，统一申请“湘西苗族服饰”的地理标志，授权当地所有符合条件的生产者共同使用，无疑有助于提升整个湘西地区苗族服饰文化的知名度和经济效益。

（三）建立健全人才培养机制

代表性传承人是保护工作的核心。政府要尽可能地为代表性传承人提供传承空间和传承条件，对传承人的传承活动给予经费补助，尤其是后继人才的培养，更要予以重点支持。③

一是要明确传承人认定的法律标准。苗族服饰文化是一种无形财产，从性质上来讲非物质文化遗产是一定人群的一种成果，也是一定文化圈内居民的生活方式。因此，必须通过明确传承人认定的法律标准来加强对传承人的保护，进而更好地保护苗族服饰文化。在传承人确定过程中，通过制定一定的入选传承人的条件和标准的法律文件来确定传承人。

---

① 田艳．传统文化产权制度研究［M］．北京：中央民族大学出版社，2011.

② 郑颖捷．知识产权战略背景下少数民族传统工艺的法律保护研究［J］．中南民族大学学报，2007（6）．

③ 参见媒体评论，保人、保艺：双保险让传统文化奇葩重放异彩［EB/ OL］．http：//www. chinaich. com. cn/class 05_ detail. asp? i d = 1853

二是建立非代表性传承人备案登记制。现行法律将对非物质文化遗产传承人的保护范围确定为代表性传承人，而对未被认定为非物质文化遗产代表性项目的一般传承人只字未提。尽管基于非物质文化遗产代表性项目名录设定代表性传承人制度，有利于集中财力有选择性地对非物质文化遗产传承人进行扶持符合国际惯例和我国国情，但有条件地适度扩大对非物质文化遗产传承人的扶持广度也是有必要的，如此不利于避免出现“人亡艺绝”的局面，同时会在民间艺人之间制造矛盾。因此，应该将传承人分为代表性传承人和一般传承人两类，各类都该由若干名艺人组成，具体数目应视实际需要而定，并且应形成传承人梯队，让有兴趣的年轻一代加入队伍。对于一般传承人实行备案登记制度。主要是由文化主管部门将非物质文化遗产代表性传承人以外的生活困难、传承乏力的一般传承人进行备案登记，在确有必要时对这部分非物质文化遗产传承人提供经济资助，扶持其传承活动的开展。设立备案登记制度能够在重点保护支持非物质文化遗产代表性传承人的同时兼顾对其他传承人的扶持，能够在一定程度上拓展国家对非物质文化遗产传承人的保护范围，对于我国的非物质文化遗产传承人的保护工作大有裨益。

三是建立人才流动机制。代表性传承人和一般传承人都应该有进有退，不符合条件的代表性传承人降为一般传承人，相反一般传承人可以晋升为代表性传承人，不履行传承人义务的或脱离传承队伍的，应取消传承人资格。

四是完善传承人权利救济机制。在对非物质文化遗产的保护与传承过程中，传承人起着非常重要的作用，但是现行法律法规对传承人权利救济的规定相当匮乏，这必然影响对非物质文化遗产的有效保护与传承。就目前立法而言，虽然传承人制度已经进入法治的范畴，但是对于传承人的规定还仅限于从实体法层面规定传承人传承非物质文化遗产的义务。在此情况下，一旦出现侵犯或阻碍传承人传承非物质文化遗产的行为，侵害传承人的传承权，则对于传承人的救济将面临缺少法律依据的现实困境。因此，在非物质文化遗产传承人的权利保障方面，除了增加实体法中有关传承人权利的规定外，还应当加强对传承人权利的救济，当传承人传承非物质文化遗产的权利受到侵害时，为传承人依法传承非物质文化遗产的权利设定相应的诉权，提供切实可行的司法保护，对其在法律上予以救济的依据和手段。

五是提高传承人待遇。在地方机构改革过程中，努力争取人员编制，专门为从事非物质文化遗产保护与传承的人员核定事业性编制，以工资形式发放传承津贴，使其生活和工作有基本保障，应该分级负责，适当增加省、州、县级传承人的定补，如省级传承人年定补可从现在2000～3000元增加到4000～5000元，州级传承人可从现在1000元提高到2000～3000元。同时，将农村年岁大的传承人纳入最低生活保障范围，在传承人参加新农合方面增加补助。对有市场、有收益的技艺传承还可在小额贷款资助、经营场地、税收减免等方面给予扶持，从而调动他们的积极性。

六是加强接班人培养。建立一支热爱传统文化，专业知识丰富，具有奉献精神的相对稳定的专、兼职非物质文化遗产保护工作队伍。要注重对下一代准传承人的精心筛选和培养，有计划地对现有非物质文化遗产保护工作人员进行培训，认真办好各级骨干培训班，做到经常化、制度化，建立国家级和省级传承人的动态管理和递补制度，对濒危非遗项目传习所给予补助，鼓励传承人将技艺传承作为一种职业。①

七是加强外联合作。要与高等院校、科研院所密切协作，设立与非物质文化遗产相关的专业，建立一批研究、培训基地，培养一批硕士、博士研究生，为非物质文化遗产保护提供专业人才。

（四）建立健全合理开发与活态保护机制

合理开发挖掘非遗文化内涵，但不能过度商业化，把文化遗产当“提款机”，否则将使文化遗产保护不堪重负甚至变味。要注重合理开发与活态保护相统一，大力利用非遗发展旅游产业、文化产业和商贸业等，提升旅游产业、文化产业和商贸业的综合效应，有效地对非遗进行活态保护。

一是要建立苗族服饰文化价值评估体系。苗族服饰文化遗产是一种无形资产，它的开发和利用均涉及价值评估问题。在苗族服饰文化产业化过程中，需要对它进行两方面的评估，一是可产业化的价值评估；二是产业化过程中，因许可使用、质押融资、赔偿责任追究等行为，对其的价值进行的评估。该评估体系的建立则可以借鉴知识产权评估的相关规则进行，如我国财政部2001年7月23日发布的《资产评估准则——无形资产》，以及2006年，财政部、国家知识产权局《关于加强知识产权资产评估管理工作若干问题的通知》中，均对知识产权的价值评估作出了较为详尽的规定，如评估原则强调真实性、科学性、可行性原则，评估机构要经财政部门批准设立，而评估方法限定为市场法、成本法和收益法。

① 苗族传统文化的守望者，http：//www.sjfzxm.com/news/fushi/20121127/322754.html.

二是建立苗族服饰产业化市场准入退出机制。对于苗族服饰的生产不是一般意义上的生产，而是要按照生产性保护的规范和要求，使之能够完整地恢复与重建原有的生产过程，在这一过程中来实现确认、立档、研究、保存、保护、宣传、弘扬、传承和振兴的手段，以期进行有效保护。为了防止苗族服饰文化产业化被滥用，造成文化被扭曲及过度商业化，应当对企业生产苗族服饰推行行政许可制。在源头上只许符合条件的投资人涉猎文化产业，保证市场上的经营者遵纪守法，而一旦丧失竞争能力就必须退出，以防坑害更多交易对手和消费者，将资源配置给有能力者，保证文化市场必须首先是一个有效率的市场。政府应建立统一协调的文化市场综合管理机制，加强对文化市场的监管，严肃查处违法经营行为，打击文化侵权之徒，净化市场环境，为文化产品提供公平的竞争环境。

三是划定生产性保护的“红线”。在生产性保护实践中，哪些要素可以改变，哪些要素不能改变，政府应根据苗族服饰的文化意蕴、核心工艺、手工方式，甚至使用的原材料等作出规定，加快制定地方行业标准；但应“宽严相济”，即针对代表性传承人应当“严”，要求他们把现阶段老祖宗留下来的到他们那一辈的技艺和知识“原汁原味”地传下去，因为他们和普通的传承人、一般享用群体不一样，认定他们做传承人，并不是反对他们进行改造或创新，只是他们的首要任务是先原原本本地守护好这份遗产，原汁原味地传承这份技艺和知识。针对非代表性传承人，则应“宽”，只需制定一般标准即可，一是可以针对不同层次人群的需要生产苗族服饰，有利于提升自身的效益，扩大苗族服饰的影响力；二是给他们创新的空间，有利于苗族服饰适应社会发展的需要。①

（五）建立健全专项资金制度

州、县党委政府应抓住中央和省委省政府建设文化强国、文化强省的历史机遇，争取国家投入一部分、本级财政解决一部分、社会资金资助一部分。各级政府要将非物质文化遗产保护经费列入同级财政预算，设立非物质文化遗产保护专项资金，明确各级财政分担比例，并逐年增加，确保非物质文化遗产普查工作经费和重点非物质文化遗产项目的抢救、保护经费。同时，我们应充分调动政府、社会两方面的力量，建立相应的投资渠道和资金

① 王焯．非物质文化遗产产业化原则的界定与模式构建［J］．江西社会科学，2010（8）．

扶持机制，由政府发起，通过各种渠道吸收民间的资金，积极鼓励个人、企业和社会组织对非物质文化遗产保护工作予以资助。可以发行非物质文化遗产彩票募集资金，要抓紧制定完善有关社会捐赠和赞助的政策措施，鼓励通过捐赠等方式设立非物质文化遗产保护社会基金，筹集社会资金用于非物质文化遗产保护，多渠道吸纳社会资金，从而为非物质文化遗产保护工作提供有力的财力支持。

（六）加强保护宣传引导

“苗族服饰文化”是“活鱼”，民众就是“水”，要在活态传承中保护，在“水”中养“鱼”，而不只是政府在孤独地唱着“独角戏”，只有人民热爱自己的文化遗产，对自己的文化充满自信，苗族服饰文化保护工作只有引起全社会上下一致的关注，只有在提高全民族文化自觉的基础上，才能真正做到有效保护。不仅要靠主流媒体宣传，而且要注意结合民众喜闻乐见的方式，如以广场宣传、街头宣传、流动宣传、节会宣传等形式加大传播力度，并将苗族服饰文化内容纳入当地中小学乡土教材，使苗族服饰文化保护真正做到从娃娃抓起，让学校教育成为苗族服饰文化保护和传承的重要阵地。要充分利用各种平台，开展线上线下苗族服饰文化保护的系列宣传，培育大众的文化自觉，使苗族服饰文化保护深入人心，让更多的人参与到保护中来。要依托文化馆、站和传习所，以及学校开展培训，积极推动非遗文化进校园。建设苗族服饰文化遗产展览基地，谋求展览、宣传和营销一体化发展，充分展示民族服饰文化。只有通过加强宣传引导，才能使社会公众特别是各级政府官员，充分认识到苗族服饰文化不仅是一笔历史财富，更是现代化建设不可或缺的重要资源，从而增进民族间的交往，提高全民的民族文化保护意识。

参考文献

［1］龙叶先．论苗族服饰文化的活态保护［J］．黔南民族师范学院学报，2007（1）．

［2］华觉明．传统手工艺保护、传承和振兴的探讨［J］．广西民族大学学报（自然科学版），2007（01）．

［3］周安平，龙冠中．公法与私法间的抉择——论我国民间文学艺术的知识产权保护［J］．知识产权，2012（2）．

［4］何圣伦．苗族服饰的生态美学意义阐释［J］．贵州社会科学，

2010（9）.

［5］吴永江. 苗族银饰锻制技艺的旅游价值与开发——兼论湘西非物质文化遗产保护［J］. 边疆经济与文化，2014（11）.

［6］陈廷亮. 湘西少数民族非物质文化遗产开发利用的可行性与基本模式分析［J］. 民族论坛，2009（10）.

［7］唐利. 少数民族服饰的传承与创新［J］. 苏州工艺美术职业技术学院学报，2010（4）.

［8］潘鲁生. 民间手工艺的知识产权保护与文化传承［J］. 红旗文稿，2012（6）.

［9］徐富平. 非物质文化遗产传承人身份认定及其意义［J］. 大众文艺，2010（1）.

［10］田艳. 非物质文化遗产传承权制度初探［J］. 贵州民族研究，2010（4）.

［11］徐艺乙. 传承人在非物质文化遗产生产性保护中的作用［J］. 贵州社会科学，2012（12）.

［12］刘锡诚. 论“非遗”传承人的保护方式［J］. 河南教育学院学报，2011（1）.

［13］汤凌燕，柳建闽. 非物质文化遗产代表性传承人认定与管理的法律思考［J］. 福建农林大学学报，2010（6）.

［14］朱长菊，李鸿雁. 湘西非物质文化遗产保护初探［J］. 民族论坛，2010（7）.

［15］曾祥慧. 试析黔东南苗族服饰的文化整合［J］. 贵州民族研究，2010（3）.

［16］骆醒妹. 浅谈湘西苗族服饰审美［J］. 中央民族大学学报，2011（1）.

［17］陈国强. 湘西苗族服饰文化的表现与发展［J］. 轻纺工业与技术，2014（12）.

［18］刘水良，吴吉林. 湘西非物质文化遗产保护与利用互动研究［J］. 贵州师范大学学报（社会科学版），2010（4）.

［19］陈玉梅，贺银花. 我国非物质文化遗产法律保护的路径研究：以贵州“安顺地戏”为例［J］. 湖南社会科学，2012（3）.

［20］郭锐. 民族服饰的演变：谈苗族服饰缘起与演变［J］. 武汉科技

学院学报，2005，18（9）.

［21］成皓．三大方言区苗族服饰特点及其成因分析［J］．当代经理人，2006（6）.

［22］沈从文．湘西苗族的艺术［J］．青春期健康，2012（12）.

［23］吕白羽，刘湘蓉．民族民间文化是湘西旅游产业的精髓——湘西自治州旅游的思考［J］．中国民营科技与经济，2008（5）.

［24］王文明，刘景慧，王淑贞．大湘西少数民族非物质文化遗产保护研究［J］．怀化学院学报，2012，31（10）.

［25］孙沁，谭和平，夏晓莉．民族地区非物质文化遗产保护研究：以湘西自治州为样本［J］．民族论坛，2013（3）.

［26］单纬东，许秋红．基于产权理论的少数民族非物质文化资源的开发与保护［J］．贵州民族研究，2008（3）.

［27］刘源．我国非物质文化遗产保护中政府行为的法律规制［J］．云南民族大学学报（哲学社会科学版），2009（3）.

［28］曾莉．非物质文化遗产开发与保护关系研究［J］．集美大学学报（哲社版），2014，17（2）.

［29］李岩．中国非物质文化遗产保护现状调查报［J］．学理论，2012（10）.

［30］朱万春．基于民族特色视角的贵州少数民族非物质文化遗产旅游可持续发展研究［J］．贵州民族研究，2012，33（5）.

［31］雷蓉，胡北明．国内非物质文化遗产旅游开发研究综述［J］．四川理工学院学报（社会科学版），2012，27（4）.

［32］杨力源．民族区域自治与民族事务治理的内在逻辑统一性探析［J］．四川民族学院学报，2014（6）.

［33］辛纪元，吴大华，吴纪树．我国非物质文化遗产法律保护的不足及完善［J］．贵州社会科学，2014（9）.

［34］龙湘平．苗族服饰的民族主义精神［J］．装饰，2006（6）.

［35］卿少宁．湘西苗族服饰文化及其开发［J］．湖南工程学院学报，2011，21（3）.

［36］张卫民．论湘西苗族服饰纹样之教育意蕴［J］．湖南师范大学教育科学学报，2012，11（1）.

［37］段飞奴．湘西苗族服饰文化艺术杂说［J］．艺术天地，2010，

286（5）.

［38］李华成．论非物质文化遗产传承人的认定与支持——兼评《中华人民共和国非物质文化遗产法》第 29 至 30 条［J］．河南教育学院学报，2011（3）．

［39］钟茂兰．中国少数民族服饰［M］．北京：中国纺织出版社，2006（08）．

［40］石启贵．湘西苗族实地调查报告［M］．长沙：湖南人民出版社，1986.

［41］牟延林．非物质文化遗产概论［M］．北京：北京师范大学出版社，2010.

［42］曹建中．民族服饰语言与创意设计［M］．北京：北京师范大学出版社，2014.

［43］李秀娜．非物质文化遗产的知识产权保护［M］．北京：法律出版社，2010.

［44］赵学义，关凯．非物质文化遗产保护与民族文化政策［M］．北京：民族出版社，2010.

［45］罗金荣．昌宁苗族服饰［M］．昆明：云南民族出版社，2011.

［46］周成华．湘西苗族服饰简考［N］．光明日报，2005－09－14（11）．

［47］何圣伦．苗族审美意识研究［D］．重庆：西南大学博士学位论文，2011.

［48］周梦．苗侗女性服饰文化比较研究［D］．北京：中央民族大学博士学位论文，2010.

［49］申卉芪．论苗族传统服饰图案的现代应用［D］．北京：中央民族大学博士学位论文，2005.

［50］冯辽沙．从广州市文化产业发展看非物质文化遗产保护和发展管理模式［D］．西安：西北大学博士学位论文，2008.

［51］Candice Cornet，Fieldwork among the Dong national minority in Guizhou，China：Practicalities，obstacles and challenges，Asia Pacific Viewpoint，1360－7456，Vol. 51，2010（2），p. 135－147.

［52］Xing Ruan，Empowerment in the Practice of Making and Inhabiting：Dong Architecture in Cultural Reconstruction ，Journal of Material Culture，July

1996; vol. 1, 2: p. 211 -238.

[53] Karjala, Dennis S. and Paterson, Robert Kirkwood, Looking Beyond Intellectual Property in Resolving Protection of Intangible Cultural Heritage of Indigenous Peoples (2003). Cardozo Journal of International and Comparative Law, Vol. 2003.

附件一

访谈提纲一
（湘西州文广新局）

1. 本单位在苗族服饰文化继承和传播过程中的使命和责任是什么？

2. 为了承担上述的使命和责任，州文广新局从哪些方面入手工作？工作成效如何？

3. 州文广新局在苗族服饰文化传播中所起的作用与其他单位相比有何差异？

4. 在苗族服饰文化的传播中本单位相较于其他单位是否有独特的优势？如果有，优势是什么？

5. 州文广新局在法律层面对苗族服饰文化的保护做了哪些工作？效果如何？

6. 在苗族服饰文化保护中遇到的难点是什么？解决途径有哪些？

7. 立足于文化传播单位对苗族服饰文化进行法律保护，还有哪些建议？

8. 你们认为哪些方面还有改进的余地？改进的措施是什么？

9. 就你们来看现行法律法规对非物质文化遗产的保护和传承方面有哪些不足？如何解决这些不足？

附件二

访谈提纲二
（代表性传承人）

1. 您是什么时候开始学做苗族服饰的？

2. 苗族服饰要有很高的技艺，制成后也没有很高的报酬，很多人都望而生畏，您当时怎么就愿意学习这门技艺呢？

3. 制作一套苗族服饰需要花多久时间？

4. 您是哪年成为苗族服饰文化代表性传承人的？成为传承人，有什么感想？

5. 您目前的传承工作怎么样了？有徒弟吗？他们学了多久了？学得如何？

6. 您对自己现在所处的状态满意吗？政府有没有给您一些补贴及其他优惠政策？如果有补贴，一般是多少？

7. 您认为自己在苗族服饰文化中的重要程度如何？

8. 目前有没有明确的传承人？亲朋好友中有愿意学习并传承苗族服饰制作技艺的吗？

9. 您认为目前苗族服饰文化保护面临的困境是什么？

10. 相关部门在保护苗族服饰文化的各项政策、决策是由他们独自决定的吗？政策实施之前是否征求过您和其他群体的意见？您认为相关决策应当如何体现传承人的意见和建议？

11. 您认为相关部门在宣传苗族服饰文化的过程中是否符合整体性与真实性？是否能满足大众对苗族服饰文化的求知诉求？

12. 政府的相关政策是否都可以促进苗族服饰文化的传播传承？

13. 您认为相关部门在推广苗族服饰文化方面作了哪些工作？

14. 您认为将苗族服饰产业化对苗族服饰而言是利还是弊？

15. 您认为苗族服饰文化传承人应当怎样培养？

16. 请简要展望一下苗族服饰文化保护未来的发展。

附件三

主要访谈内容汇总

州文广新局：

陈述：

1. 文广新局作为文化传播单位，使命和责任是扩大该文化的影响力，让更多的人了解该文化。

2. 苗族服饰文化主要从苗族服饰文化的继承和宣传两方面入手。

传承方面所做的工作：（1）该文化传承人的推荐工作；（2）为文化遗产代表性项目授牌；（3）为遗产代表性传承人颁发资助金。

推广和宣传方面所做的工作：（1）举办“非遗文化展板，走进校园”的宣传活动；（2）进行“非遗保护十周年”系列报道拍摄工作，并将整理好的拍摄成果在湘西综合频道《新闻联播》栏目中陆续播出；（3）为凤凰非遗产业的推广聘请代言人；（4）组织参加了“湖南省非物质文化遗产系列宣传评选”活动；（5）文化遗产日当天，联合湘西州人民政府、州文保民保法制月组委会在花垣县边城广场举行了主题活动。

3. 取得的成效有：（1）完成了武陵山区（湘西）土家族苗族文化生态保护实验区总体规划编制签约；（2）完成了“翠鸟”“湘西老区民歌”等24个非物质文化遗产项目申报湖南省第三批非物质文化遗产名录项目；（3）完成了第四批国家级项目代表性传承人申报；（4）8县市申报的8个项目同时获批2011—2013年度“中国民间文化艺术之乡”。

4. 优势是没有其他单位做的工作杂、笼统，而是主要集中在文化的宣传上，有更大的宣传平台，宣传力度大。

5. 法律层面：（1）组织人员参加非物质文化遗产保护“普法”培训班；（2）开展非物质文化遗产项目非法挂牌整治行动；（3）组织召开关于《湘西土家族苗族自治州民族民间文化遗产保护条例》（以下简称《条例》）的修改会议；（4）组织开展了第六个“民保文保法制月”暨“文化遗产日”、《非遗法》实施系列宣传活动。）

取得的成效：（1）在非遗项目非法挂牌专项整治行动中，清查未经当地文化主管部门授权许可，擅自挂牌非遗项目内容的商铺。在为期两天的专项整治活动中，5 家非法挂牌非物质文化遗产项目的商家被限期责令整改。（2）组织相关部门对《条例》进行适当修改，加大了非遗保护力度，进一步规范了非遗保护工作，使其与国家非遗保护总体工程步调一致。

6. 遇到的难点：（1）文化宣传单位，对苗族服饰文化法律层面的保护能做的不多；（2）法律法规规定的过于笼统，可操作性不强，没有专门性立法，具体部门操作过程中很难找到细致的法条或者地方法规、规章。

观点：

1. 联合有执法能力、立法资格的单位对苗族服饰文化从法律层面进行保护。向有关单位积极献言，组织有关部门实施保护苗族服饰文化的法律工作。

2. 从法律上对苗族服饰文化的保护要有足够的重视，相关部门及部门内部的人员在法律保护文化的思维上应该与时俱进，有“文化需要法律保护”的思维才会有具体的法律层面上的相关活动和相关行动，相关法律活动能够适应苗族服饰文化的发展需要，对苗族文化的法律保护能够做到有法可依，违法必究。

3. 具体问题具体分析，针对不同类型的项目作出不同的保护方案。

代表性传承人：

陈述：

1. 学习苗服制作的时间：受到家庭环境的影响，从小学绣花、打花带、纺纱、做鞋，作为制作苗服的基本功。向比较有名气的民间老艺人学织布、刺绣、印染，慢慢学会制作一套完整的苗族服饰。

2. 学习原因：从小耳濡目染，对自己民族文化的认同，苗族服饰的美丽，传承现状并不好。

3. 制作苗服的时长：一般精美的苗服都是手工做出来的，一套完整的苗族服饰包括衣服、裙子、围腰、帽子，手工制作全部完工需要花上半年以上的时间，如果还要忙其他的事情，一年能做一套就不错了。机器生产工期就比较短。

4. 成为代表性传承人的时间：二零零几年成为州里面的代表性传承人，2014 年成为省里的传承人。

5. 目前传承工作：在政府的扶持和帮助下，先后收徒培训技术人员 500 多人，有 100 多人开了自己的作坊。带的徒弟中大部分都是女性，有的学了几年，有的才刚开始，基本上愿意来学的都是爱好这一行的，上手比较快。

6. 政府会给予一些补助，但并不能作为生活来源，一般每年有3000多元的补助，州、县级的更低一些。政府有时候会派传承人出去学习，参加一些博览会 。

7. 子女常年在外地，这个手艺不好学，也挣不到多少钱，他们出去工作一年挣的比做这个多得多，所以不太愿意接班。

8. 苗族服饰文化保护面临的困境：（1）苗民民族意识淡薄；（2）制作手艺濒临失传；（3）相关的优惠政策扶持力度不够；（4）苗族服饰市场竞争力不足。

9. 政府在制定苗族服饰相关保护方案、规定时，一般会提前邀请传承人及相关专业人士参加听证会。

10. 政府在宣传苗族服饰时基本上保留了真实性，但有时候也会存在一些漏洞，混淆民族文化。

观点：

1. 民间文化传承的内在规律是“活态”存续，其载体主要是传承人。保护住了传承人，也就保护住了民间文化；扶持了传承人，也就是传承了民间文化。留得青山在，不怕没柴烧。抢救和保护民间文化，要先救艺人再救项目，明确苗族服饰文化传承人的主体地位。

2. 传承人的培养模式：

（1）家族传承：“百年字号，祖传技艺”常常是非物质文化遗产项目自诩的词语，也是极为吸引人的广告词。至今，家族传承仍是苗族服饰文化的一种主要传承方式。家族传承有其优势，可以保持祖传技艺的纯正、正宗、地道，不变异、不变质、不变味。但需要与其他模式结合，否则易造成人亡艺绝、技艺失传。

（2）师徒传承：名师出高徒。社会上谈起艺人的时候，往往会先说起他（她）是某某人的徒弟、高足、关门弟子，说他（她）曾拜某某为师、师从某某人。师徒传承从古至今，是传统技艺、民间演艺、中医药等非物质文化遗产的一种主要传承方式。

（3）行业培训：同行之间的观摩、交流、切磋、学习，能使艺人开阔视野、打开思路、提高技艺、扩大交往。行业培训主要由政府主管部门和行业协会开展。

（4）学校培养：学校教育是现代培训形式，应当大力推行苗族服饰文化进校园活动。

3. 在代表性传承人的法律保护体系中，传承帮助制度和奖励表彰制度是重要的组成部分。应当通过强化政府的责任来加大对传承人的扶持力度，将对传承人的保护升级为政府的法定义务，对于政府采取保护措施加以时间限制，补充政府怠于履行职责的责任追究方式，使国家对非物质文化遗产传承人的扶持真正落到实处。

4. 将苗族服饰文化产业化有利于苗族服饰文化的推广与传承，但是在推广过程中不能破坏苗族服饰文化的真实性，也不能过度商业化，可以设立行业协会来制定标准，同时政府在整个过程中应当履行好监管职能。

附件四

调查问卷一

湘潭大学法学院暑期调研团队

——湘西苗族服饰文化法律保护的现状与对策调研

（苗民用）

尊敬的________女士（先生）：

您好，我们是湘潭大学法学院的学生，现在正在进行一项以“湘西苗族服饰文化法律保护的现状与对策调研”为课题的暑期调研活动，旨在了解湘西州苗族服饰文化保护现状以及面临的主要障碍，并据此来提出对策与建议，为苗族服饰文化的保护提供理论依据。

此问卷仅限于学术研究，采取不记名方式。如果您有时间，希望您能积极参与并请实事求是地予以回答。我们将本着专业精神承诺：在调查过程中严格保守秘密，不向任何第三方透漏被调查单位的非公开信息，不将被调查单位的答卷信息用于本次调查以外的任何目的。请您在符合贵单位情况的序号下画“√”。谢谢您的合作！同时对您提供的热忱帮助表示由衷的感谢！

1. 您的性别：

A. 男　　B. 女

2. 您的年龄段：

A. 20 岁以下　　B. 20—40 岁

C. 40—60 岁　　D. 60 岁以上

3. 您对您本民族的文化有所了解吗？

A. 不了解　　B. 很少

C. 十分了解

4. 您认为最能代表苗族文化的是：______

A. 苗族山歌　　B. 苗族服饰

C. 苗族食物　　D. 苗族建筑

F. 其他

5. 您对自己的苗族服饰文化感兴趣吗？
A. 不感兴趣　　　　B. 一般
C. 很感兴趣
6. 您通过什么方式了解到苗族服饰文化？（多选）
A. 通过电视节目
B. 通过政府的宣传
C. 通过长辈的介绍
D. 查阅资料
E. 其他
7. 您认为苗族服饰：
A. 十分漂亮　　　　B. 民族瑰宝
C. 具有文化内涵　　D. 可以售卖
E. 做工时间长　　　F. 其他
8. 您有苗族服饰吗？
A. 没有，也不想穿
B. 没有，但是想要穿
C. 有，但是从来不穿
D. 有，只在重大节庆日穿
9. 传统的苗族服饰与现在的时装相比，您更喜欢哪一种？
A. 都喜欢　　　　B. 都不喜欢
C. 传统的苗族服饰　D. 现在的时装
10. 在一般生活中，您是穿苗族服饰还是现代装束？
A. 只穿苗族服饰
B. 只穿现代服饰
C. 以苗族服饰为主，也会穿现代服饰
D. 以现代服饰为主，重大节日时才会穿苗族服饰
E. 两者穿着次数比较平均
11. 您是否得到自己的苗族服饰文化传承？
A. 没有得到　　　　B. 得到一些
C. 几乎得到全部传承
12. 若要您传承自己的苗族服饰文化，您会：
A. 不想传承　　　　B. 高兴接受

C. 一边工作学习，一边接受传承

D. 手艺太过复杂，比较困难

13. 对于苗族服饰文化的流失现状，您持什么态度？

A. 非常关心，且注重保护

B. 关心，但关注的少

C. 不关心，不喜欢苗族服饰文化

D. 不关心，是社会发展的必然趋势

14. 您认为现在苗族服饰文化保护面临的危机有哪些？（多选）

A. 部分制作工艺失传

B. 人们的意识不够

C. 缺乏有效的保护机制与传承机制

D. 外来文化和现代文化的冲突

E. 缺乏资金

F. 传承人老龄化

G. 市场前景不好

H. 其他

15. 您有没有参加关于保护苗族服饰的活动？

A. 经常参加　　　B. 有参加但是不多

C. 很少参加　　　D. 想参加但是没有开展过这样的活动

16. 您知道湘西州为保护苗族服饰文化出台了哪些政策法规？

A. 知道一些，但是不全

B. 全部了解

C. 想了解，但是没有途径

D. 不太关心

17. 您对湘西州苗族服饰文化的保护及传承现状的满意程度：

A. 非常满意

B. 满意

C. 一般

D. 不满意

E. 非常不满意

18. 您认为湘西州对于苗族服饰文化保护传承所做的不足之处是：（多选）

A. 对文化遗产保护与传承的重要性认知不足
B. 法律建设、资金扶持、宣传力度均不到位
C. 理论研究不足直接影响宣传的广度和深度
D. 代表性传承人缺失且难以认定和考核
19. 您认为政府应该出台怎样的保护政策：（多选）
A. 鼓励民众积极参与保护行动，并给与相应奖励
B. 鼓励政府及民间团体举办与非物质文化遗产相关的活动，扩大宣传
C. 成立专业机构对外筹资
D. 提倡并组建保护非物质文化遗产的小组
E. 培养并保护文化的传承对象
F. 其他

附件五

调查问卷二

湘潭大学法学院暑期调研团队

——湘西苗族服饰文化法律保护的现状与对策调研

（非苗民用）

尊敬的______女士（先生）：

您好，我们是湘潭大学法学院的学生，现在正在进行一项以“湘西苗族服饰文化法律保护的现状与对策调研”为课题的暑期调研活动，旨在了解湘西州苗族服饰文化保护现状以及面临的主要障碍，并据此来提出对策与建议，为苗族服饰文化的保护提供理论依据。

此问卷仅限于学术研究，采取不记名方式。如果您有时间，希望您能积极参与并请实事求是地予以回答。我们将本着专业精神承诺：在调查过程中严格保守秘密，不向任何第三方透漏被调查单位的非公开信息，不将被调查单位的答卷信息用于本次调查以外的任何目的。请您在符合贵单位情况的序号下画“√”。谢谢您的合作！同时对您提供的热忱帮助表示由衷的感谢！

1. 您的性别：

A. 男　　B. 女

2. 您的文化程度：

A. 专科　　B. 本科　　C. 硕士　　D. 博士　　E. 其他

3. 您的年龄：

A. 18 岁以下　　B. 19—25 岁

C. 26—30 岁　　D. 31—35

E. 36—40　　F. 41 岁以上

4. 您来自：

A. 湘西州人　　B. 不是湘西州人

5. 您认为苗族服饰：

A. 十分漂亮　　　B. 民族瑰宝

C. 可以售卖　　　D. 具有文化

E. 做工时间长

6. 您穿戴过苗族服饰吗？

A. 经常穿　　　B. 偶尔穿一次

C. 从没穿戴过

7. 您对苗族服饰文化了解多少？

A. 非常了解　　　B. 比较了解

C. 不太了解　　　D. 完全不了解

7. 您认为苗族服饰文化的发展现状怎么样？

A. 很好　　　B. 还可以

C. 不好　　　D. 不知情

8. 如果有宣传保护苗族服饰文化遗产的活动，您是否会参加？

A. 会　　　B. 不会

C. 不一定

9. 您周围的人有从事苗族服饰文化遗产保护、宣传的工作吗？

A. 有　　　B. 没有

10. 您对湘西苗族服饰文化的发展前景有何看法？

A. 非常乐观　　　B. 一般

C. 不太乐观　　　D. 完全不看好

11. 您认为阻碍湘西苗族服饰文化发展的障碍是什么？（可多选）

A. 该文化太小众

B. 政府支持力度太小

C. 传承人太少

D. 宣传力度不够

E. 其他

12. 您觉得政府对苗族服饰文化应该给予怎么样的政策保护？（可多选）

A. 鼓励民众积极参与保护行动，并给予奖励

B. 鼓励地方政府及民间团队举办非物质文化活动，加大宣传

C. 政府成立专门机构对外筹集资金

D. 其他

13. 在宣传方面，你赞成以怎样的方式去宣传苗族服饰文化？（可多选）

A. 拍成纪录片，在电视台播放

B. 举办各种活动

C. 发放各种资料，比如宣传册、海报等

D. 其他：

14. 您觉得应该采取什么措施使得苗族服饰文化更好地传承发展下去？（可多选）

A. 加大宣传

B. 政府加强重视，增加投资力度

C. 在形式内容上不断创新

D. 其他

15. 您认为苗族服饰制作工艺失传的原因是什么？（可多选）

A. 年轻人不愿意继承

B. 市场前景不好

C. 政府保护工作不够

D. 民众保护意识不强

E. 其他

16. 您觉得当前苗族服饰文化保护面临的最大问题是什么？（可多选）

A. 人们的意识不够

B. 缺乏有效的保护机制

C. 外来文化和现代文化的冲突

D. 缺乏资金

E. 传承人老龄化

F. 缺乏有效的传承机制

E. 其他

17. 您觉得从法律的层面对苗族服饰文化进行法律保护有必要吗？

A. 有必要　　　　B. 没必要

18. 如果组织苗族服饰文化保护的立法活动，您会参加吗？

A. 会　　　　B. 不会

19. 您对湘西苗族服饰文化的法律保护的现状有何看法？

答：

20. 您对湘西苗族服饰文化法律保护有何建议或者对策？

答：

附件六

调查问卷三

湘潭大学法学院暑期调研团队

——湘西苗族服饰文化法律保护的现状与对策调研

（苗族服饰零售商用）

尊敬的________女士（先生）：

您好，我们是湘潭大学法学院的学生，现在正在进行一项以“湘西苗族服饰文化法律保护的现状与对策调研”为课题的暑期调研活动，旨在了解湘西州苗族服饰文化保护现状以及面临的主要障碍，并据此来提出对策与建议，为苗族服饰文化的保护提供理论依据。

此问卷仅限于学术研究，采取不记名方式。如果您有时间，希望您能积极参与并请实事求是地予以回答。我们将本着专业精神承诺：在调查过程中严格保守秘密，不向任何第三方透漏被调查单位的非公开信息，不将被调查单位的答卷信息用于本次调查以外的任何目的。请您在符合贵单位情况的序号下画“√”。谢谢您的合作！同时对您提供的热忱帮助表示由衷的感谢！

1. 您从事苗族服饰销售行业多少年？

A. 1 年以下　　　　B. 2—3 年

C. 3 年以上

2. 您的客户年龄层次（可多选）：

A. 25 岁以下　　　　B. 25—30 岁

C. 30 岁以上

3. 您的客户类型主要为：

A. 外地游客

B. 本地居民

C. 演出工作者

D. 其他

4. 您的客户购买苗族服饰的原因有哪些：

A. 苗族服饰很美，喜欢这种风格

B. 用于收藏

C. 作为生活便装穿

D. 其他

5. 您出售的苗族服饰来源：

A. 自产自销

B. 同城进货

C. 异地进货

D. 网络进货

6. 在出售苗族服饰的时候您会为客人开具发票吗？

A. 会

B. 不会

C. 偶尔会

D. 客人要才开

7. 您了解国家及湘西州对苗族服饰文化保护的相关政策法规吗？

A. 了解一些

B. 全部了解

C. 完全不了解

8. 您对苗族服饰的知识产权保护怎么看？

A. 不了解，与我关系不大

B. 觉得没必要

C. 觉得很有必要

D. 应当综合各方利益

9. 您是否担心您售卖的苗族服饰涉及侵权？

A. 完全不担心，侵权无从谈起

B. 偶尔会担心，但不知道具体侵犯什么权利

C. 担心，但受害者维权不易

D. 其他

10. 相关部门向您宣传过苗族服饰文化的保护工作吗？

A. 宣传过

B. 从未宣传过

C. 偶尔宣传

11. 对于苗族服饰的销售，是否设有专门的部门负责市场管理？

A. 已经设立

B. 尚未设立

C. 正在筹备

D. 不太清楚

12. 您对市面上出售的苗族服饰持什么看法？

A. 还原了苗族服饰，有利于宣传苗族服饰文化

B. 在一定程度上破坏了苗族服饰的真实性，一些改良的苗族服饰扭曲了苗族服饰文化

C. 对苗族服饰文化并不了解，只是为了迎合游客的喜好

D. 其他

附件七

省级项目基本情况

项目类别	项目名称	项目保护单位名称	列入省级的批次及时间	备注	
民间文学	苗族古老话	花垣县非物质文化遗产保护中心	第一批 20060607	“苗族古歌”列入国三扩展	1
	苗族歌谣	花垣县非物质文化遗产保护中心	第一批 20060607		2
	土家族梯玛神歌	保靖县非物质文化遗产保护中心	第一批 20060607		3
		古丈县非物质文化遗产保护中心	第一批 20060607		4
		永顺县非物质文化遗产保护中心	第一批 20060607		5
		龙山县非物质文化遗产保护中心	第一批 20060607	已列入国家级第二批项目	6
	土家族山歌	保靖县非物质文化遗产保护中心	第一批 20060607		7
	土家族哭嫁歌	保靖县非物质文化遗产保护中心	第一批 20060607		8
		永顺县非物质文化遗产保护中心	第一批 20060607	已列入国家级第三批项目	9
		古丈县非物质文化遗产保护中心	第一批 20060607	已列入国家级第三批项目	10
		龙山县非物质文化遗产保护中心	第一批 20060607		11
	土家族挖土锣鼓歌	古丈县非物质文化遗产保护中心	第一批 20060607		12
		龙山县非物质文化遗产保护中心	第一批 20060607		13
	土家族摆手歌	古丈县非物质文化遗产保护中心	第二批 20090226		14
		龙山县非物质文化遗产保护中心	第二批 20090226		15
	盘瓠与辛女的传说	吉首市非物质文化遗产保护中心	第二批 20090226	“盘瓠传说”已列入国三	16
	苗族傩歌	吉首市非物质文化遗产保护中心	第三批 20120808		17
	蚩尤传说	州非物质文化遗产保护中心	第三批 20120808		18
	酉水船歌	龙山县非物质文化遗产保护中心	第三批 20120808		19

续表

项目类别	项目名称	项目保护单位名称	列入省级的批次及时间	备注	
传统音乐	湘西苗族民歌	吉首市非物质文化遗产保护中心	第一批 20060607	已列入国家级第二批项目	20
	土家族咚咚喹	龙山县非物质文化遗产保护中心	第一批 20060607	已列入国家级第二批项目	21
	酉水船工号子	保靖县非物质文化遗产保护中心	第一批 20060607	已列入国家级第二批项目	22
	湘西土家族民歌	州非物质文化遗产保护中心	第二批 20090226	已列入国家级第四批项目	23
传统舞蹈	文武茶灯	凤凰县非物质文化遗产保护中心	第一批 20060607		24
	湘西苗族接龙舞	吉首市非物质文化遗产保护中心	第二批 20090226	多种龙舞	25
		花垣县非物质文化遗产保护中心	第二批 20090226		26
	湘西土家族铜铃舞	保靖县非物质文化遗产保护中心	第二批 20090226		27
	苗族绺巾舞	花垣县非物质文化遗产保护中心	第二批 20090226		28
	苗族团圆鼓舞	古丈县非物质文化遗产保护中心	第三批 20120808		29
传统戏剧	阳戏（湘西自治州阳戏）	吉首市非物质文化遗产保护中心	第一批 20060607	多地阳戏	30
		凤凰县非物质文化遗产保护中心	第一批 20060607		31
	苗戏	花垣县非物质文化遗产保护中心	第一批 20060607		32
	木偶戏（龙山木偶戏）	龙山县非物质文化遗产保护中心	第三批扩展		33
曲艺	湘西三棒鼓	龙山县非物质文化遗产保护中心	第二批 20090226		34
手工技艺	踏虎凿花	泸溪县非物质文化遗产保护中心	第一批 20060607	已列入国家级第二批扩展	35
	苗族服饰	州非物质文化遗产保护中心	第一批 20060607	已列入国家级第一批扩展	36
	蓝印花布（凤凰）	凤凰县非物质文化遗产保护中心	第一批 20060607	已列入国家级第二批扩展	37
	凤凰纸扎	凤凰县非物质文化遗产保护中心	第一批 20060607	已列入国家级第二批项目	38
	凤凰扎染技艺	凤凰县非物质文化遗产保护中心	第三批 20120808		39
	水冲石砚	吉首市非物质文化遗产保护中心	第三批 20120808		40

续表

项目类别	项目名称	项目保护单位名称	列入省级的批次及时间	备注	
传统美术	湘西苗族服饰绘画	保靖县非物质文化遗产保护中心	第二批 20090226	“苗画”国家第三批项目	41
	浦市窨子屋建筑艺术	泸溪县非物质文化遗产保护中心	第二批 20090226		42
	土家族转角楼建筑艺术	永顺县非物质文化遗产保护中心	第二批 20090226	“吊脚楼营造技艺”国三	43
	木雕（湘西木雕）	永顺县非物质文化遗产保护中心	第二批 20090226	多种	44
		泸溪县非物质文化遗产保护中心	第三批扩展		45
	石雕（塔卧石雕）	永顺县非物质文化遗产保护中心	第二批 20090226	多种	46
	石雕（杨柳石雕）	泸溪县非物质文化遗产保护中心	第二批 20090226	多种	47
	土家族竹雕	龙山县非物质文化遗产保护中心	第二批 20090226		48
	湘西苗绣	凤凰县非物质文化遗产保护中心	第二批 20090226		49
		花垣县非物质文化遗产保护中心	第二批 20090226		50
	湘西苗族挑花	泸溪县非物质文化遗产保护中心	第二批 20090226	已列入国家第三批扩展	51
	泸溪傩面具	泸溪县非物质文化遗产保护中心	第二批 20090226		52
杂技与竞技	苗族武术	花垣县非物质文化遗产保护中心	第一批 20060607		53
	苗家八合拳	古丈县非物质文化遗产保护中心	第三批扩展		54
传统手工技艺	苗族花带技艺	花垣县非物质文化遗产保护中心	第二批 20090226		55
	湘西土陶制作技艺	保靖县非物质文化遗产保护中心	第二批 20090226		56
		永顺县非物质文化遗产保护中心	第二批 20090226		57
		龙山县非物质文化遗产保护中心	第二批 20090226		58
	竹编技艺	保靖县非物质文化遗产保护中心	第二批 20090226		59
		永顺县非物质文化遗产保护中心	第二批 20090226		60
	古丈毛尖制作技艺	古丈县非物质文化遗产保护中心	第二批 20090226		61
	酒鬼酒酿制技艺	州非物质文化遗产保护中心	第二批 20090226		62
	保靖松花皮蛋制作技艺	保靖县非物质文化遗产保护中心	第二批 20090226		63

续表

项目类别	项目名称	项目保护单位名称	列入省级的批次及时间	备注	
传统医药	湘西苗医苗药	花垣县非物质文化遗产保护中心	第二批 20090226	“苗医药”已列入国家第三批扩展项目	64
		凤凰县非物质文化遗产保护中心	第二批 20090226		65
	土家医小儿提风疗法	永顺县非物质文化遗产保护中心	第三批 20120808		66
民俗	土家族过赶年	永顺县非物质文化遗产保护中心	第一批 20060607	“土家年”国家第三批	67
	乾州春会	吉首市非物质文化遗产保护中心	第一批 20060607		68
	土家族舍巴日	州非物质文化遗产保护中心	第一批 20060607		69
	苗族椎牛祭	州非物质文化遗产保护中心	第一批 20060607		70
	苗族赶秋	花垣县非物质文化遗产保护中心	第一批 20060607	已列入国家第四批扩展项目	71
	苗族赶秋节	吉首市非物质文化遗产保护中心	第二批 20090226		72
	苗族四月八节	吉首市非物质文化遗产保护中心	第二批 20090226	已列入国家第三批扩展项目	73
	古丈跳马节	古丈县非物质文化遗产保护中心	第二批 20090226		74
	苗族跳香	泸溪县非物质文化遗产保护中心	第二批 20090226		75
	八部大王祭	保靖县非物质文化遗产保护中心	第三批 20120808		76
	苗族接龙	吉首市非物质文化遗产保护中心	第三批 20120808		77

备注：省级 62 个项目，77 个保护单位。（17 个国家独有项目，2 个共有项目，43 个省级独有项目；21 个国家级保护单位，56 个省级保护单位）

附件八

第一批国家级非物质文化遗产扩展项目名录
（共计147项）

一、民间文学（共计5项）

序号　编号　　项目名称　　申报地区或单位

8　　Ⅰ-8　　孟姜女传说　河北省秦皇岛市 湖南省津市市

9　　Ⅰ-9　　董永传说　　江苏省金坛市 山东省博兴县

13　　Ⅰ-13　宝卷　　　　江苏省靖江市（靖江宝卷、河西宝卷）甘肃省张掖市

22　　Ⅰ-22　吴歌　　　　上海市青浦区 江苏省无锡市

31　　Ⅰ-31　谜语　　　　广东省汕头市澄海区（澄海灯谜）

二、传统音乐（民间音乐，共计17项）

序号　编号　　项目名称　　申报地区或单位

34　　Ⅱ-3　　蒙古族长调民歌　　新疆维吾尔自治区 巴音郭楞蒙古自治州、和布克赛尔蒙古自治县

35　　Ⅱ-4　　蒙古族呼麦　　新疆维吾尔自治区 阿勒泰地区

38　　Ⅱ-7　　畲族民歌　　浙江省景宁畲族自治县

44　　Ⅱ-13　崖州民歌　　海南省乐东黎族自治县

51　　Ⅱ-20　花儿　　新疆维吾尔自治区（新疆花儿）昌吉回族自治州、巴音郭楞蒙古自治州

58　　Ⅱ-27　薅草锣鼓　　江西省武宁县（武宁打鼓歌、湖北省宜昌市、宜昌薅草锣鼓、五峰土家族自治县、五峰土家族薅草锣鼓、兴山县、宣恩县、兴山薅草锣鼓、长阳土家族自治县 宣恩薅草锣鼓、四川省宣汉县长阳山歌、川东土家族薅草锣鼓）

59　　Ⅱ-28　侗族大歌　　贵州省从江县、榕江县

61　　Ⅱ-30　多声部民歌　　内蒙古自治区锡林浩特市（潮尔道-蒙古族合声演唱、广西壮族自治区富川 瑶族蝴蝶歌、壮族三声部民歌、瑶族自治县、马山县 羌族多声部民歌、硗碛多声部民歌、四川省松潘县、雅

安市 苗族多声部民歌）贵州省台江县、剑河县

65　　Ⅱ－34　古琴艺术　　江苏省常熟市、（虞山琴派、广陵琴派、扬州市、南京市、金陵琴派、梅庵琴派、南通市、镇江市浙派、诸城派、岭南派）浙江省杭州市 山东省诸城市 广东省广州市

66　　Ⅱ－35　蒙古族马头琴音乐　　吉林省前郭尔罗斯蒙古族自治县

67　　Ⅱ－36　蒙古族四胡音乐　　吉林省前郭尔罗斯蒙古族自治县 黑龙江省杜尔伯特蒙古族自治县

68　　Ⅱ－37　唢呐艺术　　河北省唐海县、（唐山花吹、丰宁满族吵子会、丰宁满族自治县 晋北鼓吹、上党八音会、山西省阳高县、忻州市、上党乐户班社、丹东鼓乐、长子县、壶关县 杨小班鼓吹乐棚、辽宁省丹东市 于都唢呐公婆吹、万载得胜鼓、黑龙江省肇州县 邹城平派鼓吹乐、沮水呜音、江西省于都县、万载县 鸣音喇叭、远安呜音、青山唢呐、山东省邹城市 永城吹打、绥米唢呐）湖北省保康县、南漳县、远安县 湖南省湘潭县 重庆市綦江县 陕西省绥德县、米脂县

71　　Ⅱ－40　江南丝竹　　浙江省杭州市

75　　Ⅱ－44　十番音乐　　江苏省淮安市、江都市（楚州十番锣鼓、浙江省杭州市、遂昌县 邵伯锣鼓小牌子、福建省莆田市楼塔细十番、遂昌昆曲十番、广东省佛山市 黄石惠洋十音、佛山十番、海南省海口市 海南八音器乐）

76　　Ⅱ－45　鲁西南鼓吹乐　　山东省菏泽市牡丹区

85　　Ⅱ－54　土家族打溜子　　湖北省五峰 土家族自治县、鹤峰县

90　　Ⅱ－59　冀中笙管乐　　北京市大兴区（白庙村音乐会、雄县古乐、河北省雄县、固安县、小冯村音乐会、张庄音乐会、霸州市、廊坊市安次区、军卢村音乐会、东张务音乐会、文安县、任丘市、安新县、南响口梵呗音乐会、易县、定州市里东庄音乐老会、辛安庄民间音乐会、安新县圈头村音乐会、东韩村拾幡古乐、子位吹歌）

三、传统舞蹈（民间舞蹈，共计13项）

序号　编号　　项目名称　　申报地区或单位

104　　Ⅲ－1　京西太平鼓　　北京市石景山区、丰台区（石景山太平鼓、怪村太平鼓）

105　　Ⅲ－2　秧歌　　山东省济阳县（济阳鼓子秧歌、临县伞头秧

歌、山西省临县、原平凤秧歌、汾阳地秧歌）原平市、汾阳市

107　Ⅲ－4　龙舞　河北省易县、曲周县（易县摆字龙灯、辽宁省大连市金州区 曲周龙灯、金州龙舞、上海市松江区 舞草龙、骆山大龙、江苏省溧水县 兰溪断头龙、大田板灯龙、浙江省兰溪市 高龙、汝城香火龙、福建省大田县 九龙舞、埔寨火龙、人龙舞、湖北省武汉市汉阳区 荷塘纱龙、乔林烟花火龙、湖南省汝城县、平江县 醉龙、黄龙溪火龙灯舞）广东省丰顺县、佛山市、江门市蓬江区、揭阳市、中山市 四川省双流县

108　Ⅲ－5　狮舞　北京市（白纸坊太狮、沧县狮舞、河北省沧县 小相狮舞、槐店文狮子、席狮舞、河南省巩义市、沈丘县丰城岳家狮、布依族高台狮灯舞）广东省梅州市 江西省丰城市 贵州省兴义市

110　Ⅲ－7　傩舞　山西省寿阳县（寿阳爱社、祁门傩舞、安徽省祁门县 邵武傩舞、湛江傩舞、福建省邵武市 文县池哥昼、永靖七月跳会）广东省湛江市麻章区 甘肃省文县、永靖县

112　Ⅲ－9　高跷　辽宁省盖州市、大洼县（盖州高跷、上口子高跷、山东省泰安市 独杆跷、高抬火轿）河南省沁阳市

119　Ⅲ－16　滚灯　上海市奉贤区（奉贤滚灯、海盐滚灯）浙江省海盐县

120　Ⅲ－17　土家族摆手舞　湖北省来凤县（恩施摆手舞、酉阳摆手舞）重庆市酉阳 土家族苗族自治县

122　Ⅲ－19　弦子舞　青海省玉树藏族自治州（玉树依舞）

123　Ⅲ－20　锅庄舞　四川省石渠县、雅江县、（甘孜锅庄、马奈锅庄、新龙县、德格县、金川县 称多白龙卓舞、囊谦卓干玛）青海省称多县、囊谦县

126　Ⅲ－23　苗族芦笙舞　贵州省雷山县、关岭布依族苗族自治县、榕江县、水城县

127　Ⅲ－24　朝鲜族农乐舞　辽宁省铁岭市

129　Ⅲ－26　铜鼓舞　广西壮族自治区田林县（田林瑶族铜鼓舞、雷山 贵州省雷山县 苗族铜鼓舞）

四、传统戏剧（共计33项）

序号　编号　项目名称　申报地区或单位

148　Ⅳ－4　潮剧　广东省揭阳市

160　Ⅳ－16　秦腔　甘肃省秦剧团

162　Ⅳ－18　晋剧　河北省张家口市 山西省太原市

165　Ⅳ－21　上党梆子　山西省长治市

166　Ⅳ－22　河北梆子　北京市河北梆子剧团 天津河北梆子剧院

167　Ⅳ－23　豫剧（桑派）　河北省邯郸市

170　Ⅳ－26　大平调　山东省东明县、菏泽市牡丹区

171　Ⅳ－27　越调　河南省许昌市

172　Ⅳ－28　京剧　湖北省京剧院

175　Ⅳ－31　汉调二簧　湖北省竹溪县

179　Ⅳ－35　荆河戏　湖北省荆州市

183　Ⅳ－39　乱弹　河北省威县（威县乱弹）

187　Ⅳ－43　柳子戏　河南省清丰县

188　Ⅳ－44　大弦戏　山东省菏泽市

192　Ⅳ－48　高甲戏（柯派）　福建省晋江市

194　Ⅳ－50　四平调　山东省金乡县、成武县

195　Ⅳ－51　评剧　北京市中国评剧院 天津评剧院

197　Ⅳ－53　越剧（尹派）　福建省芳华越剧团

200　Ⅳ－56　扬剧　江苏省演艺集团扬剧团、镇江市

207　Ⅳ－63　柳琴戏　江苏省徐州市 山东省临沂市

209　Ⅳ－65　采茶戏　湖北省阳新县

213　Ⅳ－69　曲子戏　新疆生产建设兵团

214　Ⅳ－70　秧歌戏　河北省蔚县（蔚县秧歌、祁太秧歌、山西省祁县、太谷县、襄垣县、襄武秧歌、壶关秧歌）武乡县、壶关县

215　Ⅳ－71　道情戏　山西省洪洞县（洪洞道情、沾化渔鼓戏）山东省沾化县

217　Ⅳ－73　二人台　陕西省府谷县

221　Ⅳ－77　灯戏　湖北省恩施市

222　Ⅳ－78　花灯戏　贵州省独山县 云南省花灯剧团、弥渡县、姚安 县、元谋县

224　Ⅳ－80　藏戏　四川省德格县、巴塘县、色达县（德格格萨尔藏戏、巴塘藏 青海省果洛藏族自治州戏、色达藏戏、青海马背藏戏）

226　Ⅳ－82　壮剧　云南省文山壮族苗族自治州

227　Ⅳ－83　侗戏　湖南省通道侗族自治县

233　Ⅳ－89　傩戏　江西省万载县（万载开口傩、仡佬族傩 贵州省道真仡佬族苗族自治县戏、鹤峰傩戏、恩施傩戏）湖北省鹤峰县、恩施市

235　Ⅳ－91　皮影戏　北京市宣武区（北京皮影戏、河间皮影 河北省河间市戏、岫岩皮影戏、盖州皮 辽宁省鞍山市、盖州市影戏、望奎县皮影戏、泰 黑龙江省望奎县 山皮影戏、济南皮影戏、山东省泰安市、济南市、定陶县定陶皮影、罗山皮影戏、河南省罗山县 湖南皮影戏、四川皮影 湖南省木偶皮影艺术剧院、衡山县戏、河湟皮影戏）四川省阆中市、南部县 青海省

236　Ⅳ－92　木偶戏　山西省孝义市（孝义木偶戏、杖头木偶 江苏省扬州市戏、平阳木偶戏、单档布 浙江省平阳县、苍南县袋戏、湖南杖头木偶戏、湖南省木偶皮影艺术剧院 五华提线木偶、文昌公仔 广东省梅州市 戏、三江公仔戏）海南省文昌市、海口市

五、曲艺（共计15项）

序号　编号　项目名称　申报地区或单位

237　Ⅴ－1　苏州评弹　上海市书场工作者协会（苏州评话、苏州弹词）

240　Ⅴ－4　山东大鼓　河北省鸡泽县、威县（梨花大鼓）

241　Ⅴ－5　西河大鼓　河北省廊坊市

242　Ⅴ－6　东北大鼓　辽宁省锦州市、瓦房店市、岫岩 满族自治县 吉林省榆树市 黑龙江省五常市

246　Ⅴ－10　京东大鼓　河北省廊坊市

247　Ⅴ－11　胶东大鼓　山东省青岛市

254　Ⅴ－18　摊簧　浙江省杭州市、绍兴市（杭州摊簧、绍兴摊簧）

255　Ⅴ－19　贤孝　青海省西宁市（西宁贤孝）

257　Ⅴ－21　山东琴书　山东省菏泽市

266　Ⅴ－30　新疆曲子　新疆维吾尔自治区 巴里坤哈萨克自治县

270　Ⅴ－34　歌册　广东省潮州市（潮州歌册）

271　Ⅴ－35　东北二人转　黑龙江省绥棱县 内蒙古自治区通辽市

276　Ⅴ－40　乌力格尔　内蒙古自治区通辽市

277　Ⅴ－41　达斡尔族乌钦　内蒙古自治区莫力达 瓦达斡尔族自治旗

281　Ⅴ－45　哈萨克族阿依特斯　甘肃省阿克塞哈萨克族自治县

六、传统体育、游艺与杂技（杂技与竞技，共计4项）

序号　编号　项目名称　申报地区或单位

285　Ⅵ－3　中幡　河北省香河县、正定县（安头屯中幡、正定高照、福建省建瓯市 建瓯挑幡）

288　Ⅵ－6　线狮　浙江省永康市、仙居县（九狮图）

292　Ⅵ－10　沧州武术　河北省沧州市（劈挂拳、燕青拳、孟村八极拳）

293　Ⅵ－11　太极拳　河北省永年县（武氏太极拳）

七、传统美术（民间美术，共计16项）

序号　编号　项目名称　申报地区或单位

313　Ⅶ－14　藏族唐卡　西藏自治区昌都县、墨竹工卡县（昌都嘎玛嘎赤画派、墨 甘肃省夏河县 竹工卡直孔刺绣唐卡、甘南藏族唐卡）

314　Ⅶ－15　内画　北京市西城区（北京内画鼻烟壶、广东 广东省汕头市 内画）

315　Ⅶ－16　剪纸　山西省广灵县（广灵染色剪纸、和林格 内蒙古自治区和林格尔县 尔剪纸、庄河剪纸、岫岩 辽宁省庄河市、岫岩满族自治 满族剪纸、建平剪纸、新 县、建平县、新宾满族自治县 宾满族剪纸、长白山满族剪 吉林省通化市 纸、方正剪纸、上海剪 黑龙江省方正县 纸、南京剪纸、徐州剪 上海市徐汇区 纸、金坛刻纸、浦江剪 江苏省南京市、徐州市、金坛市 纸、阜阳剪纸、漳浦剪 浙江省浦江县 纸、泉州（李尧宝）刻 安徽省阜阳市 纸、柘荣剪纸、瑞昌剪 福建省漳浦县、泉州市、柘荣县 纸、莒县过门笺、滨州民 江西省瑞昌市 间剪纸、高密剪纸、烟台 山东省莒县、滨州市、高密市、剪纸、灵宝剪纸、卢氏剪 烟台市 纸、辉县剪纸、孝感雕花 河南省灵宝市、卢氏县、辉县市 剪纸、鄂州雕花剪纸、仙 湖北省孝感市孝南区、鄂州市、桃雕花剪纸、踏虎凿花、仙桃市 苗族剪纸、庆阳剪纸）湖南省泸溪县 贵州省剑河县 甘肃省镇原县

317　Ⅶ－18　苏绣　江苏省无锡市、南通市（无锡精微绣、南通

仿真绣）

320　Ⅶ－21　蜀绣　重庆市渝中区

321　Ⅶ－22　苗绣　贵州省凯里市

324　Ⅶ－25　挑花　安徽省望江县（望江挑花、花瑶挑花）湖南省溆浦县

325　Ⅶ－26　香包　江苏省徐州市（徐州香包）

337　Ⅶ－38　砖雕　山西省清徐县（山西民居砖雕）

339　Ⅶ－40　潮州木雕　广东省揭阳市、汕头市

341　Ⅶ－42　黄杨木雕　上海市徐汇区

343　Ⅶ－44　木偶头雕刻　福建省泉州市（江加走木偶头雕刻）

345　Ⅶ－46　竹刻　江苏省无锡市、常州市（无锡留青竹刻、常州留 浙江省台州市黄岩区 青竹刻、黄岩翻簧竹雕、四川省江安县 江安竹簧）

346　Ⅶ－47　泥塑　河北省玉田县（玉田泥塑、苏州泥塑、江苏省苏州市 聂家庄泥塑、大吴泥塑、山东省高密市 徐氏泥彩塑、苗族泥哨、广东省潮安县 杨氏家庭泥塑）四川省大英县 贵州省黄平县 宁夏回族自治区隆德县

349　Ⅶ－50　灯彩　北京市崇文区、朝阳区（北京灯彩、上海灯彩、上海市卢湾区 秦淮灯彩、苏州灯彩、佛 江苏省句容市、苏州市 山彩灯、潮州花灯、洛阳 广东省佛山市、潮州市湘桥区 宫灯、汴京灯笼张）河南省洛阳市、开封市

350　Ⅶ－51　竹编　浙江省东阳市（东阳竹编、舒席、瑞昌 安徽省舒城县 竹编、梁平竹帘、渠县刘 江西省瑞昌市 氏竹编、青神竹编、瓷胎重庆市梁平县 竹编）四川省渠县、青神县、邛崃市

八、传统技艺（传统手工技艺，共计 24 项）

序号　编号　项目名称　申报地区或单位

356　Ⅷ－6　维吾尔族模制法土陶烧制　新疆生产建设兵团 技艺

373　Ⅷ－23　花毡、印花布织染技艺　新疆维吾尔自治区且末县、塔城 地区、英吉沙县

374　Ⅷ－24　蓝印花布印染技艺　湖南省凤凰县、邵阳县

375　Ⅷ－25　蜡染技艺　贵州省安顺市

376　Ⅷ－26　扎染技艺　四川省自贡市（自贡扎染技艺）

380　Ⅷ－30　侗族木构建筑营造技艺　贵州省黎平县、从江县

385　Ⅷ－35　生铁冶铸技艺　河北省泊头市（干模铸造技艺）

388　Ⅷ－38　剪刀锻制技艺　北京市（王麻子剪刀锻制技艺）

390　Ⅷ－40　银饰制作技艺　贵州省黄平县（苗族银饰制作技艺、彝 四川省布拖县 族银饰制作技艺）

394　Ⅷ－44　弓箭制作技艺　新疆维吾尔自治区（锡伯族弓箭制作技艺）

395　Ⅷ－45　家具制作技艺　北京市崇文区（京作硬木家具制作技艺、广东省广州市 广式硬木家具制作技艺）

396　Ⅷ－46　蒙古族勒勒车制作技艺　内蒙古自治区阿鲁科尔沁旗

400　Ⅷ－50　雕漆技艺　甘肃省天水市秦州区

411　Ⅷ－61　老陈醋酿制技艺　山西省太原市（美和居老陈醋酿制技艺）

420　Ⅷ－70　桑皮纸制作技艺　安徽省潜山县、岳西县

421　Ⅷ－71　竹纸制作技艺　福建省将乐县

427　Ⅷ－77　木版水印技艺　上海书画出版社

428　Ⅷ－78　雕版印刷技艺　福建省连城县

430　Ⅷ－80　藏族雕版印刷技艺　西藏自治区江达县（波罗古泽刻版制作技艺）

431　Ⅷ－81　制扇技艺　浙江省杭州市（王星记扇、荣昌折扇、重庆市荣昌县 龚扇）四川省自贡市

432　Ⅷ－82　剧装戏具制作技艺　北京剧装厂

433　Ⅷ－83　桦树皮制作技艺　内蒙古自治区根河市（鄂温克族桦树皮制作技 黑龙江省大兴安岭地区 艺、鄂伦春族桦树皮船制作技艺）

436　Ⅷ－86　烟火爆竹制作技艺　河北省井陉县（南张井老虎火、万载花 江西省万载县、上栗县 炮制作技艺、萍乡烟花制 陕西省蒲城县、洋县 作技艺、蒲城杆火技艺、架花烟火爆竹制作技艺）

438　Ⅷ－88　风筝制作技艺　北京市海淀区（北京风筝哈制作技艺、天津市南开区 天津风筝魏制作技艺）

九、传统医药（共计5项）

序号　编号　项目名称　申报地区或单位

442　Ⅸ－3　中药炮制技术　河南省焦作市（四大怀药种植与炮制、四川省成都市 中药炮制技艺）

443　Ⅸ－4　中医传统制剂方法　山西省太谷县（龟龄集传统制作技艺、江苏省苏州市 雷允上六神丸制作技艺、山东省东阿县、平阴县 东阿阿胶制作技艺、廖氏 贵州省遵义市红花岗区、汇川区 化风丹制作技艺）

444　Ⅸ－5　针灸　重庆市渝中区（刘氏刺熨疗法）

445　Ⅸ－6　中医正骨疗法　北京市护国寺中医医院（宫廷正骨、罗氏正骨法、北京市朝阳区 石氏伤科疗法、平乐郭氏 上海市黄浦区 正骨法）河南省洛阳市 广东省深圳市

448　Ⅸ－9　藏医药　西藏自治区藏医学院、西藏自治（藏医外治法、藏医尿诊 区山南地区藏医院 法、藏医药浴疗法、甘南 青海省藏医院 藏医药、藏药炮制技艺、甘肃省碌曲县 藏药七十味珍珠丸配伍技 西藏自治区藏医院、西藏自治区 艺、藏药珊瑚七十味丸配 藏药厂、西藏自治区雄巴拉曲神 伍技艺、藏药阿如拉炮制 水藏药厂 技艺、七十味珍珠丸赛太 青海省金诃藏药药业股份有限公司 炮制技艺）

十、民俗（共计15项）

序号　编号　项目名称　申报地区或单位

450　Ⅹ－2　清明节　江苏省姜堰市（溱潼会船）

451　Ⅹ－3　端午节　上海市宝山区（罗店划龙船习俗、五常龙浙江省杭州市余杭区 舟胜会、安海嗦啰嗹习俗 福建省晋江市 452 Ⅹ－4 七夕节 甘肃省西和县（乞巧节）

453　Ⅹ－5　中秋节　福建省厦门市（中秋博饼、佛山秋色）广东省佛山市

456　Ⅹ－8　傣族泼水节　云南省德宏傣族景颇族自治州

473　Ⅹ－25　侗族萨玛节　贵州省黎平县

480　Ⅹ－32　黄帝祭典　河南省新郑市（新郑黄帝拜祖祭典）

481　Ⅹ－33　炎帝祭典　陕西省宝鸡市

484　Ⅹ－36　妈祖祭典　天津市民俗博物馆（天津皇会）

496　Ⅹ－48　那达慕　青海省海西蒙古族藏族自治州 新疆维吾尔自治区和静县

497　X－49　新疆维吾尔族麦西热甫　新疆维吾尔自治区阿瓦提县、阿（新疆维吾尔刀郎麦西热 克苏市、木垒哈萨克自治县、哈 甫、维吾尔族却日库木麦 密市 西热甫、维吾尔族塔合麦 西热甫、维吾尔族阔克麦西热甫）

502　X－54　民间社火　河北省井陉县、永年县（桃林坪花脸社火、永年 辽宁省本溪满族自治县、义县、抬花桌、本溪社火、义县 朝阳县社火、朝阳社火、浚县民 河南省浚县 间社火、洋县悬台社火）陕西省洋县

503　X－55　蒙古族婚礼　内蒙古自治区阿鲁科尔沁旗、西（阿日奔苏木婚礼、乌珠 乌珠穆沁旗 穆沁婚礼、蒙古族婚俗）吉林省前郭尔罗斯蒙古族自治县

508　X－60　药市习俗　江西省樟树市（樟树药俗、百泉药会、河南省辉县市、禹州市 禹州药会）

513　X－65　苗族服饰　湖南省湘西土家族苗族自治州 贵州省桐梓县、安顺市西秀区 关岭布依族苗族自治县、纳雍 县、剑河县、台江县、榕江县 六盘水市六枝特区、丹寨县

（注：本扩展项目名录的序号、编号均为第一批国家级非物质文化遗产名录的序号和编号）

附件九

三级名录项目与传承人分布图

项目类别	项目名称	三级传承人分布情况						
		国家级		省级		州级		
民间文学	2 土家族梯玛歌/龙山县	彭继龙/龙山县		向云森/永顺县	周光交/永顺县	向光权/保靖县	彭继勋/龙山县	彭祖进/龙山县
						向发茂/龙山县		
	3 盘瓠传说/泸溪县					向家发/泸溪县	侯自鹏/泸溪县	
	3 土家族哭嫁歌/永顺县、古丈县	彭祖秀/古丈县		彭万姣/龙山县	田义翠/龙山县	张玉翠/保靖县	严水花/永顺县	杨金花/古丈县
						田玉永/龙山县	张清妹/保靖县	
	3 苗族古歌/花垣					龙炳文/花垣县 200801		
传统音乐	1 土家族打溜子/州中心	罗仕碧/永顺县 201105	田隆信/龙山县	杨文明/龙山县		米显万/龙山县 201207	彭运江/保靖县	彭秀盘/永顺县
						田义锦/龙山县	罗廷友/永顺县	黄生文/古丈县
						彭运辉/保靖县	尹忠胜/龙山县	刘军生/龙山县
	2 江河号子（西水船工号子）/保靖县			张官坤/保靖县		曹怀锋/保靖县	张发云/保靖县 201305	张明松/保靖县
	2 苗族民歌（湘西苗族民歌）/吉首市	陈千均/吉首市		吴腊保/吉首市		龙兴才/凤凰县	张家美/吉首市	吴廷翠/吉首市
						洪生利/保靖县		
	2 土家族咚咚喹/龙山县	严三秀/龙山县		田隆信/龙山县	田采和/龙山县	向照香/永顺县	彭继蓉/龙山县	向世莲/永顺县
	4 湘西土家族民歌/州中心			向汉光/古丈县		向加贵/古丈县	彭启程/龙山县	

续表

项目类别	项目名称	三级传承人分布情况						
		国家级		省级		州级		
传统舞蹈	1 土家族摆手舞/州中心	田仁信/ 永顺县	张明光/ 龙山县			田志信/ 古丈县	李红英/ 保靖县	田水香/ 永顺县
						符清文/ 龙山县		
	1 湘西苗族鼓舞/州中心	石顺民/ 吉首市	洪富强/ 保靖县			龙英棠/ 吉首市 201302	龙彩莲/ 古丈县 201301	石金琦/ 吉首市
						石凤花/ 保靖县	向红霞/ 古丈县	龙菊献/ 吉首市
						石惠云/ 花垣县	龙子霖/ 保靖到	隆国安/ 凤凰县
						龙和连/ 古丈县		
	1 湘西土家族毛古斯舞/州中心	彭英威/ 永顺县 201106	彭南京/ 龙山县	李云富/ 古丈县	彭英宣/ 永顺县	胡绵种/ 保靖县	田岩华/ 永顺县	魏明富/ 永顺县
						向功平/ 古丈县		
传统戏剧	1 高腔（辰河高腔）/泸溪县	向荣/ 泸溪县 201407				邓七枝/ 泸溪县	郑敏/ 泸溪县	章民权/ 泸溪县
传统美术	2 彩扎（凤凰纸扎）/凤凰县	聂方俊/ 凤凰县 201502		聂大勇/ 凤凰县				
	2 剪纸（踏虎凿花）/泸溪县	邓兴隆/ 泸溪县 201008		杨桂军/ 泸溪县		邓启刚/ 泸溪县	邓淑芳/ 泸溪县	刘克梅/ 泸溪县
	3 苗画/保靖县			梁永福/ 保靖县	梁德颂/ 保靖县	龙庭金/ 花垣县		

续表

项目类别	项目名称	三级传承人分布情况						
		国家级		省级		州级		
传统技艺	3 挑花（苗族挑花）/泸溪县				杨春英/泸溪县	滕静蓉/泸溪县		
	1 土家族织锦技艺/州中心	叶水云/凤凰县	刘代娥/龙山县	田明花/保靖县	叶菊秀/龙山县	张家英/永顺县	刘艳/龙山县	黎承菊/龙山县
				黎秋梅/龙山县		朱明英/龙山县	黎成凤/龙山县	叶英/龙山县
						叶丽萍/龙山县	叶作香/龙山县	毛先翠/永顺县
						程远英/龙山县	张水英/龙山县	谭风香/龙山县
	1 苗族银饰锻制技艺/凤凰县	龙米谷/凤凰县201502	麻茂庭/凤凰县			杨洪江/凤凰县	文德中/凤凰县	高秋林/凤凰县
						向文军/凤凰县	龙吉堂/凤凰县	
	2 蓝印花布印染技艺/凤凰县	刘大炮/凤凰县		刘新建/凤凰县				
	3 土家族吊脚楼营造技艺/永顺县	彭善尧/永顺县		万玉其/永顺县		李宏进/永顺县	刘邦贤/永顺县	田孝祥/龙山县
传统医药	3 苗医药（癫痫症疗法）/花垣县	龙玉年/凤凰县						
	3 苗医药（钻节风疗法）/花垣县			田兴秀/花垣县				

续表

项目类别	项目名称	三级传承人分布情况						
		国家级		省级		州级		
民俗	2 苗族服饰/金毕果服饰有限公司			王钊/州民委		龙红香/凤凰县	龙老香/花垣县	刘正姐/花垣县
	3 土家年/永顺县					彭家齐/永顺县		
	3 苗族四月八/吉首市			吴牛振/吉首市				
	4 苗族赶秋/花垣县			吴海深/花垣县		石金连/吉首市	吴三新/花垣县	
合计	26 个项目，28 个单位	22 名传承人（6 人去世）						

附件十

湘西土家族苗族自治州凤凰历史文化名城保护条例

(2004年2月28日湘西土家族苗族自治州第十一届人民代表大会第二次会议通过　2004年5月31日湖南省第十届人民代表大会常务委员会第九次会议批准)

第一章　总则

第一条　为加强国家级凤凰历史文化名城的保护，根据国家有关法律、法规，制定本条例。

第二条　凤凰历史文化名城保护范围：《凤凰历史文化名城保护规划》确定的凤凰古城、黄丝桥古城、南方长城（湘西边墙·下同）以及其它应当保护的地带。

凤凰历史文化名城内的任何组织和个人及进入该区域内的任何组织和个人均须遵守本条例。

第三条　凤凰历史文化名城的保护，应当遵循保护为主，合理利用，统一规划，加强管理的原则。

第四条　凤凰县人民政府应当严格按照国家批准的保护规划，全面负责凤凰历史文化名城的保护、建设和管理工作；设立由县长担任主任的凤凰历史文化名城保护管理委员会，负责协调、指导和监督保护工作。凤凰县人民政府应当向凤凰县人民代表大会常务委员会报告凤凰历史文化名城的保护情况。

第五条　湘西土家族苗族自治州人民政府（以下简称州人民政府）、凤凰县人民政府应当将凤凰历史文化名城保护纳入国民经济和社会发展计划，并将保护、维修和管理经费列入本级财政预算，吸纳符合国家规定的拨款和社会资助。

第六条　州人民政府、凤凰县人民政府对保护凤凰历史文化名城成绩显著的单位和个人给予表彰和奖励。

第二章　凤凰古城保护

第七条　凤凰古城分为核心保护区、风貌协调区和区域控制区。核心保护区范围为东正街、十字街、文星街、中营街、登瀛街、南边街、北边街、（hui）龙阁街、老营哨街、史家弄、老菜街、沙湾街等历史街区。风貌协调区范围为兴隆街、岩脑坡街、文昌阁巷、虹桥中路、文化路、古城文化广场、标营街、里人巷、（hui）龙阁志成关以下街道等包围的范围。区域控制区范围为虹桥东路、白羊岭横巷、小溪坑、白羊岭巷、白羊岭东巷、南华路、田家弄、杜田路等包围的范围。凤凰县人民政府应当对核心保护区、风貌协调区和区域控制区设立明显标志。

第八条　凤凰县人民政府应当对沈从文旧居、熊希龄旧居等文物保护单位依照文物保护法律、法规的规定保护；对其它重点民居、重点古建筑、吊脚楼群及古树名木实行建档、挂牌保护。

第九条　核心保护区内的建筑物、构筑物的改建、维修，其建筑形式、体量、色调必须保持明清时期的布局和风貌。建筑物高度必须控制在两层以下，一层建筑檐口高度不超过三米，两层建筑檐口高度不超过五点六米，色调控制为黑、白、灰及灰褐色、原木色。

风貌协调区内新建、改建的建筑物，其建筑形式应为青瓦面坡屋顶，高度控制在两层以内，两层檐口高度不超过六米，色调、体量和建筑风格应当与核心保护区风貌相协调。

区域控制区新建、改建的建筑物，其建筑形式必须与古城风貌相协调，建筑高度控制在三层以内，三层檐口高度不超过八点五米。

第十条　核心保护区内的历史街道、巷道应保持原有的视线走廊及空间尺度，严禁拓宽或缩小，商业街巷立面应当保持历史样式。

第十一条　凤凰古城内的建筑物、道路、水系和其它设施，需要进行保养、维修、改造、重建的，应当根据保护规划确定的保护要求，按照保护管理等级分别由有关部门提出实施方案，依照国家有关规定报批。

第十二条　凤凰古城内的单位和个人应当积极保护环境，推广应用低污染能源。饮食业经营者，应当采用型煤、燃气、电等清洁能源。

第十三条　凤凰古城内应当加强垃圾站点的标准化建设，推行生活垃圾袋装化，禁止乱丢垃圾。

第十四条　在凤凰古城内居住、活动的单位和个人必须做好防火工作，禁止燃放烟花爆竹，保障古城安全。

第十五条　在凤凰古城内不得占道摆设摊点、乱放杂物、乱写乱画乱贴、运用音响设备叫卖；禁止设置与古城历史风貌不协调的广告、招牌。

第十六条　在核心保护区内禁止除消防车、救护车以外的任何机动车辆通行；禁止存放、销售易燃易爆和有毒物品；严格控制餐饮业。

第十七条　沱江水体保护区为长潭岗至官庄河段及护城河。严格保护沱江水体及两岸风光，保持沱江沿线的景观视线通廊，保持河水洁净和水质卫生。

第十八条　凤凰县人民政府应当完善城市排污管网，建设城市污水集中处理设施。在沱江水体保护范围内，禁止下列行为：（一）在水面上从事餐饮业；（二）在水面上擅自从事娱乐性经营活动；（三）向河道排放污水、倾倒垃圾及杂物；（四）毒鱼、炸鱼、电鱼；（五）兴办有污染的企业。

第十九条　加强凤凰古城周边山体的保护，开展植树造林、封山育林，做好护林防火、森林病虫害防治工作。在《凤凰历史文化名城保护规划》划定的各山体保护范围内不得葬坟，不得采石、取土，未经批准不得兴建建筑物、构筑物。

第三章　黄丝桥古城和南方长城保护

第二十条　黄丝桥古城保护范围为城墙内的全部及城墙外一百三十米内的区域，重点保护古城城墙及各处城门等构成的城防体系。

第二十一条　南方长城保护范围为凤凰县域内长城沿线城墙、关门、碉卡、哨台、屯堡及靖边关、亭子关等。

第二十二条　黄丝桥古城所在地的镇人民政府，南方长城沿线的乡镇人民政府应当加强对黄丝桥古城、南方长城的保护管理工作，建立保护管理责任制。

第二十三条　在黄丝桥古城、南方长城墙基外三十米内严禁放炮、采石、挖砂取土及从事有损墙体保护的其他活动。

第二十四条　在黄丝桥古城、南方长城保护范围内的一切建设活动须经建设、文物、消防等部门审核批准。

第四章　民族民间文化保护

第二十五条　州人民政府、凤凰县人民政府应当加强对民族民间文化的宣传、保护和开发，继承弘扬优秀民族民间文化。

第二十六条　凤凰县文化行政主管部门及其他有关部门应当编制傩堂戏、阳戏、茶灯戏、苗族鼓舞、玻璃吹画、民间纸扎、苗族剪纸、蜡染、扎染、刺绣、银饰加工、纺织艺术等民间文化和工艺美术的保护、挖掘、收集、整理的规划，并组织实施。

第二十七条　州人民政府、凤凰县人民政府应当加强凤凰县域内传统文化艺术、民族风情、民间工艺精华及著名传统产品等优秀文化艺术的保护、挖掘、收集、整理和研究工作，采取措施培养专门人才，鼓励民间艺人传徒授艺。

第二十八条　州人民政府、凤凰县人民政府应当合理开发、利用民族民间文化资源，发展旅游业及相关产业，鼓励开展下列经营项目和活动：（一）设立博物馆；（二）传统手工作坊、民间工艺及旅游产品制作；（三）传统娱乐业及民间艺术表演活动；（四）民间工艺品收藏、交易、展示活动；（五）民族传统节日和其他文化体育活动。

第五章　法律责任

第二十九条　违反本条例第九条规定，由凤凰县建设行政主管部门责令限期改正，拒不改正的，依法强制执行，并处以违法建设部分造价的百分之三十至五十的罚款。

第三十条　违反本条例第十三条、第十四条、第十五条规定，在凤凰古城区乱写乱画乱贴、乱丢垃圾、占道摆设摊点、乱放杂物的，由凤凰县建设行政主管部门责令改正，可处以五元以上五十元以下的罚款；运用音响设备叫卖，设置与古城历史风貌不协调的广告、招牌的，由凤凰县工商行政主管部门责令改正，可处以五十元以上五百元以下的罚款；燃放烟花爆竹的，由凤凰县公安部门处以四十元以上一千元以下的罚款。

第三十一条　违反本条例第十六条规定，在核心保护区内通行机动车辆的，由凤凰县公安部门责令改正，可处以五十元以上二百元以下的罚款；存放、销售易燃易爆或者有毒物品的，由凤凰县公安部门责令改正，可处以一百元以上一千元以下的罚款。

第三十二条　违反本条例第十八条第二款的规定，由凤凰县有关行政主管部门责令改正，拒不改正的，依法给予处罚。

第三十三条　违反本条例第十九条第二款规定，葬坟的，由凤凰县民政行政主管部门责令限期迁移，拒不迁移的，依法强制迁移，所需费用由葬坟者承担；采石、取土的，由凤凰县国土资源行政主管部门依法查处；擅自兴建建筑物、构筑物的，由凤凰县建设行政主管部门责令改正，拒不改正的，依法强制拆除。

第三十四条　违反本条例第二十三条规定，由凤凰县有关行政主管部门依法查处。

第三十五条　行政执法单位及其工作人员玩忽职守，徇私舞弊的，依法给予行政处分；构成犯罪的，依法追究刑事责任。

第六章　附则

第三十六条　每年的十二月十七日定为凤凰历史文化名城保护宣传日。

第三十七条　本条例经湖南省人民代表大会常务委员会批准后，由湘西土家族苗族自治州人民代表大会常务委员会公布实施。

附件十一

湘西土家族苗族自治州民族民间文化遗产保护条例

（2006年3月29日湘西土家族苗族自治州第十一届人民代表大会第四次会议通过　2006年5月31日湖南省第十届人民代表大会常务委员会第二十一次会议批准　2006年6月1日湘西土家苗族自治州人民代表大会常务委员会公告第9号公布　自2006年6月10日起施行）

第一章　总则

第一条　为了加强民族民间文化遗产的保护，继承弘扬民族优秀文化传统，繁荣发展民族文化事业，根据宪法和有关法律法规，结合本州实际，制定本条例。

第二条　在本州行政区域内活动的任何单位和个人，应当遵守本条例。

第三条　本条例所保护的民族民间文化遗产是指：（一）土家族、苗族等少数民族的语言、文字；（二）民族民间神话、传说、故事、歌谣、谚语、礼词、长篇叙事诗等；（三）民族民间音乐、舞蹈、戏剧、曲艺等；（四）民族民间工艺美术和特色饮食及其制作技艺、工具和代表作；（五）民族民间祭祀图腾、岁时节庆、人生礼仪等民俗活动和游艺竞技；（六）民族民间传统医药医学和保健知识、技能；（七）反映土家族、苗族等少数民族生产、生活习俗的用具、器皿和民居、服饰等；（八）有民族民间传统文化特色的代表性建筑、设施、标识和特定的自然场所；（九）有历史、艺术、科学价值的手稿、经卷、典籍、文献、谱牒、碑碣、楹联等；（十）民族民间原生性文化生态区；（十一）民族民间文化遗产的其他表现形式。

第四条　民族民间文化遗产保护工作坚持保护为主、抢救第一、合理利用、传承发展的方针和政府主导、社会参与的原则。

第五条　州、县（市）人民政府应当将民族民间文化遗产保护工作纳入国民经济和社会发展规划，将民族民间文化遗产保护经费纳入本级财政预算，予以保障。

第六条　州、县（市）人民政府文化行政部门主管本行政区域内民族民间文化遗产的保护工作，其职责是：（一）宣传、贯彻国家有关保护民族民间传统文化的法律、法规和方针、政策；（二）会同有关部门制定本行政区域内民族民间文化遗产保护规划，并组织实施；（三）对民族民间文化遗产的保护工作进行指导和监督；（四）管理民族民间文化遗产保护经费。

第七条　州、县（市）人民政府有关部门应当按照各自的职责，做好民族民间文化遗产保护工作。

第二章　抢救与保护

第八条　州、县（市）人民政府应当确定保护抢救民族民间文化遗产的重点项目，制定名录，并向社会公布。

第九条　州、县（市）人民政府文化行政主管部门应当组织本地区民族民间文化遗产的普查、搜集、整理、出版和研究，并归类建档、保存。

第十条　州、县（市）人民政府文化行政主管部门对于濒危的有重要价值的民族民间文化遗产应当会同民族事务等有关部门及时组织抢救。

第十一条　州、县（市）民族民间文化遗产保护中心依法接受社会团体、组织或个人对保护民族民间文化遗产项目的捐赠。

第十二条　鼓励民族和文化艺术研究机构、其他学术团体、单位和个人，从事民族民间文化遗产考察、收集、整理和研究。属于私人或集体所有的民族民间文化遗产资料和实物的征集，应当以自愿为原则，合理作价，并由征集部门发给证书。鼓励拥有民族民间文化遗产资料和实物的单位和个人将资料和实物捐赠给国家收藏，受赠单位应当根据具体情况给予奖励，并发给证书。

第十三条　列入民族民间文化遗产保护名录的传统工艺、制作技艺和艺术表现方法以及其他技艺，需要保密的，由州、县（市）人民政府的文化行政主管部门商保密部门确定密级。纳入保密范围的传统工艺、制作技艺和艺术表现方法以及其他技艺，必须依法进行传播、传授和转让。

第十四条　民族民间文化遗产资料和实物，未经所有者同意，不得摄影、录音、录像；限制摄影、录音、录像的，应当设立明显标志。

第三章　认定与传承

第十五条　州、县（市）人民政府文化行政主管部门应当会同民族事务等有关部门编制本级民族民间文化遗产保护名录，报同级人民政府公布。州、县（市）人民政府应当组织单位和个人申报省级、国家级非物质文化遗产代表作名录。州、县（市）人民政府对列入本级民族民间文化遗产保护名录的项目，可以命名传承人或传承单位。

第十六条　符合下列条件之一的公民，可以申请或者被推荐为民族民间文化遗产传承人：（一）本地区、本民族群众公认为通晓民族民间文化活动内涵、形式、组织规程的代表人物；（二）熟练掌握某种民族民间传统技艺，在当地有较大影响或者被公认为技艺精湛的；（三）形成了只有本人或徒弟才有的独门技艺的；（四）保存某一民族民间文化的原始文献、资料和实物，并且有一定研究成果的。

第十七条　符合下列条件之一的组织或团体，可以申请命名为民族民间文化遗产传承单位：（一）对民族民间文化表现形式进行研究的；（二）经常开展民族民间文化活动的；（三）收藏、保存一定数量民族民间文化资料或实物的。

第十八条　传承人或传承单位由州、县（市）人民政府文化行政主管部门会同民族事务等有关部门确认，并予以公示。对公示的传承人或传承单位有异议的，应当于公示之日起六十日内向发布公示的人民政府文化行政主管部门提出；文化行政主管部门应会同民族事务等有关部门进行审核，对没有异议或者经审核异议不成立的，报同级人民政府公告、命名、颁牌，并报上一级人民政府文化行政主管部门备案。

第十九条　传承人、传承单位享有以下权利：（一）开展传艺、讲学以及艺术创作、学术研究等活动；（二）有偿提供其掌握的知识和技艺以及有关的原始资料、实物、建筑物、场所；（三）经济困难的传承人或传承单位，可以获得县级以上地方人民政府的资助。本条第三项规定的经济困难的资助办法由命名传承人和传承单位的地方人民政府制定。

第二十条　传承人、传承单位应当履行以下义务：（一）保存有关的原始资料、实物、建筑物、场所；（二）按照师承形式或者其他方式选择、培养新的传承人；（三）依法开展传播、展示活动。

第二十一条　符合下列条件的，州人民政府可以划定为民族民间原生性文化生态保护区：（一）居住相对集中，民族、语言相同；（二）传统生产、生活方式相同或者相近；（三）传统民居建筑风格以及民俗相同或者相近；（四）传统文化艺术以及手工工艺技术一脉相承。

第二十二条　符合下列条件的，州人民政府可以命名为民族文化艺术之乡：（一）文化艺术历史悠久、民族或地方特色鲜明；（二）文化艺术种类独特，并有群众基础和旅游、经济开发价值；（三）具有代表性的民族建筑和典型的民居建筑群。

第二十三条　符合下列条件的，县（市）人民政府可以命名为民俗文化村（寨）：（一）自然生态环境整体保存较好；（二）具有民族民间传统文化特征；（三）具有代表性的民族建筑和典型的民居建筑群。

第二十四条　划定民族民间原生性文化生态保护区、民族文化艺术之乡，应当尊重当地群众意愿，并由所在地的县（市）人民政府文化行政主管部门会同民族事务部门申报，经县（市）人民政府同意，报州人民政府命名。民俗文化村（寨）由所在地乡（镇）人民政府申报，县（市）人民政府命名，并报州人民政府文化行政主管部门备案。

第四章　管理与利用

第二十五条　州、县（市）人民政府应当设立民族民间文化遗产保护专项资金。专项资金由政府拨款和依法接受的社会捐赠构成，主要用于：（一）民族民间文化遗产重点项目的保护和研究；（二）民族民间文化遗产珍贵资料和实物的搜集、整理、保存和征集、收购；（三）抢救濒危的民族民间文化遗产的重点项目；（四）对传承单位和传承人的资助；（五）对民族民间原生性文化生态保护区、民族文化艺术之乡和民俗文化村（寨）的资助；（六）民族民间文化遗产保护的其他事项。

第二十六条　州、县（市）人民政府应当重视民族民间文化遗产研究人才的培养，发挥各级民族民间文化遗产研究机构在征集、收藏、研究、展示民族民间文化遗产中的作用，并为其开展工作提供条件。

第二十七条　州人民政府教育行政主管部门应当编写民族民间文化常识读本，列入地方课程，作为中小学校素质教育和继承民族传统文化教育的选用教材。高等院校可以开设民族民间文化课程，培养民族民间文化的专门人才。

第二十八条　鼓励传承人或传承单位选择、培养新的传承人和依法开展传艺、讲学以及艺术创作、学术研讨等活动。

第二十九条　州、县（市）人民政府对民族民间原生性文化生态保护区、民族文化艺术之乡和民俗文化村（寨）的建设应当给予扶持，民族、财政、发展改革、交通、国土、建设、教育、规划、旅游、宗教等部门应当给予支持。

第三十条　州、县（市）人民政府鼓励、支持公民、法人和其他组织与境内外的组织和个人依法开展民族民间文化合作和交流。

第三十一条　州、县（市）人民政府应当结合本地实际，合理利用民族民间文化遗产项目：（一）有民族特色的民族民间传统工艺品、服饰、器皿、食品等旅游商品；（二）有民族民间传统文化特色的民居、设施、场所等，应当按规划进行修缮和恢复，并对游人开放；（三）各级风景名胜区和历史文化名城（名镇、名村）内新建建筑物，应体现民族建筑特色，保持青瓦屋面、马头墙、吊脚楼等建筑形式；（四）发掘具有民族特色的民俗活动表演项目，组织民族民间优秀传统文化的展演及其他活动；（五）鼓励民族民间传统文化的文学艺术创作活动；（六）运用多种形式，扩大民族民间传统文化的对外宣传；（七）有重点、有选择地做好民族民间原始经卷、典籍、文献的翻译、校阅、出版等工作。

第五章　奖励与处罚

第三十二条　符合下列条件之一的单位和个人，州、县（市）人民政府应当给予表彰和奖励：（一）组织实施本条例成绩显著的；（二）从事民族民间文化遗产抢救、发掘、收集、整理、出版、研究工作成绩显著的；（三）对民族民间文化遗产的传承做出突出贡献的；（四）集体或个人将其收藏的珍贵的民族民间文化资料或实物捐赠给国家的；（五）与破坏、损毁民族民间文化遗产行为作斗争成绩突出的；（六）利用民族民间文化遗产社会效益和经济效益显著的。

第三十三条　传承人、传承单位、民族民间原生性文化生态保护区、民族文化艺术之乡、民俗文化村（寨）丧失命名条件的，由命名的人民政府予以撤销。

第三十四条　国家工作人员因玩忽职守、滥用职权、徇私舞弊，致使国家和集体所有的民族民间文化遗产珍贵资料和实物受到损毁、被窃和遗失的，视其情节轻重给予行政处分，构成犯罪的，依法追究刑事责任。

第六章　附则

第三十五条　本条例所指的民族民间文化遗产资料、实物、建筑物和场所，已被确定为文物或文物保护单位的，适用文物保护法律法规规定。

第三十六条　本条例经湖南省人民代表大会常务委员会批准后，由湘西土家族苗族自治州人民代表大会常务委员会公布实施。

附件十二
湘西自治州民族民间文化遗产传承人保护管理暂行办法

为加强我州民族民间文化遗产传承人（以下简称传承人）的保护和管理，充分调动传承人在传承发展我州土家族、苗族以及其他民族传统文化事业的积极性，根据《湘西土家族苗族自治州民族民间文化遗产保护条例》（以下简称《条例》）的规定，特制定本办法。

一、本办法所称传承人是指州人民政府公告命名并在我州境内通晓本民族传统文化活动内涵、表现形式、组织规程或在本民族民间工艺领域中技艺精湛或掌握有一定数量的民族传统文化原始文献、资料和实物，并有一定研究成果被群众公认的代表人物。

二、传承人的认定应严格按照《条例》规定的基本条件、基本程序执行。

三、各县市人民政府要认真履行好保护管理传承人的工作职责，为传承人开展传统文化传习活动创造条件，促进相互交流，形成尊重、关爱、保护传承人的社会氛围，提高传承人的社会地位。

四、传承人在传承本民族语言、文学、美术、音乐、舞蹈、戏曲、曲艺、手工技艺、生产商贸习俗、消费习俗、人生礼俗、岁时节令、民间知识、传统游艺与体育竞技等方面做出杰出贡献的，经本人申请或当地文化行政主管部门推荐，按程序评审后，由县级以上人民政府给予表彰和奖励。

五、县市人民政府应当鼓励和支持传承人采取各种方式带徒学艺，对其所带徒弟认为确有发展潜力和培养前途者，可作为重点传承人进行培养。

六、本州境内的传承人，凡年满 60 周岁、没有固定经济来源、生活困难的，由当地人民政府纳入最低生活保障。

七、在本州行政区域内从事传统文化传习活动的，州人民政府可根据其贡献大小暂按每年 800 元—1200 元的标准发放资助费。

八、传承人向有关单位、组织、社会团体和个人提供传统文化资料及其相关活动服务，依照双方约定可以获得相应报酬。

九、传承人利用自身所掌握的传统文化资源发展文化产业所获的经济收益，在国家税收政策规定属减免税范围的，可以减免相关税收及其他有关费用。

十、传承人实行分级管理，具体保护管理日常工作由县市民保中心负责。

十一、传承人应当认真学习、努力钻研民族民间传统文化遗产活动内涵、表现形式、组织规程、手工技艺等，为国家和地方保护传承民族民间传统文化作出积极贡献。

十二、传承人在其所属县市国家机关、企事业单位和社会组织开展各种传统文化活动时，应根据需要，主动配合、积极参与、发挥作用。

十三、传承人在从事传统文化活动中，若发现有处于损失、流失或濒危的文化遗产项目，应主动向所属县级以上民保中心报告或反映，以便采取相应措施，及时予以保护。

十四、县市文化行政主管部门所属民保中心负责与各级各类传承人沟通联系，建立传承人档案，为传承人开展传统文化传习工作提供支持和服务。

十五、县市人民政府每 3 年公布一次民族民间文化遗产代表作名录项目，同时对过来或新增的传承人进行调整命名，以确保代表作名录及传承人更替工作顺利进行。

十六、传承人在开展传艺、讲学、艺术创作、学术交流、培养新的传人或搜集、整理、出版民族民间文化遗产文献资料、实物等活动中，若违反国家法律法规，构成犯罪受到制裁的，其传承人资格自然丧失。

十七、本办法由州文化局负责解释。

十八、本办法自公布之日起施行。

2007 年 03 月 13 日

第三篇　湖南省相对集中行政许可权改革试点运行情况调研报告①

一、研究背景与问题的提出

（一）研究背景

我国传统的行政审批模式是由各个部门分散行使审批职能，存在审批事项过多、审批范围过广、审批流程不规范，审批效率低下等问题。在审批监管一体化的行政管理体制下，行政主管部门既是"运动员"又是"裁判员"，"重审批，轻监管"成为常态。传统的审批模式不仅增加了行政相对人的负担，也容易滋生腐败，难以保证行政审批的公平公正。为了改变传统行政审批模式的诸多弊端，2001 年 9 月 24 日，国务院办公厅下发《关于成立国务院行政审批制度改革工作领导小组的通知》（国办发〔2001〕71 号），成立国务院行政审批制度改革工作领导小组，积极推进行政审批制度改革，由此拉开了我国多轮行政审批制度改革的帷幕。行政审批改革历经十多年，虽然审批事项大幅减少，但改革并没有触及行政审批制度的根本症结，没有达到"转变政府职能，优化市场资源配置"的预期改革目标。

党的十八大以来，党中央和国务院对推进政府职能的根本性转变做了重要努力。把推进行政体制改革、转变政府职能作为开门办的第一件大事，把

① 该调研报告为湘潭大学法学院 2018 年暑期调研项目成果，由邱伯静主持，毛瑞琪、徐玮琦、刘云平等共同完成。

简政放权、放管结合作为“先手棋”。[①] 在新一轮的行政管理体制改革中，相对集中行政许可权改革成为重要的突破口。相对集中行政许可权改革的内容是将分散在多个部门的行政许可权进行整合，集中归并到一个或多个部门行使。开展相对集中行政许可权改革，实质上是对行政权力的重新设定和配置，“实现‘花园中杂草无处可生’的体制再造”。[②] 2015 年 12 月，中共中央、国务院印发的《法治政府建设实施纲要（2015—2020 年）》指出，要加快推进相对集中行政许可权工作，支持地方开展相对集中许可权试点。[③] 而成立行政审批局，是改革试点中的一项重要创新实践。它将原先分散在不同部门的行政审批职能划转到行政审批局统一行使。全国各地积极响应中央的号召，截至 2017 年 3 月，全国有 23 个省份成立了各级行政审批局 445 个。湖南省也开启了相对集中行政许可权改革试点探索。2017 年 6 月 24 日，长沙市芙蓉区成立了湖南省首家行政审批局。2017 年 6 月 2 日，湘潭市经济开发区成立了湖南省首家园区行政审批局。作为一种尝试，湖南省相对集中许可权改革必然会面临不少困难，因此，本调研以长沙市芙蓉区行政审批局和湘潭市经开区行政审批局为调研对象，了解这两家行政审批局的运行模式和改革过程中面临的难题。

（二）问题的提出

到目前为止，相对集中行政许可权改革仍处于试点阶段，并没有在全国全面推开。而行政审批局的行政权力划转范围、法律地位不明确以及信息交流渠道不畅通是各试点地区在实践中普遍遇到的障碍。

1. 行政权力划转范围不明确

实践中，由于中央没有对哪些事项可以进行集中，哪些事项不适合集中划定统一的标准，集中的原则不明确，导致各地行政审批局集中的依据非常混乱。以成都市武侯区行政审批局、天津市滨海新区行政审批局、南通市行

---

① 李克强：《简政放权 放管结合 优化服务 深化行政体制改革 切实转变政府职能》，摘自 2015 年 5 月 12 日在“全国推进简政放权放管结合职能转变工作电视电话会议”上的讲话。

② ［美］戴维．奥斯本．政府改革手册：战略与工具［M］．北京：中国人民大学出版社，2004：3.

③ 新华社：《中共中央、国务院印发法治政府建设实施纲要（2015—2020 年）》，载 http：//www. gov. cn/xinwen/ 2015 －12/28/content_ 5028323. htm，2018 年 8 月 25 日访问。

政审批局、银川市行政审批局、北戴河新区行政审批局为例，它们集中审批事项的数量如下表所示：

名称	涉改部门/（个）	集中事项/（项）
成都市武侯区行政审批局	22	69
天津市滨海新区行政审批局	18	216
南通市行政审批局	15	53
银川市行政审批局	26	153
沈阳市行政审批局	37	290

如上表所示，各地行政审批局集中审批的事项数量差异十分大，多则几百项，少则几十项。实践中，成都市武侯区将年检类事项统一划转到行政审批局，而滨海新区则没有划转年检事项。集中标准的缺失使得我们无法清晰地界定行政审批局的职权范围。

2. 行政审批局的法律地位不明确

行政审批局的设立目前处于探索阶段，而配套的法律、行政法规尚未跟进，目前还没有一部法律或行政法规对行政审批局的法律地位作出精准的界定。对行政审批局法律地位的争议自行政审批局成立以来就从未停止过。行政审批局到底是依法设立的政府职能部门抑或是政府职能部门的派出机构？因法律主体地位不明而带来的尴尬问题是，当行政审批局与行政相对人之间发生争议而导致行政复议或行政诉讼时，行政审批局能否成为行政复议被申请人？应该由哪个部门受理行政复议？行政审批局能否成为行政诉讼的被告？行政审批局的法律地位不明确，行政相对人的行政救济权利就难以得到有效保障。

3. 信息交流渠道不畅通

以北戴河新区行政审批局为例，市级各专业审批平台与行政审批局的审批平台存在不兼容问题，目前市工商、质监、国税、地税、房产、土地、公安、消防等垂管部门都在使用各自单位或系统研发的审批软件，彼此独立，信息难以共享，系统难以兼容。同时，基于安全和保密方面的考虑，市级各专业审批系统均未给予开发区行政审批与绩效管理应用系统接入端口，使垂管部门数据不能及时传输至开发区行政审批局的行政审批与绩效管理应用系统。现行政审批局综合服务大厅公布的垂管部门信息均需工作人员二次人工录入，费时费力，某些信息难以做到实时公开。① 而这并不是只在北戴河新区行政审批局才存在的问题，全国各试点都普遍存在“信息孤岛”的难题。

以上这些问题在一定程度上制约了行政审批局职能的发挥。因此，在湖南省相对集中行政许可权改革活动进行1周年以来，本调研项目选择以长沙市芙蓉区行政审批局和湘潭市经开区行政审批局为调研对象，了解湖南省在相对集中行政许可权改革过程中是否也遇到上述改革瓶颈，探析改革中存在的问题以及问题产生的原因，以期为促进行政审批局更好地履行职能提供相应的对策和建议。

二、研究方法

本调研项目主要采用的研究方法包括：

1. 文献分析法。主要指通过搜集、鉴别、整理文献，并对文献进行研究，形成对事实的科学认识的研究方法。我们通过搜集和查阅相关文献资料，对已有的研究成果进行了系统梳理和认真分析，为本调查项目的研究奠定了基础。

2. 比较分析法。比较分析法主要是通过将物与物的特点、属性进行对比，从而得出事物之间的相似点及不同点。本调研主要运用横向比较法，对长沙市芙蓉区行政审批局与湘潭市经开区行政审批局的运行模式进行对比，分析二者实施过程中存在的问题，并提出相应的建议。

3. 实地访谈方式。研究湖南省相对集中行政许可权改革试点运行情况需要我们深入实践调查，将理论付诸实践。在该项调研中，我们实地访谈了长沙市芙蓉区行政审批局与湘潭市经开区行政审批局的单位领导和有关负责人，与他们进行开放式的交流和谈话。这为我们的调研活动积累了丰富的资料，也使该问题的探讨更科学、更令人信服。

三、研究意义

以湖南省相对集中行政许可权改革试点运行情况为研究课题，具有重要的现实意义和学术价值，这主要体现在以下方面：

---

① 张兵．关于行政审批局试点改革的实践与探索——以秦皇岛经济技术开发区、北戴河新区为例［J］．科技创业月刊，2016（22）．

（一）现实意义

第一，对湖南省相对集中行政许可权改革试点运行情况进行研究，可以为湖南省深化相对集中行政许可权改革提供决策参考。随着湖南省行政体制改革的不断推进，改革已经进入了攻坚克难的阶段。通过对湖南省相对集中行政许可权改革的成效、问题和原因进行梳理分析，可以为破解湖南省行政体制改革难题提供策略参考，推动有关改革方案更为精细、合理和可行。

第二，对湖南省相对集中行政许可权改革试点运行情况进行研究，可以为全国其他省市相对集中行政许可权改革提供经验借鉴。湖南省作为国家中部地区改革的重要省份，对该省相对集中行政许可权改革进行经验总结和理论研究，对全国其他省市的行政体制改革具有示范作用和借鉴意义。

（二）学术价值

自《行政许可法》实施后，有关相对集中行政许可权制度在国内就展开了热烈地探讨，但是，从已有的研究文献来看，目前学界对相对集中行政许可权制度改革的研究还存在一些问题。

1. 学界研究不够重视

由于相对集中行政许可权改革是近年来的新生改革产物，学术界直接对其展开的研究并不多。我们于 2018 年 8 月 25 日登陆中国知网，以“相对集中行政许可权”为关键词进行检索，共检索到 398 篇文献。其中 2015 年发表了 25 篇；2016 年发表了 91 篇；2017 年发表了 129 篇；2018 年发表了 80 篇。而大部分是各地记者发表的关于相对集中行政许可权试点改革的新闻报道，学者对于这个问题的理论研究极度匮乏。

因此，我们需要对相对集中行政许可权改革的实际运行情况进行调研，以填补相对集中行政许可权制度的研究空白。

2. 实证研究缺乏

当前，学者们大多从理论层面出发，对相对集中行政许可权的内涵、进行相对集中行政许可权改革的必要性与合理性进行研究，很少考虑到各地相对集中行政许可权改革的实际运行情况和改革中遇到的各种问题，导致理论滞后于实践，难以支撑政府简政放权、转变职能以及大部制改革的需要。

因此，我们想对长沙市芙蓉区行政审批局和湘潭经开区行政审批局的试点改革情况进行实地调研，让理论与实践相结合，对相对集中行政许可权的研究内容进行更新，也让改革有理论依据的支撑。

3. 问题没有得到解决

目前，学者们侧重于探究相对集中行政许可权改革中面临的问题，对问题如何解决却没有提出具有建设性的解决方案。比如，王太高教授在《相对集中行政许可权实践中的误区及出路》一文中用了很大的篇幅介绍“推进相对集中行政许可权改革面临的问题”，却只在结论部分用短短的几句说明自己对这个问题的解决思路。“改革要允许试错”“探索既要遵循相对集中的思路，又要关注行政许可权内涵的丰富性”的建议也过于空洞，缺乏可操作性，还是无法解决改革实践中遇到的问题。

因此，我们将在进行调研后提出明确具体的解决对策，为推动相对集中行政许可权问题的解决贡献自己的一份微薄力量。

四、相对集中行政许可权概述

（一）相对集中行政许可权的基本概念

认识相对集中行政许可权的内涵是研究相对集中行政许可权制度的逻辑起点。因此，对相对集中行政许可权的概念进行科学解读，是研究相对集中行政许可权改革的第一要务。

“相对集中行政许可权”的概念并不是由《行政许可法》明确规定的，它最早见于《国务院关于贯彻实施〈中华人民共和国行政许可法〉的通知》（国发〔2003〕23号），该通知中提到“各省、自治区、直辖市人民政府可以结合本地区实际提出相对集中行政许可权的意见，报国务院批准后施行”。

目前学界对“相对集中行政许可权”的定义存在争论，尚不存在权威的定义。有的认为“相对集中行政许可权”指的就是《行政许可法》第25条规定的情形①，即“经国务院批准，省、自治区、直辖市人民政府根据精简、统一、效能的原则，可以决定一个行政机关行使有关行政机关的行政许可权”。也有的认为“相对集中行政许可权”不仅包括第25条规定的情形，还包括第26条规定的情形②：“行政许可需要行政机关内设的多个机构办理的，该行政机关应当确定一个机构统一受理行政许可申请，统一送达行政许

① 柳艺．四川省相对集中行政许可权改革中的审批局模式研究［D］．成都：西南交通大学，2018.

② 李路．相对集中行政许可权问题研究［D］．北京：中国政法大学，2009.

可决定。行政许可依法由地方人民政府两个以上部门分别实施的，本级人民政府可以确定一个部门受理行政许可申请并转告有关部门分别提出意见后统一办理，或者组织有关部门联合办理、集中办理”。

笔者认为，以成立行政审批局为代表的相对集中行政许可权改革，“相对集中行政许可权”指的就是《行政许可法》第25条规定的内容，并不包括《行政许可法》第26条规定的情形。因为《行政许可法》第26条的规定只是对受理权和送达权等程序性环节进行集中，并没有对行政许可的实质性权力进行有效的管控。而行政审批局成立后，它将行政许可权从原行政许可机关剥离，原行政许可机关不再行使审批权，由行政审批局以自己的名义行使审批权。对审核和决定等实质性权限进行集中是行政审批局的最大特点，这是对原有行政许可部门权力彻底的自我革命，而不是对部门权力的简单叠加。因此，“相对集中行政许可权”指的就是《行政许可法》第25条规定的情形。

认识“相对集中行政许可权”的定义，最关键是要理解“相对”的含义。有学者担忧：“权力的过度集中必然导致专制。在行政民主化改革浪潮席卷全球的今天，任何行政职权的简单合并、集中都与行政‘分权’、政府‘瘦身’是背道而驰的。”① 而笔者认为，在相对集中行政许可权改革中，这样的担忧是多余的。因为集中是“相对”的，“相对”指的是有选择性、有条件的集中，只在行政许可和行政备案权限范围内进行集中，而不是不加区分地将所有行政权力都集中于一个行政机关中。行政许可权相对集中后，不仅可以改变以往因行政许可权分散行使而导致的多头许可、重复许可的问题，还能更好地保障行政相对人的权益。

综合以上分析，笔者认为，相对集中行政许可权是指，经法定程序，将有关机关的行政许可权集中起来，交由一个行政机关以自己的名义统一行使，而原行政机关不再行使已经由一个行政机关统一行使的行政许可权。

（二）行政许可权相对集中的原因

1. 符合《行政许可法》的立法目的

立法目的是一部法律的灵魂，它指明了立法活动的方向。由于行政许可是一种以限制权利为主导的行政行为，它以牺牲一部分主体的眼前利益和局

---

① 章志远．相对集中行政处罚权改革之评述［J］．中共长春市委党校学报，2006（1）．

部利益为条件。[①] 同时，许可制度一旦创设，旧的许可又会引出新的许可，不断复杂化和细分化，呈现出不断扩大的倾向，过分膨胀的行政许可将会严重侵害个人自由。因此，《行政许可法》以规范和控制行政权力、保障行政相对人的合法利益为立法目的。

传统的行政审批模式审批流程不规范，审批程序繁琐，有时一个许可项目要向多个部门进行申请，若是重大项目，还可能要经过各级政府的层层审批。多头审批模式使得各部门有利时相互争抢，无利时拖延推诿，严重影响了审批效率和相对人的利益。此外，一些行政审批机关为了本部门利益，滥用行政审批权力，非法收取审批费用，甚至将缴纳费用作为通过审批的主要条件，导致部门权力利益化。这严重侵犯了申请人的合法权益，不合理地加重了行政相对人的经济负担。

行政许可权相对集中后，相对人只需向一个行政审批机关进行申请，行政机关将审批条件、审批流程、收费标准公之于众，让行政许可权力在阳光透明的环境中运行。相对集中行政许可权不仅推动了行政权力的规范化行使，还极大地减轻了相对人办理许可证的负担和成本，这与《行政许可法》的立法目的相吻合。

2. 基于大部制改革的需要

大部制是指在政府部门设置中，将职能相近、业务范围趋同的事项相对集中，由一个部门统一管理，最大限度地避免政府职能交叉，从而提高行政效率和降低行政成本的一种管理体制。[②]

十九大以来，新一轮大部制改革的主要特点是优化治理结构和治理主体协同化。治理结构的优化是通过调整机构设置和职能配置，解决治理主体之间职责交叉、权责不清、协调难度大等问题。而通过协同化配置职能和设置机构的举措，可以加强部门之间的配合程度，增强监督监管效力，进一步提升机构运行的整体效能。

对行政许可权进行相对集中，是大部制改革在行政审批领域的重要体现。新设立的行政审批局是从行政审批职能整合的角度来组建新部门，行政

---

① 罗文燕．行政许可制度研究［M］．北京：中国人民公安大学出版社，2003：63.

② 徐继敏．地方政府机构改革中如何推行大部制［J］．四川大学学报（哲学社会科学版），2008（5）。

审批局负责行使审批职能，而原行政许可机关负责对行政相对人进行后续的监管，审批和监管合理分离，审批责任和监管责任之间的界限相对明确，相对集中行政许可权对于精简机构和编制具有重要作用，这顺应了大部制改革的总体方向。

3. 借鉴相对集中行政处罚权的成功经验

相对集中行政处罚权，是指将若干相关行政机关的行政处罚权集中起来，交由一个行政机关统一行使，行政处罚权相对集中后，原机关不再行使行政处罚权。相对集中行政处罚权，作为一项法律制度，是由《行政处罚法》规定的。该法第 16 条规定：“国务院或者经国务院授权的省、自治区、直辖市人民政府可以决定一个行政机关行使有关行政机关的行政处罚权，但限制人身自由的行政处罚权只能由公安机关行使。”《行政处罚法》规定的相对集中行政许可权制度，实际上与《行政许可法》规定的相对集中行政处罚权制度的设计初衷、目标和政策考虑等是基本相同的。① 2002 年 8 月，国务院下发的《国务院关于进一步推进相对集中行政处罚权工作的决定》明确在全国范围内推行相对集中行政处罚权工作。

在相对集中行政处罚权实施的十几年里，该制度主要取得了以下成效：第一，重新设置行政权力，明确责任划分。相对集中行政处罚权一定程度上解决了城市管理领域众多执法部门之间的职权交叉、重复、空白问题，减少了因职责不明而带来的推诿、扯皮行为，重新调整了行政处罚权，使行政处罚权的行使由分散变为统一，由无序变为有序，由不规范变为规范，实现了行政执法机关权力规范、责任明确、权责一致的良好法律效果；第二，有效精简了执法机构和执法人员。相对集中行政处罚权实施后，原先分散在建设、规划、市容等部门的行政处罚权由相对集中行政处罚权实施机关统一行使，原有执法机构被撤销或合并，原有执法队伍被精简，大幅减少了执法机构和执法人员的数量；第三，强化权力制约机制。行政处罚权相对集中后，审批权、处罚权和监督权三者各司其职，形成良性互动的状态，极大地压缩了权力寻租设租的空间。相对集中行政处罚权改革既是对行政权力配置格局的重大调整，也是对条块结合的行政管理体制的巨大变革。②

---

① 汪永清．中华人民共和国行政许可法教程［M］．北京：中国法制出版社，2003：87.

② 王敬波．相对集中行政处罚权改革研究［J］．中国法学，2015（4）．

由于行政许可权在实施过程中存在与行政处罚领域相类似的诸多弊端，借鉴相对集中行政处罚权改革的成功经验，将行政许可权相对进行集中便成为可行之举，相对集中行政处罚权的改革经验为相对集中行政许可权改革试点的推开提供了有益的启示。

（三）相对集中行政许可权的价值

1. 有利于提升行政许可效能

一项改革之所以能够势在必行，就在于原有的组织体系在退变、组织效能在流失，已不能响应外部环境的要求。① 传统的行政许可模式将本可以由一个部门办理的行政许可，分配给不同的审批部门分别办理，拉长了审批时限。此外，各审批部门的审批流程复杂，相对人要经过多个审批环节才能取得许可证，办证难、办证繁成为实践中屡禁不止的顽疾。而行政许可权相对集中后，相对人只需向一个审批机关提出申请，突破了传统审批模式下各行政许可机关各自审批的壁垒，“对外一窗受理，对内车间流水线作业”的运行模式使审批过程由外部循环转变为内部循环。行政许可权集中到一个行政审批机关后，行政审批机关以审批流程再造为着力点，对审批权力运行的各个环节进行优化，对审批过程中多余的审批要素进行清理，精简了审批环节，缩短了审批时限，提高了公共服务的质量。相对集中行政许可权，可以使行政许可机关以最小的许可成本来实现社会效益的最大化，有利于最大限度地发挥行政许可的效能。

2. 有利于保障行政许可的公平公正

法是善和公正的艺术。② 由于行政许可是对某些权利的一般禁止与限制，行政机关以个别解禁的方式来配置资源、控制市场，行政机关在认定哪些主体符合行政许可条件的问题上具有很大的自由裁量权。因此，行政许可要获得持久的合理性，其本身必须是公正的，它的运行过程也必须遵守公平公正原则。而在传统多头许可的模式下，许多行政许可机关为了维护本部门的利益，随意收取行政许可费用，行政许可实施过程中存在很大的暗箱操作空间，行政许可权逐渐异化为行政机关及其工作人员谋取私利的工具，“权力部门化，部门利益化”的不公正现象难以根治。实施相对集中行政许可

---

① 艾琳，王刚．行政审批制度改革中的“亚历山大绳结”现象与破解研究——以天津、银川行政审批局改革为例［J］．中国行政管理，2016（2）．

② 沈宗灵．法理学［M］．北京：北京大学出版社，2000：47.

权可以很好地解决这一问题。将行政许可权集中交由行政审批局行使，行政审批局只代表一级人民政府依法履行审批职能，这从根本上切断了许可权力与部门利益之间的连结。行政审批局的身份逐渐从“管理者”转变为独立于各种社会利益之外的“协调者”，它以追求公共利益的最大化为价值取向，保证许可行为的中性和良性运行。

3. 有利于实现行政审批权和监督权的分离制衡

行政权力本质上源于人民的授权，但它一旦失去制约，就会变成暴力，凌驾于人民和社会之上。《行政许可法》将事前审批与事后监督统一交由行政许可机关行使的最初目的是想改进行政管理方式，但是这一管理体制在运行过程中却存在许多问题。正如博登·海默所言“一个被授予权力的人，总是面临着滥用权力的诱惑、面临着逾越正义与道德界限的诱惑。人们可以将它比作附在权力上的一种咒语——它是不可抵抗的”。[①] 当行政审批权高度集中于行政审批机关又得不到有效的监督时，这就为行政权力的扩张和滥用提供了客观条件。在利益的诱导下，行政许可机关往往只重视行政许可权的行使，而忽视监督责任的承担，导致行政许可机关的权责配置不对等、权力结构分配失衡。另外，审批监管一体化的管理体制还会导致政府大量介入社会事务，管了许多不该管也管不好的事，抑制了市场主体自主调节作用的发挥。而行政许可权相对集中后，审批权和监督权相分离，行政审批局负责审批，原行政许可机关从“第三方”的角度对相对人和行政审批局进行监督，这可以从源头上促进行政权力的规范运行，降低行政权力对市场的影响，保证行政审批权力和监督权的独立性，实现二者的制约与平衡。

五、湖南省相对集中行政许可权改革试点运行情况

2015 年 3 月，中央编办、国务院法制办联合印发《相对集中行政许可权试点工作方案的通知》，要求在天津、河北、山西、江苏、浙江、广东、四川、贵州 8 省开展改革试点。湖南省也于 2016 年启动相对集中行政许可权改革工作，将长沙市芙蓉区行政审批局和湘潭经开区行政审批局列为行政审批局模式的“试验田”，积极探索具有“湖南特色”的相对集中行政许可权改革路径。因此，本调研项目即以两个行政审批局为调研对象，了解两个

① 博登·海默．法理学：法律哲学与法律方法［M］．邓正来译．北京：中国政法大学出版社，1999：362.

行政审批局的运行模式，并对两种运行模式进行比较分析。

（一）长沙市芙蓉区行政审批局模式概述

2016年9月，湖南省编办、省法制办联合发文《关于做好相对集中行政许可权改革试点工作的通知》，同意长沙市芙蓉区作为湖南省第一批相对集中行政许可权改革试点地区。2017年5月，湖南省人民政府作出批复，同意长沙市芙蓉区开展相对集中行政许可权改革试点工作。经过湖南省政府的决定，并报国务院备案，2017年6月24日，长沙市芙蓉区行政审批局正式挂牌运行，改革进入正式实施阶段。成立后的长沙市芙蓉区行政审批局的法律地位是一个独立的政府工作部门，具有独立的人、财、物管理权。如果对行政审批局作出的行政许可决定、行政备案不服而提出的行政复议申请，由长沙市芙蓉区人民政府或者所涉行政许可、行政备案等事项上一级主管部门依法受理行政复议。若行政相对人提起行政诉讼，长沙市芙蓉区行政审批局可以作为行政诉讼的被告应诉。

1. 运行状况

（1）整合行政审批职能，优化行政审批流程

长沙市芙蓉区根据实际情况，将原来分散在21个部门行使的70项行政许可事项和72项行政备案事项划转至芙蓉区行政审批局，编制了《芙蓉区行政审批局相对集中行使行政职权目录》。集中的项目大多是一些审批依据和标准较明确的、关联性较强的、与企业和群众关系较密切的审批事项，主要在市场准入和投资建设两大领域进行集中，没有对海关、国税、地税等垂直管理部门的审批业务进行集中。对专业技术要求很高的审批项目，也划转由行政审批局进行审批，某些特殊的事项，会借助社会第三方的力量完成审批。第三方出具意见后，行政审批局会召开专家评审会，在听取各个专家发表的意见后，再综合决定是否赋予该行政相对人行政许可资格。

除了实现审批项目的集中归并，芙蓉区行政审批局同样注重审批流程的优化工作。审批局根据“程序最简、资料最少、时限最短、跑腿最少”的要求，构建了“一窗式受理、一次性告知、一站式审批”的工作模式。一窗式受理即一个窗口受理审批事项，按照“前台综合受理、后台分类审批、统一窗口出件”的要求运行，减少重复提交材料60%以上。一次性告知即对审批事项所需资料清单和技术文本规范性要求列出《服务指南》和《一次性告知清单》，当场受理申请材料或一次性书面告知补正内容，压缩审批时限70%以上。一站式审批即除省垂直部门和涉及国家秘密的项目外，其

他审批事项全部纳入“互联网 + 政务服务”系统，实现行政审批事项从受理到办结的一站式审批。“互联网 + 政务服务系统”投入运行后，做到审批进程“线上线下、虚实一体、同步进行”，区级行政审批事项精简率达77%，全部事项均达到“只跑一次”标准，40% 以上的行政审批事项实现“不见面审批”可全程网上办结。如下图所示，芙蓉区行政审批局建立了一套方便快捷的审批流程。

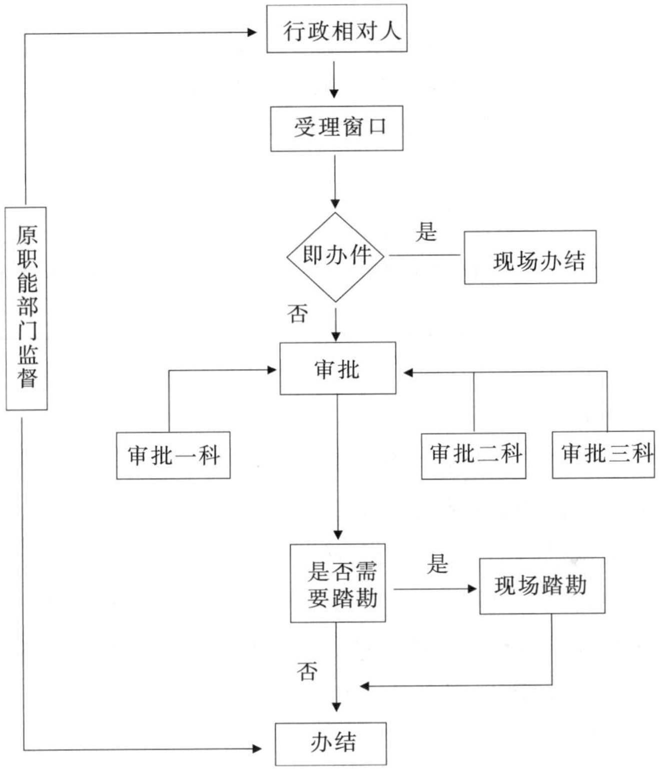

芙蓉区行政审批局审批流程图

（2）精简机构和人员编制

长沙市芙蓉区行政审批局主要由 6 个内设机构和行政审批政务中心、区现场勘查中心 2 个所属事业单位构成。审批一科、审批二科和审批三科 3 个审批科室代替了原来分散在 21 个部门的行政审批科室行使审批职能，从源头上破除多头行政许可的困局。此外，长沙市芙蓉区行政审批局严格按照“综合素质高、服务意识强、审批业务熟”的高标准来选配工作人员，将原涉及 21 个部门的近 200 余名行政审批工作人员精简至 43 名业务骨干，实现行政审批权的集约化、扁平化和专业化运作。

芙蓉区行政审批局职能结构表

内设机构名称	职能
办公室	负责文秘、财务、宣传等行政事务工作
审批一科	主要负责全区涉及社会事务领域的行政审批事项的办理
审批二科	主要负责全区涉及经济事务领域的行政审批事项的办理
审批三科	主要负责全区涉及建设事务领域的行政审批事项的办理
法制科	负责行政诉讼应诉等工作；负责政策法规的宣传、推动和实施工作；负责行政审批业务的指导和监督工作；负责接受上级部门涉行政审批事项依法行政考核工作；负责重大行政许可事项的法制审查工作
协调管理科	负责组织开展联合、并联审批工作；负责对区行政审批局服务大厅窗口进行管理；负责行政许可和行政备案的资料受理、业务咨询、文书送达工作

（3）审监分离机制

行政审批局成立后，由行政审批局负责办理行政许可事项的审批和行政备案，而原涉改部门负责对行政审批局的审批工作以及行政相对人获得行政许可后从事的活动进行监督，配合行政审批局开展特殊事项现场查勘，技术论证等工作。若行政审批局作出行政许可决定后，相关监管部门在监督过程中发现需要撤销对行政相对人的行政许可，由行政审批局进行撤销；若发现需要对行政相对人采取处罚行为，由原行政主管部门对行政相对人进行处罚。

行政审批局与原行政许可部门之间建立了一套有效的协调机制。行政审批局每天会同时同步地将审批信息传送给原部门，原部门对行政审批局作出的行政许可决定是否符合法定条件进行监督。此外，通过政务服务系统，其他部门可以查看行政审批局正在办理的审批情况，对整个审批过程进行全面监督。通过这些措施，实现了审管分离后行政审批信息的即时共享。

2. 特色亮点

（1）率先推行“申请人承诺制”

从 2018 年 7 月 23 日起，长沙市芙蓉区行政审批局实行小餐饮和食品经营许可（食品销售）“申请人承诺制”审批模式。小餐饮和食品销售单位和个人承诺符合许可条件并签署《申请人承诺书》，最快可现场或当天完成全部审批手续并拿到“经营许可证”，预计将惠及全区 5000 余家小餐饮单位和食品销售单位。

（2）成立“流动审批服务站”

根据企业需求不定期上门为各重点企业、楼宇、商业综合体集中区提供上门审批服务，对材料齐全、符合法定条件的企业和商户，现场受理审批材料、现场查勘、当场发证办结，从企业群众递交材料到当场发证办结平均用时不到 1 小时，真正为企业群众提供直达“家门口”的贴心服务。

（3）创新推行定期“现场审批”

针对定王台书市商户集中、审批事项众多的特点，长沙市芙蓉区行政审批局积极将传统的“大厅坐等”转变为“主动上门”服务。从 2017 年 8 月开始，确定每月的 6 日为定期“上门服务、现场审批”工作日，为定王台书市各商户提供现场咨询、受理、查勘指导以及现场发放部分许可经营证等业务，节省市场到政府“两头跑”的时间，提高了行政审批效率。

3. 改革成效

（1）审批效率大幅提高

长沙市芙蓉区行政审批局通过开展并联审批等方式加快办结审批事项，原 176 项行政审批事项办理时限由法定的 2789 个工作日减少到 965 个工作日，减幅达 67% 以上，将多个领域的 38 个审批事项整合成 11 个并联审批项目。比如，原民办幼儿园申请办理办学许可，必须分别到民政局、食品药品监督局、教育局提交资料，全程共需 90 个工作日，如今只需一次性提交申请资料，便可在 45 个工作日内办结。自推行审批制度改革以来，累计受理各类审批事项 19217 件，办结 19065 件，按时办结率 100%。

（2）权力运行更加公开透明

长沙市芙蓉区行政审批局实行办事依据、条件、数量、程序、期限、需要提交的材料目录以及办理进度、许可决定的全公开，对涉及国家安全、生态安全和公共安全等重大公共利益事项，征求相关部门和行业主管部门的意见，并组织公开听证、专家咨询论证，最后由区政府召集联席会议确定。通过建立公开听证制度，使行政权力在阳光下运行。另外，行政审批局还从内部监督、部门监督、电子监察、社会监督四个方面入手，通过全程透明、内外双管齐下的监管评估，从源头解决权力越位或权力缺位的现象。

（3）提升了行政相对人的满意度和认可度

长沙市芙蓉区行政审批局始终以便利行政相对人为服务理念，将减少行政相对人的负担作为行政许可活动的出发点。行政审批局以相对人的需求为导向，建立了“简单事项当场办理、复杂事项承诺办理、重要事项专人办理、报批事项跟踪办理和非主审要件容缺后补办理”五大机制。针对部分行业存在季节性高峰期的情况开展“延时服务”，延时期间审批窗口下班时间从法定的17：30延长至18：30或更晚，确保当天提交资料的业务全部受理到位。通过这些便民举措，申请人的热线回访满意度呈上升趋势，平均满意度达99.8%。

（二）湘潭市经开区行政审批局模式概述

2017年6月，湖南省编办、省法制办联合发文《关于做好相对集中行政许可权改革试点工作的通知》，同意湘潭市经开区作为湖南省首家相对集中行政许可权改革园区试点单位。2018年2月，湖南省人民政府作出批复，同意湘潭市经开区开展相对集中行政许可权改革试点工作。经过湖南省政府的决定，并报国务院备案，湘潭市经济开发区行政审批局成立了。经开区行政审批局作为经开区管委会的下设机构，具体承办管委会职责范围内的相对集中许可事项，它以湘潭经开区管委会的名义实施规定的行政许可权和行政备案权，实施相对集中行政许可权的相关行政决定文书使用“湘潭经济技术开发区管理委员会”红头文，加盖“湘潭经济技术开发区管理委员会行政审批专用章”。如果对湘潭经济技术开发区管委会作出的行政许可决定、行政备案不服而提出的行政复议申请，由湘潭市人民政府或者所涉行政许可、行政备案等事项上一级主管部门依法受理。若行政相对人提起行政诉讼，湘潭经济技术开发区管委会可以作为行政诉讼的被告应诉。

1. 运行状况

（1）集中审批权限，再造审批流程

根据湖南省政府的批复，湘潭市将原来由15个市直部门行使的53项行政许可权和行政备案权，赋予湘潭经开区管委会统一集中行使，承接权限下放“一步到位”，剔除了“权限下放到职能部门再由职能部门转到行政审批局”的权力再分配的中间过程。经开区依托园区特色，主要在工业项目建设、企业投资项目建设领域进行集中，将集中的项目细分为项目审批、企业证照办理、经济类单项审批事项、民生服务类事项和非行政性服务事项五大类别。海关、国税、地税等垂直管理部门的审批业务不属于集中的范围。在行政审批过程中，对需专家评审和现场踏勘等涉技术指导的事项，行政审批局会商请市级行政管理部门派出审查指导员参与审核工作，参考审查指导员的意见作出行政许可决定。

按照传统的行政审批模式，投资项目的审批要经过多个部门的流转审批，行政相对人办证耗时长。但经开区行政审批局成立后，原需加盖的15个市直部门的印章，全部统一到行政审批局加盖1枚印章。相对人只要将符合受理要求的申请材料交到受理窗口，即可进入办理程序，审核完毕后，加盖湘潭经济技术开发区行政审批专用章，再报市相关职能部门以“见章盖章”的方式盖章。据统计，这种由行政审批局见章盖章的审批事项有44项，涵盖了企业日常办事的众多领域。相对人只要在承诺的服务期限内，到受理窗口领取批件即可。新型的审批模式减少了大量的审批前置程序和中间程序，为湘潭经开区的发展注入了新动能。如下图所示，经开区行政审批局设计了一套更加简洁、高效的审批流程。

（2）审管分离模式

“审管分离”模式对明确各部门之间的权责划分，消解“利益共同体”的弊端，保证监管不缺位具有实质性意义。与芙蓉区行政审批局的审监分离模式相同，湘潭市经开区行政审批局成立后，也是由行政审批局统一行使行政审批权和行政备案权，而原涉改部门负责后续的日常监管工作，如果原涉改部门仍然继续行使行政许可权和行政备案权，所实施的行政许可和行政备案一律无效。如果原行政管理部门发现需要对行政相对人作出行政处罚决定，会在作出决定次日起3个工作日内将行政处罚决定结果通过信息平台送达或函告经开区管委会，发生依法需撤销、撤回、变更行政许可情形时，原行政管理部门会及时书面告知管委会，由经开区管委会依法作出撤销、撤回、变更的行政许可决定，并及时通报相关行政管理部门。

（3）创新联动机制

湘潭市经开区行政审批局与上级部门、原行政主管部门之间建立了一套纵向贯通、横向联动的工作机制。一是建立与上级部门之间的协调机制。湘潭市政府坚定不移地支持经开区开展相对集中行政许可权改革试点工作，行政审批局在开展相对集中行政许可权改革试点工作中遇到重要情况和问题时，向市人民政府及时报告后，市机构编制和法制部门会对行政审批局进行指导和协调。二是建立与原行政主管部门的合作机制。行政审批局与原行政主管部门之间建立了“信息互推”机制，原行政主管部门制定的涉批文件会在文件印发时同步推送至行政审批局，对非本部门制定的涉批文件会在文件收到之日起3个工作日内进行推送，对涉批文件在具体审批中有实施意见的，实施意见出台后会即时推送。而行政审批局会在作出行政许可决定次日起3个工作日内，将行政许可决定的有关信息通过信息交换平台推送到原行政主管部门，行政审批局每季度末会书面报送办理行政许可决定的相关情况。在实施相对集中行政许可时，对列入省、市、园区的重点项目及涉及生态安全、公共安全，以及涉及重大生产力布局、重大公共利益且具有直接关联性的重大项目，行政审批局会以专题会议的形式，与原行政主管部门进行会商，充分听取原行政主管部门的意见，共同研究确定审批意见，协商解决重大项目审批中的遇到的困难和难题。

2. 特色亮点

（1）探索“立体审批”模式

原本企业入驻园区后，要经过工商注册、税务登记、立项、办证等多个流程，只有在完成前一个流程之后才能进入下一个审批流程，但推行“立体审批”的审批模式后，行政审批局将各部门“条块分割”的审批方式改为“合并事项、融合要素、整体审查”的审批方式，各阶段实行合并审批，改“串联审批”为“并联审批”。实施“立体审批”模式后，项目审批时限提速60%以上，为企业营造了一个宽松便捷的投资环境，让企业切实享受到相对集中行政许可权改革所带来的福利。

（2）探索“全程跟进+定制服务”模式

行政审批局成立后，它将工作重心从行使审批权力转向为相对人提供优质的服务。在企业入园之初，行政审批局内设的协调指导科负责与企业对接，为企业配备了专职的服务代表，提供咨询、指导、代办等多项服务，服务代表根据企业项目定制服务套餐，全程协调解决申请人遇到的困难和问题。行政审批局积极跟进审批进度，牵头组织相关职能部门召开项目审批手续推进会议，把“便利行政相对人”的服务理念落到实处。

3. 改革成效

（1）建立了高效便民的服务体系

高效便民原则是《行政许可法》的出发点和立足点，它指的是行政机关在实施行政管理时，应当在法定时限内积极履行法定职责，为便利行政相对人而不断优化服务和提高办事效率。湘潭经开区行政审批局在推进相对集中行政许可权工作过程中，坚持贯彻落实“最多跑一次”的服务理念，形成了便民利民、运转高效的行政审批模式。2018 年 3 月 9 日，湘潭经开区公布了第一批“最多跑一次”事项，共计 220 项，基本上涵盖了行政相对人最基本的办事事项；2018 年 5 月 24 日，行政审批局公布了第二批“最多跑一次”事项 192 项。截至 2018 年 8 月底，行政审批局梳理公布“最多跑一次”事项 412 项，受理办结“最多跑一次”事项 103558 件，办结率达 99.8% 以上。

（2）优化了营商环境

开发区对引导产业集聚，推动经济的持续健康发展具有不可替代的重要作用。因此，2017 年国务院办公厅发布的《关于促进开发区改革和创新发展的若干意见》中指出，要“完善开发区管理体制、促进开发区整合优化发展、提高开发区行政管理效能、做好开发区投资促进工作、推进开发区建设和运营模式创新”。湘潭市经开区以服务企业为中心，以招商引资为重点，通过职能划转的方式，让经开区行政审批局集约化行使行政许可权。相对集中行政许可权模式改变了园区“行政僵化”的趋势，净化了营商环境，推动园区发展重焕生机。例如，园区内的高端汽车零部件产业园是 2017 年 12 月 16 日才签订合同入驻湘潭市经开区，从今年 3 月 9 日开始办理各种审批手续，仅用了 20 多天便拿到了国土规划许可证、国土使用证、工程规划许可证和施工许可证。办证效率的提升，使高端汽车零部件产业园的开工建设时间缩短了近 1 年的时间，为其招商引资营造了良好的环境。自经开区开展相对集中行政许可权改革试点工作以来，经开区已经吸引舍弗勒、麦格纳、克康等世界级的创新企业落户园区，促成了蓝思科技、中国华电等 125 个续建和新建项目快捷开工。

（3）规范了行政权力的运行

相对集中行政许可权改革是一场规范政府行为的“刀刃向内”的彻底的革命。它通过规范行政审批权的运行过程，确保公民的合法权益免受行政权力的恣意侵犯。湘潭市经开区行政审批局成立后，主要通过加强权力内部约束和权力外部监督的方式，把审批权力有效关进制度的“笼子”。一是实行权力清单制度。经开区对可以集中的事项进行认真梳理，编制了《湘潭经开区承接相对集中行政许可权及市级下放经济社会管理权限目录》，若要对纳入《权限目录》里的集中事项进行更改，必须报湖南省政府批准。行政审批局将申请材料、办理流程、办结时限、权限划分等事项通过清单的方式固化下来，并向全社会公开。通过制定清单的方式，厘清了行政审批局行使职权的边界，增强了行政行为的可预期性。二是健全权力监督机制。行政审批局通过开通意见箱，畅通投诉渠道，对公众的意见和建议及时作出反馈，广泛接受社会监督。行政审批局所有的审批事项实行电子编号管理，所有服务事项的受理、流转、办理、出件、收费、评价、公示等全部通过线上网络平台实现，通过电子系统，对审批项目实行全程监督。除此之外，市级行政管理部门每季度至少一次会实地检查行政审批局的相对集中行政许可工作，确保审批权力的合法合理运行。行政审批局通过采取这些措施，减少了行政许可权的随意性和盲目性，提升了行政许可决定的可接受度，实现了行政权力运行与公民权利行使过程的内在和谐统一。

（三）长沙市芙蓉区行政审批局与湘潭经开区行政审批局模式对比

	长沙市芙蓉区行政审批局	湘潭经开区行政审批局
法律依据	《行政许可法》第25条	《行政许可法》第25条
成立程序	经国务院批准，湖南省人民政府决定，并向国务院备案	经国务院批准，湖南省人民政府决定，并向国务院备案
法律地位	独立的政府部门	湘潭经开区管委会的下设机构
原涉改部门	21个	15个
集中事项	142项行政许可事项和行政备案事项	53项行政许可事项和行政备案事项
监管部门	原涉改部门	原涉改部门

如上表所示，芙蓉区行政审批局和湘潭经开区行政审批局进行相对集中行政许可权的最直接的法律依据是《行政许可法》第25条，该条文规定："经国务院批准，省、自治区、直辖市人民政府根据精简、统一、效能的原则，可以决定一个行政机关行使有关行政机关的行政许可权"。实践中，芙蓉区行政审批局和湘潭经开区行政审批局的成立也确实经过了国务院的批准和湖南省政府的决定，符合法律程序。两个行政审批局立足于自身特色，集中的事项并不相同。芙蓉区行政审批局作为政府部门，可以成为行政诉讼的被告；而湘潭经开区行政审批局作为经开区管委会的下设机构，它以经开区管委会的名义行使行政许可权和行政备案权，若相对人提起行政诉讼，由经开区管委会作为被告应诉。芙蓉区行政审批局和湘潭经开区行政审批局都实行"审监分离"的行政管理模式，都是由行政审批局负责办理行政许可和

行政备案，而原涉改部门负责对行政审批局的审批工作以及行政相对人获得行政许可后从事的活动进行监督，部门之间分工明确，权责清晰。

六、推进相对集中行政许可权改革面临的困境

（一）相对集中行政许可权改革的合法性争议

哈耶克认为："法治意味着政府的全部活动应受预先确定并加以宣布的规则的制约"。① 依法行政，是建设法治政府的根本要求。根据依法行政原则，行政机关进行活动的权限、手段和方式必须以法律为依据，符合法律要旨。因此，合法性问题是启动相对集中行政许可权改革首先必需解决的问题。但是，作为改革产物的行政审批局，其在机构设立、职能整合、人员变迁上，并没有确切的法律保障，导致改革的合法性受到了质疑。

行政职权是行政权的具体化，属于权力的范畴，因此不可自由处分。没有法律依据并经法定程序，行政主体不能增加、减少、放弃或转让行政职权。② 有学者认为，地方政府没有权力设立行政审批局，并将其他部门的权力交由行政审批局行使，这有悖职权法定原则，行政审批局行使许可权涉嫌无权执法。③ 然而，通过对职权法定原则的内涵进行分析，笔者认为相对集中行政许可权改革"于法有据"，符合职权法定原则的基本要义。

所谓职权法定，就是指行政职权的来源必须要有明确的法律依据，行政机关必须在法律规定的范围内活动，任何超越法定权限的行为都属于无效行政行为，行政机关需要对此承担法律责任。职权法定具体包括以下两个方面的含义：第一，行政职权来源法定。这是职权法定原则的根本要素。它要求拥有行政职权的行政主体必须依法设立，行政主体的行政职权或通过法律、行政法规的规定获得，或由有权机关依法授予，超越法定范围实施的行政行为，是种违法行为，不能产生行政法上的公定力、确定力、拘束力和执行力；第二，行政职权范围法定。这是职权法定原则的核心要素。它规定必须以法律的形式设定行政权的行使对象和范围，行政机关不能在法定的对象和

---

① ［英］哈耶克．通往奴役之路［M］．王明毅译．北京：中国社会科学出版社，1997：73.

② 罗豪才．行政法学［M］．北京：中国政法大学出版社，1996：72.

③ 徐继敏．相对集中行政许可权的价值与路径分析［J］．清华法学，2011，5（2）．

范围外行使行政职权。

相对集中行政许可权制度的直接法源是《行政许可法》第25条的规定，也就是说经过国务院的批准和省政府的决定后实施相对集中行政许可权是得到了法律的充分授权的，相对集中行政许可权是在《行政许可法》的框架内实施的，并没有突破《行政许可法》的一般规定。此外，相对集中行政许可权也符合组织法的规定。根据《地方各级人民代表大会和地方各级人民政府组织法》第64条的规定："地方各级人民政府根据工作需要和精干的原则，设立必要的工作部门。自治州、县、自治县、市、市辖区的人民政府的局、科等工作部门的设立、增加、减少或者合并，由本级人民政府报请上一级人民政府批准，并报本级人民代表大会常务委员会备案。"从这条规定可以看出，经过法定程序，地方人民政府有权增设政府工作部门，对各工作部门的职权进行重新分配，这些都属于政府职权范围内的事务。因此，地方政府依法定程序设立行政审批局，并将本级其他行政部门的行政审批权交由行政审批局行使，并不违反职权法定原则，行政审批局具有实施相对集中行政许可权的主体资格。

（二）行政审批局与上级主管部门的对接障碍

行政审批局的设立，从横向上看，是对同级政府部门的行政审批职能进行归类整合，从纵向上看，它打破了"职责同构"的体制密码。所谓职责同构，是指在政府间纵向关系中，不同层级的政府在职能、职责和机构设置上的高度统一，也就是种"上下对口"的机构设置。① 这种新的组织架构设置有利于推动政府改革的跨越式发展，但同时也引发了新的治理难题。

目前各地的行政审批局多是在市级、区级、县级或开发区内设立，没有在省级层面试行，因此，行政审批局在纵向设置上没有与之直接对应的上级主管机关，需要沟通工作或接受业务指导时，行政审批局与上级主管部门存在沟通障碍，相对人的行政救济权利也无法得到充分保障。湖南省也是如此，这个问题是湖南省在推进相对集中行政许可权改革过程中遇到的最棘手的问题。

首先，由于在省、市级层面没有对口部门，在缺乏上级主管部门情况下，上级部门对行政审批局的指导是种间接的且不充分的指导，若需要沟通

---

① 朱光磊，张志红．"职责同构"批判［J］．北京大学学报（哲学社会科学版），2005（1）．

工作时，行政审批局仍需与原职能部门进行沟通，再衔接原职能部门的上级主管部门，这就不合理地增加了行政人员的工作量和行政成本；其次，对于上级主管部门下发给原职能部门的相关文件，湘潭市政府制定文件规定："原职能部门应当在文件收到之日起 3 个工作日内推送至经开区行政审批局，若下发的文件中涉及实施意见的，原职能部门应当立即推送。"而目前长沙市芙蓉区还没有对文件的内部流转时限做出具体规定，这就可能导致原职能部门在收到上级主管部门的文件后，没有及时将文件推送给行政审批局，使得行政审批局无法准确地了解最新的改革政策，极大地影响了行政审批局的工作效率；再次，对应的上级主管部门的缺位也不利于相对人行使其行政救济权利。《行政复议法》第 12 条规定了："对县级以上地方各级人民政府工作部门的具体行政行为不服的，由申请人选择，可以向该部门的本级人民政府申请行政复议，也可以向上一级主管部门申请行政复议。"由于行政审批局没有对口的上级主管部门，若行政相对人对芙蓉区行政审批局或湘潭经开区行政审批局的行政行为不服的，除了可以向本级人民政府申请复议，还可以向所涉行政许可、行政备案等事项上一级主管部门申请复议。但是，所涉行政许可、行政备案等事项的上一级主管部门作出的行政复议决定毕竟公信力不足，难以让相对人信服。同时也可能存在所涉行政许可、行政备案等事项的上一级主管部门互相推诿，都不承认自己是行政审批局的上级机关，不受理相对人的行政复议申请的情形，从而不利于相对人救济权利的全面保障。

（三）行政许可权与行政处罚权的衔接障碍

行政许可权与行政处罚权是行政机关最常使用的两种管理权，二者既相互独立又相互依赖——行政机关的行政许可行为是行政机关实施处罚行为的前提，而处罚行为又为许可活动的有序进行提供了强有力的保障。其中，行政许可权是由一系列相互衔接、综合发挥作用的权力构成的完整体系①，它不仅包括受理权、审查权、决定权，还包括行政许可变更权、延续权、撤销权、注销权等多项内容。而针对行政许可权的行政处罚的形式主要包括罚款、没收违法所得、责令停产停业、吊销营业执照这几种类型。

根据《行政许可法》第 69 条的规定："有下列情形之一的，作出行政

① 马怀德．行政许可权初探［J］．中外法学，1991（3）．

许可决定的行政机关……可以撤销行政许可。"也就是说作出撤销行政许可决定的行政机关的主体必须是作出行政许可决定的行政机关。实践中，长沙市芙蓉区行政审批局和湘潭经开区行政审批局作出行政许可决定后，若发现存在需要撤销许可决定的情形的，是由长沙市芙蓉区行政审批局和湘潭经开区行政审批局自行撤销，这一做法符合《行政许可法》的规定；而如果发现需要对相对人采取吊销营业执照等处罚行为的，由原行政许可机关来实施行政处罚。将行政许可权和行政处罚权交由不同的部门行使是十分有必要的。因为正如阿克顿勋爵所指出的："权力导致腐败，绝对的权力导致绝对的腐败"。① 若将行政许可权和行政处罚权这两种最重要的管理权力都交由行政审批局垄断性行使的话，将会为腐败行为的滋生和蔓延提供温床，导致权力制约结构的失衡，"行政审批局"模式相对于传统的行政审批模式也就没有任何优越性可言了。

但是，实践中由行政审批局行使的行政许可权与由原行政许可机关行使的行政处罚权，二者在运行过程中存在着难以破解的衔接难题。笔者在调研中发现，芙蓉区将原先由区文化体育新闻出版局实施的歌舞娱乐场所、游艺娱乐场所的设立许可集中划转至芙蓉区行政审批局实施。根据国务院《娱乐场所管理条例》第 45 条的规定："娱乐场所指使、纵容从业人员侵害消费者人身权利，造成严重后果的，由原发证机关吊销娱乐经营许可证。"依照该条规定，应当由"原发证机关"也就是芙蓉区行政审批局吊销娱乐场所的娱乐经营许可证，但行政审批局并不具备行政处罚权，实际上是由原行政许可机关即芙蓉区文化体育新闻出版局作出吊销娱乐经营许可证的行政处罚决定，这便与《娱乐场所管理条例》的规定产生了不可调和的冲突。为了让行政审批局的行为"有法可依"，符合法律逻辑，这一问题必须得到妥善地解决。

（四）集中标准不明确

行政许可在某种程度上具有一定的盲目性，将哪些领域纳入管制的范围，对哪些权利进行限制更为合适，往往并没有一个准确的答案。而行政许可制度在哪个领域实施，就会在该领域对一般人已享有的权利和自由产生约束和限制。因此，要使相对集中行政许可权改革顺利进行，首先必需厘清行

① 李清伟主编．法理学［M］．上海：上海人民出版社，2013：09.

政许可权的集中范围与集中标准。我国《行政许可法》仅规定了可以实施相对集中行政许可制度，但对具体哪些行政许可事项可以相对集中，哪些行政许可事项不能相对集中，可以集中的事项应该集中到什么程度都没有明确的规定。中央将行政许可权的划转范围与集中标准问题交由各试点单位在实践中探索解决，中央编办和国务院法制办在其印发的《相对集中行政许可权试点工作方案》中指出："各试点要重点研究集中哪些行政审批权，集中到什么程度，如何更好地实现相对集中行政审批等问题"。

长沙市芙蓉区与湘潭经开区都编制了相对集中行使行政职权的目录，通过清单的方式将集中的事项固化下来，行政审批局只能行使清单所列明的行政许可权力，超出清单的范围行使职权的一律无效。湘潭经开区行政审批局主要对工业项目建设、企业投资项目建设两个领域的项目进行集中，而长沙市芙蓉区行政审批局则主要是在市场准入和投资建设两大领域对行政许可权力进行集中。两个行政审批局都没有将海关、国税、地税等垂直管理部门的审批业务纳入集中范围。

但是，长沙市芙蓉区与湘潭经开区在编制《相对集中行使行政职权目录》时，并没有向公众释明选择将这些事项从原行政许可机关剥离出来，集中交由行政审批局行使许可权的原因是什么？为何环保、消防等部门的审批业务不属于集中事项？在选择将哪些事项纳入集中范围时是否存在一个确定的标准？对于这些问题，迄今为止，公众并没有得到一个答案。根据我国《政府信息公开条例》第 9 条第 3 款的规定，"对反映本行政机关机构设置、职能、办事程序等情况的政府信息，行政机关应当主动公开。"行政许可事项的集中范围与标准问题是行政审批局成立之前就需要明确的根本性问题，因此，行政机关应当向社会公众释明为何将这些事项纳入集中的范围以及集中的标准是什么，以增强社会公众对改革的理解与支持。

（五）信息孤岛困局

行政学中的"信息孤岛"指的是各政府部门的信息来源彼此独立、信息平台相互排斥、信息处理难以关联互助、信息运用不能互换共享的信息壁垒和信息堵塞现象。① 与其他试点地区一样，长沙市芙蓉区行政审批局和湘潭经开区行政审批局在推进相对集中行政许可权改革的过程中也存在着

① 陈文．政务服务"信息孤岛"现象的成因与消解［J］．中国行政管理，2016（7）．

“信息孤岛”的问题。长沙市芙蓉区行政审批局与湘潭经开区行政审批局的审批系统端口并没有接入其他原行政主管部门或其他审批部门的内网，各部门之间的系统是相互独立的，各部门之间的信息资源难以实现共融共通。这主要是受传统的“条块分割”的组织结构的影响，各级政府部门之间的横向联系较弱，导致各部门在开展业务活动时难以进行充分的信息交换，各部门的信息处于一种孤立的交流状态。另外，考虑到信息共享后可能会面临黑客攻击或网络病毒的威胁，许多部门为了保证网络系统的安全性，不可避免地会对政务信息共享产生抵触心理。而我国对政务信息保密方面的严格规定，也在一定程度上阻碍了政务信息之间的互联互通。

行政审批局与其他部门的信息共享程度低，加大了部门之间的协调难度。行政审批局难以对行政审批信息进行集中管理，行政相对人难以对行政审批信息进行集中查询，其他部门和社会公众难以对行政审批的过程进行有效监督。行政审批局在办理业务时存在“多套系统、多次录入”的问题，严重影响了审批效率。行政审批局实际上又被其他部门的审批专网分割成各个部门，造成行政审批局本身所具有的相对集中审批权的优势无法充分发挥出来。①

七、湖南省相对集中行政许可权改革的发展方向

（一）制定、修改、完善相关法律制度

我国之前的行政审批制度改革主要是依靠政策文件推动进行，政策的灵活性特点使其在推进改革的过程中发挥了不可替代的关键作用，但是，改革如果完全依靠政策调整，将会使改革充满各种不确定因素，无法保证改革方案的科学性和相对稳定性。目前湖南省相对集中行政许可权改革进入了深水区，改革中的新问题层出不穷，改革所涉及的问题也日益复杂。只有把改革工作纳入法律轨道，在法律规范下推进，而不仅是依赖政策的调整，才能有效克服改革中的各种阻力，保证改革目标的实现与改革措施的落实。这需要从国家和地方两个层面入手。

国家层面。第一，建议国务院出台《相对集中行政许可权改革实施办

① 郭晓光．成立相对集中审批权的行政审批局之思考［J］．中国行政管理，2014（8）．

法》。在实施办法中明确相对集中行政许可权改革应遵循的基本原则、实施和监督办法、相关部门的职责、协调配合办法、法律救济等内容，其中最重要的是要确定作为相对集中行政许可权改革实施机构的行政审批局的法律地位和法律性质，通过法律授权增强行政审批局的权威；第二，针对上文提到的行政许可权与行政处罚权的衔接障碍问题，建议将法律、法规中吊销许可证的作出主体由“原发证机关”修改为“监督管理部门”，这样就解决了实践中由监督管理部门也就是原行政许可机关作出吊销许可证的处罚决定的合法性问题，有利于保证法律体系的内在和谐统一；第三，建议及时修改已经滞后的法律法规。由于立法具有面向过去的特征，它是在全面总结以往经验历史的基础上制定出来的，法律不可避免地会落后于社会发展，在推进社会变革方面先天不足，容易与改革实践相脱节。因此，建议国家对各试点单位集中进行调研，了解各试点改革过程中分别存在哪些由于法律脱离改革实践而导致改革工作难以顺利开展的情况，并对这些法律法规进行修改，增强法律法规的可操作性。

地方层面。建议湖南省人大针对湖南省相对集中行政许可权改革的具体情况和改革需求，制定《湖南省相对集中行政许可权改革促进条例》。明确“为什么要改革、改革改什么、谁来改、怎么改”这四个关键问题，对改革的基本原则、集中行政许可的范围、作为实施主体的行政审批局的法律地位、行政复议和行政诉讼主体、行政审批局与原行政许可机关的法律责任、行政审批局与相关部门的职责衔接、监督程序等内容进行规定，以地方立法的形式引领改革、推动改革、巩固改革成果。

（二）建立健全协调运行机制

第一，组建协调领导小组。由于目前行政审批局没有直接对应的上级主管部门，导致其在开展工作中存在诸多不便，直接影响了行政审批局的履职能力。笔者认为目前如果要在省级层面建立行政审批局仍缺乏成熟的基础条件，因此我们需要另辟蹊径。由省政府建立相对集中行政许可权改革试点工作协调领导小组，不失为一个可行之选。协调小组是全省相对集中行政许可权改革工作的组织协调机构，它的成员单位由省政府、省编办、省法制办以及与改革工作有关的单位和部门组成。协调小组的工作职责主要包括：（1）统筹协调、指导全省的相对集中行政许可权改革工作，协调跨部门、跨地区的改革工作；（2）协调解决全省相对集中行政许可权改革中的重大问题，并提出决策性意见和建议，研究制定全省相对集中行政许可权改革战略；

（3）建立全省相对集中行政许可权改革工作信息沟通和情况通报制度，定期发布全省相对集中行政许可权改革工作状况；（4）建立各成员单位信息交换和情况通报制度。

第二，建立联席会议制度。相对集中行政许可权改革并不是行政审批局一个部门的“独角戏”，需要其他部门的密切配合，而联席会议制度在协调沟通行政审批局与其他部门的关系上可以发挥积极的作用。因此，笔者建议以市政府为牵头部门，行政审批局和原涉改部门为组成单位，至少每季度召开一次联席会议。联席会议的内容主要是各部门相互交流改革运行情况和工作经验、讨论改革中遇到的各种问题，并共同研究破解难题的具体途径。通过联席会议的方式，提高各部门的协同配合程度，凝聚改革合力。

（三）加强政府信息公开建设

加强政府信息公开建设，营造公开透明的信息环境，是公众有效参与改革的基本前提，也是保障公众知情权与监督权的必然要求。加强政府信息公开建设，首先，需要保障信息公开的全面性。湖南省在推进相对集中行政许可权改革的过程中，仍存在信息公开不全面、内容较为零散、实质性信息披露不足的情况。比如，虽然芙蓉区与湘潭经开区针对集中事项编制了《相对集中行使行政职权目录》，但它们并没有向公众释明为什么将这些事项从原行政许可机关剥离出来，交由行政审批局集中行使。政府信息公开的不全面影响了公众参与改革和实施监督的效果。因此，行政机关必须积极履行主动公开政府信息的职责，扩大政府信息公开范围，全面及时准确地向公众公开改革的相关信息。其次，要保障信息的可得性。政府在公开信息时，需要选择恰当的、多样化的信息公开方式。除通过电视、网络、报纸等方式进行公开以外，还可以通过发放宣传手册的方式公开改革信息，保证不同年龄阶层的社会群体在不同地方都能方便地了解到相关改革信息并参与到改革中来，为改革建言献策。

（四）加快推进“互联网+政务服务”建设

“互联网+政务服务”就是通过利用现代互联网科技对传统的政务服务模式进行优化改造，打通政府部门之间的信息壁垒和信息孤岛而生成全新政务服务模式的动态过程。推进“互联网+政务服务”建设，可以有效整合行政资源，提升行政效能，倒逼行政行为的规范化和制度化。笔者认为，湖南省在推进相对集中行政许可权改革过程中，“互联网+政务服务”体系构建可以从以下三个方面展开：（1）建立统一的行政审批信息交换平台。建议由省政府统筹行政审批信息平台建设工作，以政府文件的形式要求各级政府及其职能部门配合工作，将原本分散储存在不同级别、不同部门的公共数据统一汇集到政务服务中心平台，推进省级部门、市级部门和区县级审批业务平台的互联互通，打破部门专网对行政审批局的工作束缚；（2）建立行政审批电子监察系统。通过电子监察系统，监管部门可以全程同步监督行政审批局办理审批的情况，如果发现行政审批局存在违反审批条件或审批程序、超过审批时限等情况，可以提醒警告行政审批局，督促它及时整改违规行为。此外，监管部门如果在对行政相对人实行监管的过程中发现其存在违法行为，也可以通过监察系统及时告知行政审批局，并在系统中将处罚结果推送给行政审批局。行政审批局如果要撤销、注销相对人的行政许可也可以在监察系统中进行操作。（3）建立以公民为导向的电子政务。便民是我国法律制度的重要价值取向，也是行政机关履行职责、行使行政权力应当恪守的基本准则。① 因此，“互联网＋政务服务”的建设也应该以便利行政相对人为目标。建议在政务服务平台设置服务事项、办事指南、资料下载、网上咨询、办件跟踪、结果公开、评议投诉等栏目，行政相对人只需登录政务服务中心网站，按相关要求注册登陆操作，即可办理网上申请、进度查询、咨询投诉等事项，让群众和企业办事“零跑腿”。

结语

相对集中行政许可权改革是解决行政许可权力碎片化问题的有效途径，它调整和重塑了政府与市场、政府与社会公众之间的关系。湖南省抓住相对集中行政许可权改革的契机，探索成立了长沙市芙蓉区行政审批局和湘潭经开区行政审批局两个试点，积累了丰富的改革经验，取得了丰硕的改革成果。但是，作为一种探索，改革难以避免地会存在一些问题。包括行政审批局与上级主管部门的对接障碍、行政许可权与行政处罚权的衔接障碍、信息孤岛困局等。尽管这些问题实际存在，但改革本来就是一个通过试点试错积累经验的过程。因此，我们需要始终立足于人民群众的根本需求，循序渐进地推进改革，在扬弃中不断总结，在摸索中不断前进。

---

① 汪永清主编．中华人民共和国行政许可法释义［M］．北京：中国法制出版社，2003：20.

参考文献

[1] 王克稳. 论相对集中行政许可权改革的基本问题 [J]. 法学评论, 2017, 35 (6).

[2] 王克稳. 论行政审批的分类改革与替代性制度建设 [J]. 中国法学, 2015 (2).

[3] 徐继敏. 相对集中行政许可权的价值与路径分析 [J]. 清华法学, 2011, 5 (2).

[4] 王敬波. 相对集中行政许可权: 行政权力横向配置的试验场 [J]. 政法论坛, 2013, 31 (1).

[5] 王太高. 相对集中许可权实践中的误区及出路 [J]. 江苏行政学院学报, 2016 (1).

[6] 沈岿. 解困行政审批改革的新路径 [J]. 法学研究, 2014 (2).

[7] 方洁. 相对集中行政许可权理论与实践的困境与破解——以行政服务中心"一站式服务"为视角 [J], 政治与法律, 2008 (9).

[8] 黄小勇, 闫晶, 张爱军. 推进相对集中行政许可权改革的思考 [J]. 国家行政学院学报, 2011 (3).

[9] 殷飞, 申海平. 组织法下的相对集中行政许可权改革研究——以成都市武侯区相关改革为例 [J]. 中国行政管理, 2016 (4).

[10] 艾琳, 王刚. 行政审批制度改革中的"亚历山大绳结"现象与破解研究——以天津、银川行政审批局改革为例 [J]. 中国行政管理, 2016 (2).

[10] 宋林霖. 制度创新与难题破解: 行政审批局的改革推进研究——基于贵安新区行政审批局的调研与思考 [J]. 中国机构改革与管理, 2016 (9).

[11] 刘召. 南通市相对集中行政许可权改革的做法、经验与展望[J]. 中共南京市委党校学报, 2017 (6).

[12] 姜书彬. 相对集中行政许可权之"行政审批局"模式探析 [J]. 机构与行政, 2016 (6).

[13] 沧州市编办课题组, 刘中立. 相对集中行政许可权改革的实践与思考——以河北省沧州市为例 [J]. 行政科学论坛, 2018 (3).

[14] 李建法, 郭丽英, 陈晓. 推进相对集中行政许可权改革调研与思

考——以邯郸市县行政审批局设立和运行为例［J］．河北工程大学学报（社会科学版），2017，34（4）．

［15］岳琨．台湾地区“相对集中行政许可权”分析及启示［J］．长沙理工大学学报（社会科学版），2015，30（4）．

［16］章志远．相对集中行政处罚权改革之评述［J］．中共长春市委党校学报，2006（1）．

［17］徐继敏．地方政府机构改革中如何推行大部制［J］．四川大学学报（哲学社会科学版），2008（5）．

［18］王敬波．相对集中行政处罚权改革研究［J］．中国法学，2015（4）．

［19］朱光磊，张志红．“职责同构”批判［J］．北京大学学报（哲学社会科学版），2005（1）．

［20］马怀德．行政许可权初探［J］．中外法学，1991（3）．

［21］陈文．政务服务“信息孤岛”现象的成因与消解［J］．中国行政管理，2016（7）．

［22］郭晓光．成立相对集中审批权的行政审批局之思考［J］．中国行政管理，2014（8）．

［23］林泰．相对集中行政许可权制度研究［D］．苏州：苏州大学，2008.

［24］喻诗慧．相对集中行政许可权的新模式探析［D］．南京：南京大学，2017.

［25］李路．相对集中行政许可权问题研究［D］．北京：中国政法大学，2009.

［26］柳艺．四川省相对集中行政许可权改革中的审批局模式研究［D］．成都：西南交通大学，2018.

［27］江永清．中华人民共和国行政许可释义［M］．北京：中国法制出版社，2003.

［28］洪学农．满意与渐进：相对集中行政许可权制度实施研究［M］．北京：中国法制出版社，2011.

［29］叶必丰．行政行为原理［M］．北京：商务印书馆，2014.

［30］康良辉．相对集中行使行政权制度研究［M］．北京：中国政法大学出版社，2014.

［31］马怀德．行政许可［M］．北京：中国政法大学出版社，1994.

［32］［美］戴维·奥斯本．政府改革手册：战略与工具［M］．北京：中国人民大学出版社，2004.

［33］罗文燕．行政许可制度研究［M］．北京：中国人民公安大学出版社，2003.

［34］沈宗灵．法理学［M］．北京：北京大学出版社，2000.

［35］博登．海默．法理学：法律哲学与法律方法［M］．邓正来译．北京：中国政法大学出版社，1999.

［35］［英］哈耶克．通往奴役之路［M］．王明毅译．北京：中国社会科学出版社，1997.

［37］罗豪才．行政法学［M］．北京：中国政法大学出版社，1996.

［38］李清伟．法理学［M］．上海：上海人民出版社，2013.

附件一

访谈提纲

一、长沙市芙蓉区行政审批局访谈提纲

时间：2018 年 8 月 22 日

地点：芙蓉区行政审批局

访谈者：邱伯静

访谈对象：陈林林主任

主要问题：

1. 请问为什么选择在芙蓉区成立行政审批局呢？

2. 请问行政审批局内部设立了哪些职能机构，它们各自的职能分别是什么？

3. 请问您是如何理解相对集中行政许可的“相对”二字？

4. 《行政许可法》第 25 条规定：“经国务院批准，省、自治区、直辖市人民政府根据精简、统一、效能的原则，可以决定一个行政机关行使有关行政机关的行政许可权。”请问行政审批局的成立经过了哪些程序呢？

5. 请问行政审批局开展相对集中行政许可的法律依据是什么？有没有一些授权行政审批局进行行政许可的相关法律文件呢？

6. 请问行政审批局的法律地位如何？如果相对人对行政审批局做出的行政决定不服，应该向哪个部门申请行政复议？行政审批局能不能作为行政诉讼的被告？

7. 根据《芙蓉区行政审批局相对集中行使职权目录》，行政许可类有 57 项，行政备案类有 71 项，请问选择对这些项目进行集中的原因是什么？

8. 请问行政许可事项中是否包含对专业技术要求很高的项目？对于这些项目是由行政审批局独立完成审批还是委托社会第三方完成审批工作呢？第三方完成审批后，行政审批局是直接依据第三方的报告作出许可决定还是会在对报告的内容进行审查之后再作出许可决定？在第三方审批的过程中行政审批局是否会对第三方进行监督？

9. 请问行政审批局成立后，行政许可由行政审批局撤销还是由原行政主管部门撤销？对行政相对人采取吊销营业执照等处罚行为是由行政审批局进行还是由原行政主管部门进行？

10. 请问原行政部门是如何对申请人所从事的行政许可事项以及行政审批局的工作进行后续的有效监督？有没有出现原行政主管部门怠于监管的情况呢？

11. 请问您觉得应该怎么解决没有上级主管部门的问题？

12. 请问行政审批局与其他部门使用的审批软件，软件系统是独立的还是可以共享信息的？

13. 请问行政审批局的审批期限一般为多长时间？

14. 请问行政审批局主要采取了哪些便利相对人的措施？

15. 请问您认为应该如何规范行使和限制审批权，保证行政审批的公平公正？

16. 请问行政审批局有哪些不同于其他试点的工作亮点？取得了哪些改革成效？

17. 请问行政审批局在相对集中行政许可权改革过程中遇到哪些问题呢？

18. 请问对于更好地推进相对集中行政许可权改革您有哪些建议呢？

二、湘潭经开区行政审批局访谈提纲

时间：2018 年 8 月 20 日

地点：湘潭经开区行政审批局

访谈者：邱伯静

访谈对象：黎明亮副主任

主要问题：

1. 请问您是如何理解相对集中行政许可的“相对”二字？

2. 请问行政审批局的成立经过了哪些程序呢？

3. 请问行政审批局开展相对集中行政许可的法律依据是什么？有没有一些授权行政审批局进行行政许可的相关法律文件呢？

4. 请问芙蓉区行政审批局的法律地位如何？如果相对人对行政审批局做出的行政决定不服，应该向哪个部门申请行政复议？行政审批局能否作为行政诉讼的被告？

5. 请问行政审批局的管理是否包含海关、国税、地税等垂直管理部门的审批业务？行政许可事项中是否包含对专业技术要求很高的项目？对于这些项目是由行政审批局独立完成审批还是委托社会第三方完成审批工作呢？

6. 行政审批局成立后，行政许可由行政审批局撤销还是由原行政主管部门撤销？对行政相对人采取吊销营业执照等处罚行为是由行政审批局进行还是由原行政主管部门进行？

7. 请问原行政部门是如何对申请人所从事的行政许可事项以及行政审批局的工作进行后续的有效监督？

8. 请问行政审批局是如何与原行政主管部门和其他同级部门进行工作衔接的？

9. 请问行政审批局有没有直接对应的上级主管部门？如果没有对应的上级主管部门，需要沟通协调时，是不是要与多个平行部门及其对应的上级职部门分别沟通，多个上级部门都会对行政审批局的工作进行考核，这会不会影响工作效率？

10. 请问行政审批局与其他部门使用的审批软件，软件系统是独立的还是可以共享信息的？

11. 请问行政审批局的审批期限一般多长？

12. 请问您认为应该如何规范行使和限制审批权，保证行政审批的公平公正？

13. 请问行政审批局有哪些工作亮点？取得了哪些改革成效？

14. 请问贵单位在相对集中行政许可权改革过程中遇到了哪些问题呢？

15. 请问对于更好地推进相对集中行政许可权改革您有哪些建议呢？

附件二

访谈笔录

一、长沙市芙蓉区行政审批局访谈笔录

1. 选择在芙蓉区成立行政审批局的原因

考虑到芙蓉区人口相对较少，区域面积相对较小，在小范围内易于开展试点工作，所以选在芙蓉区进行改革试点工作。

2. 芙蓉区行政审批局的机构设置

主要有办公室、法制科、协调管理科、审批一科、审批二科、审批三科6个内设机构，除此之外，政务信息中心和区现场查勘中心是我们行政审批局所属的2个事业单位。

3. “相对”的理解

“相对”指的是只是在行政许可和行政备案权限范围内进行集中，并不是所有权力的集中，例如国税、地税、工商、环保、海关、消防等机构的权力并没有进行集中。

4. 芙蓉区行政审批局的成立程序

芙蓉区行政审批局的成立经过了湖南省政府的批准，并向国务院进行备案。

5. 芙蓉区开展相对集中行政许可权改革的的法律依据

授权芙蓉区开展相对集中行政许可权改革的的法律依据是《行政许可法》第25条的规定。这是最直接，也是最主要的法律依据。

6. 芙蓉区行政审批局的法律地位

芙蓉区行政审批局就是一个政府工作部门，如果对我们作出的行政许可决定、行政备案不服而提出的行政复议申请，由芙蓉区人民政府或者所涉行政许可、行政备案等事项上一级主管部门依法受理。比如对食药监类的行政许可决定不服，除了可以向芙蓉区人民政府申请复议，也可以向长沙市食药监管理局申请复议。芙蓉区行政审批局可以成为行政诉讼的被告。

7. 集中的项目

根据实践经验，也考虑到行政许可和行政备案的流程比较清晰，材料比较精准，划转权限时便把行政许可权和行政备案权划到我们行政审批局。各地集中事项数目不一样是正常的，因为各省、市设定的许可事项都不一样。区一级的审批许可事项最少，县一级的审批许可事项相对较多。各地集中事项项目不同可能也是因为统计口径不同，区分标准和细则不同所造成的差异。湖南省已经开始推行行政审批事项统一工作，“三级四同”——“三级”指省级、市级、县级，“四同”指事项名称同、流程同、材料同、权利义务同。

8. 专业技术类的审批项目

对专业技术要求很高的审批项目，主要还是由我们行政审批局进行审批，因为从事审批工作的人员是从原行政部门调过来的，他们熟悉相关的专业技术，能够完成审批工作。但对于某些特殊事项，会由社会第三方进行审批。比如建设类的初步设计审批，必须依靠专家论证进行评审，我们在专家论证评审的基础上考虑各种综合因素进行许可决定。第三方必须具备相应的资质，专家要对其出具的意见、鉴定报告负责，出具的意见的机构也要根据相关法律和行业自律承担相应的责任。主要由涉改部门对第三方进行监督。专家出具意见后，我们会召开专家评审会，在听取各个专家发表的意见后，我们再进行综合决定是否赋予相对人行政许可。

9. 撤销行政许可和吊销行政许可的决定机关

如果是由行政审批局作出的行政许可决定，事后相关监管部门在监督过程中发现需要撤销对行政相对人的行政许可，是由我们行政审批局进行撤销。到目前为止，有1件由我们行政审批局撤销行政许可的案件。如果对行政相对人采取处罚行为是由原行政主管部门进行处罚。因为行政许可和行政处罚属于两种不同的行政权力，《行政许可法》里规定的撤销行政许可、注销行政许可是由我们行政审批局进行的，而关于责令停产停业、较大数额罚款、吊销营业执照等处罚行为则由原行政主管部门进行。

10. 协调机制

我们会每天同时同步将审批信息传送给原部门，我们也会定期或不定期召开与原部门的联系会议，除此之外，因为从事审批工作的人员是从原行政部门调过来的，这些人员熟悉原部门的运行机制，他们成为我们与原部门之间的沟通桥梁，使我们与原部门建立了良好的沟通渠道。

根据信息互通制度，我们作出行政许可决定后会及时把信息发给相关的原行政主管部门，原部门会对我们做出的行政许可决定是否符合条件，是否符合法律规定进行监管，要求我们修正不符合条件的决定。

我们行政审批局与其他部门使用的软件，软件系统是独立的，但是我们为其他部门提供了个账号，通过账号登录政务服务系统，其他部门可以查看我们办理审批的情况，但是他们不能办理审批案件。目前湖南省正在推行“互联网+政务服务”模式，改革后，整个长沙市将会使用统一的政务服务系统。行政相对人可以通过这个系统办理事项，实现“零上门”。

11. 原部门的监管责任

不会出现原部门怠于监管的情况。因为改革后，由原行政主管部门负责对行政许可进行监管，如果他们怠于监管，就要承担相应的法律责任。

12. 与上级部门的工作沟通

没有直接对应的上级主管部门确实会为我们的工作带来不便，虽然上级部门将政策文件下发给原部门后，原部门会再转发给我们，但是我们对改革最新动向的掌握还是会有一定的滞后性。针对行政审批局直接对应的上级主管部门的情况，湖南省已经开始改革了，接下来省、市、区、县都会陆续成立行政审批局。此外，湖南省也在进行相对集中行政处罚权改革，通过行政许可权和行政处罚权的改革，明晰各部门的职责。

13. 审批期限

不同事项审批期限不一样，对于可以立即办理的事项，一般15分钟以内就可以办结，不能即时办理的事项一般也会在10天内办结。

14. 行政审批局工作过程中采取的便利相对人的措施

通过实行精简和优化审批流程、复杂事项承诺办理、重要事项专人办理、报批事项跟踪办理和非主审要件“容缺后补”办理五大机制，我们缩短了审批时限，努力做到让人民群众满意。此外，针对部分行业存在季节性高峰期的情况我们开展了“延时服务”，延时期间审批窗口下班时间从17:30延长至18:30或更晚，确保当天提交申请资料的业务全部受理完毕。

15. 规范行政审批权

审批权不会存在不规范的情况，因为对于审批事项需要提交的材料，审批流程都有清晰明确的规定，审批结果也会在网上进行公示，受到全方位的监督。此外，监管部门通过我们提供的账号可以登入系统，对我们办理的审批案件进行监督。我们建立的全程监督机制，从源头杜绝权力寻租设租的现象。

16. 行政审批局在改革过程中遇到的问题

第一个问题是法律法规不完善，我们进行改革的法律依据是《行政许可法》，但这部法律是2004年制定的，到现在一些法律规定已经与现实相脱节，缺乏法律依据的支撑，导致我们在工作时经常会无所适从；第二个问题是与监管部门的配合问题；第三个问题是没有直接对应的上级主管部门。

17. 更好地推进改革的建议

（1）加强上级对我区审批改革的支持指导。由于开展相对集中行政许可权改革成立的行政审批局在省、市级层面没有对口部门，在缺乏上级主管部门情况下，相关业务工作上下沟通协调不畅，仍存在需要行政审批局与原职能部门进行沟通，再衔接上级对口业务部门的情况，影响改革推进效率。建议省委、省政府参考江苏、浙江等省的先进地区成功改革经验，加强自上而下的推动，在全省范围内大力推进相对集中行政许可权改革，在省市区（县）三级政府同步成立行政审批局，实行“一枚印章管审批”，从根本上提升行政效率，释放改革红利，打造湖南省行政审批改革的样本。（2）加强与各级业务系统的对接和信息数据共享。从现状来看，中央各部委、省直厅局都有各自的业务系统，比如我区行政审批局集中了原分散在21个部门的审批业务，需要对接中央、省、市数十个业务系统。从技术层面看，系统对接、数据共享是可行的，但协调难度较大。建议省委、省政府加快高位统筹协调，推进各业务系统对接，打通“信息孤岛”，提高服务企业和群众的效率和水平。

二、湘潭经开区行政审批局访谈笔录

1. 对改革的理解

相对集中行政许可权改革是国家“放管服”改革的一部分内容，最主要是针对行政审批权进行改革。改革压缩了审批时限，优化了审批流程。改革有两个突出的特点，第一个特点是打破了部门之间的壁垒。传统的审批模式是各部门独立进行审批，新设立的行政审批局是改革的最终产物，它把行政许可权集中起来，作为代表负责相对集中权限的审批；改革的另外一个特点是审管分离——审批和监管的分离，由行政审批局负责审批工作，而由原行政主管部门负责事后监管。现在全国各地的试点工作都是在进行探索，希望通过探索能找到一种更高效便捷的行政审批模式。

2. “相对”的理解

“集中”只是对审批过程的集中，上级部门并不是将全部权力都下放给下级部门，而是把审批权集中至一个专门负责审批的部门，这个部门实行行政审批专用章，“一枚印章管到底”。虽然改革取消了原部门的审批职责，但原行政主管部门行使监督权，改革仍然需要其他职能部门的支撑和配合，所以是“相对”集中而不是“绝对”集中。

3. 行政审批局的成立程序

要在湘潭经开区进行相对集中行政许可权改革的试点工作，首先必须得报中央编办批准。湘潭经开区行政审批局的筹备与成立工作都是在中央编办、国务院法制办等部门的领导和指导下进行的，在向市人民政府请示之后，按程序报湖南省委、湖南省政府批准，也得到了它们的批复，同时也报中央编办和国务院法制办备案。

4. 湘潭经开区开展相对集中行政许可权改革的的法律依据

授权湘潭经开区开展相对集中行政许可权改革的的法律依据是《行政许可法》第25条的规定。除此之外，主要根据中央编办、国务院法制办印发的《相对集中行政许可权试点工作方案的通知》展开试点工作。2017年6月2日，湖南省机编办和湖南省人民政府法制办联合印发了《关于做好相对集中行政许可权改革试点工作的通知》，2018年2月5日，湖南省人民政府也下发了《关于湘潭经济技术开发区推进相对集中行政许可权改革试点工作的批复》，也支持我们开展相对集中行政许可权改革工作。

5. 湘潭经开区行政审批局的法律地位

根据湖南省政府下发的《关于湘潭经济技术开发区推进相对集中行政许可权改革试点工作》的批复，批准在湘潭经济技术开发区开展相对集中行政许可权改革试点工作方案，行政审批局是经开区管委会的一个下设机构，它代替管委会行使职权。实际上，最终是由市直部门对我们集中权限进行监管，所以如果对我们作出的行政许可决定、行政备案不服而提出的行政复议申请，由湘潭市人民政府或者所涉行政许可、行政备案等事项上一级主管部门依法受理。这一点，在湖南省政府下发的批复中也有提到。行政审批局的成立缩短了审批时限，为企业提供更多的便利，对于这些新的服务机制和审批模式，行政相对人都很满意，所以目前还没有出现行政相对人对我们作出的审批申请行政复议或提起行政诉讼的情况。

6. 集中项目

我们依托园区的特色，主要针对工业项目，企业投资基础建设项目进行集中。我们对之前由市发改委、市住房和城乡建设局、市地震局等15个市直部门行使的81项行政许可权和行政备案权进行集中。因为国土局、城乡规划局、环保局在我们园区设立了国土分局、城乡规划分局和环保分局，这些分局它们是派出机构同时也属于市直部门垂直管理部门，国土分局、城乡规划分局和环保分局的权限属于委托下放，所以没有进行集中。此外，房地产开发项目的审批目前仍由市直部门负责，没有进行集中。同时，行政许可的事项中也包含一些对专业技术要求很高的项目，比如企业建设项目中的测量、施工图纸的审查等，对于这些项目，并不是由行政审批局的工作人员负责的，而是借助第三方社会机构以及专家出具的报告来完成技术审查业务。

7. 撤销行政许可和吊销行政许可的决定机关

目前还没有出现需要撤销行政许可的情况，但如果是由行政审批局做出的行政许可决定，事后相关监管部门在监督过程中发现需要撤销对行政相对人的行政许可，在监管部门将信息推送给我们行政审批局以后，由我们行政审批局进行撤销；对行政相对人采取处罚行为是由相关监管部门进行处罚。

8. 协调机制

根据信息互推互送机制，我们作出行政许可决定后会及时把信息推送给相关的原行政主管部门，由他们进行后续监管。我们在审批过程中有一项“观察员和监察员”制度，也就是对于某些审批事项我们会告知原行政主管部门人员参与审批过程，原职能部门的人员作为监察员对某些特殊环节或主要环节进行监督。我们还会把作出的行政决定书面发送给其他部门，或把行政决定的电子扫描件直接发给其他部门，及时告知相关信息。

9. 与上级部门的工作沟通

行政审批局并没有直接对应的上级主管部门。当上级部门将涉及审批、政策更新的文件发送给原行政主管部门后，原部门会及时把这些文件发送给我们行政审批局。上级主管部门也会定期对我们的审批过程进行业务指导和监督。我们需要厘清与多个上级部门之间的关系，这些职能部门对应的上级部门对我们的业务进行指导，但它们并不是我们真正意义上的上级主管部门，我们并不受它们的管理。

10. 电子政务建设

我们自筹备行政审批局起就一直在探索“线上＋线下”的行政审批模式，但目前更多的是进行线下审批和监管，当我们积累了足够多的实践经验后，相信我们也会打造出一个成熟的线上审批和监管平台。

行政审批局与有的部门使用的审批软件之间是可以进行信息共享的，比如施工图纸审查备案，使用的是湖南省住建厅的软件系统，行政审批局成立以前原来我们是在湘潭市统一进行图审，行政审批局成立后，我们局的端口可以直接接入住建厅的软件系统，进行信息共享。

11. 审批期限

除国土报批以外，我们的审批时间是25个工作日以内。我们一般会在比承诺时限更少的时间内办结行政审批，审批时限提速了60%。这主要是由于我们采取了“立体审批”的审批模式，原本企业入驻园区后要经过工商注册，税务登记，办证，立项等各个流程，只有在完成前一个审批流程之后才能继续进行下一个流程，但在推行“立体审批”的审批模式后，这几个流程是同时进行的，改串联为并联。原来的审批模式可能需要申请人跑多个单位，行政许可权集中后，他们只要来一个单位，就可以办理相关的审批事项，这些措施都极大地缩短了审批时间。

12. 行政审批局工作过程中采取的便利相对人的措施

有些事项已经实现了申请人可以通过电子平台办理行政审批，比如发改立项，相对人线上申请的同时，我们的工作人员也在线上对申请进行审核和备案。还有一些事项相对人可以实现“零上门”，比如我们的协调指导科负责与有意愿落地经开区的企业进行对接，企业有什么需求可以直接与协调指导科里面的一个工作人员联系，由这一个工作人员为企业提供咨询、代办等服务，不需要上门。

13. 规范行政审批权

根据我们编制的服务指南，我们已经将每个事项的申请材料与办理条件进行固化与公示，只要资料齐全，我们就必须受理，并在法定时限内做出答复。“前窗进，后窗审”，窗口主要负责受理申请材料，如果材料不齐全，我们一次性告知需要补正的材料。同时我们实行“不见面审批”的双盲机制，审批人员原则上不与申请人见面，而由协调指导科和窗口负责与申请人进行对接，审批人员依据程序和法律进行审批，不存在审批不公平的情况。

14. 工作亮点

采用立体审批模式，极大地提高了审批效率，单个事项的审批在承诺时限的三分之一完成，审批权的运行阳光透明。

15. 行政审批局在改革过程中遇到的问题

行政审批局改革中遇到的最大的问题是没有直接对应的上级主管部门，这也是所有的行政审批局都会遇到的一个难题。现在我们的上级主管部门是15个市直部门，这些部门对我们进行指导，二者需要进行有效的沟通；另外一个问题是我们需要与负责监管的部门进行有效的工作对接，否则很容易出现监管真空的情况。

16. 更好地推进改革的建议

建议构建好与其他部门的互联互动机制，利用互联网技术打造线上审批与监管平台。

第四篇　农村基层治理法治化建设的实证研究①
——以长株潭地区为例

基层治理是一个国家整体治理体系中的基础，增强基层治理能力是推进国家治理体系和治理能力现代化的关键。② 党的十八届四中全会强调要“推进基层治理法治化”，明确了法治化是实现基层治理能力现代化的目标和方法。③ 因此，在全面推进依法治国的新时代下，法治建设在基层治理中的作用日益重要。然而，我国当前的基层法治建设成就，更多体现的是城市法治文明的进步，而在广大农村地区，农民对传统伦理、乡风民俗、村规民约、宗族法规等的依赖并不亚于国家法律，国家法在很大程度上仍然只以威慑的姿态存在，尚未融入基层治理。④ 故在推进基层治理法治化的背景下，加强广大农村地区基层治理的法治化建设既是当务之急，又是长远之计。

农村基层治理法治化强调的是运用法治的理念和法律的手段管理公共事务，处理政府、村级组织和村民等主体之间的关系。2018 年“中央一号文件”《关于实施乡村振兴战略的意见》（以下简称《意见》）就曾指出：“乡村振兴，治理有效是基础，要坚持法治为本，树立依法治理的理念，完善立法是关键，维护农民权益是根本，移风易俗是基础。”为了响应中央依法治理基层的号召，中共湖南省委法治湖南建设领导小组于 2018 年 4 月发布的《2018 年法治湖南建设工作要点》中明确要求湖南省各级政府和基层群众组

---

① 该调研报告为湘潭大学法学院 2018 年暑期调研项目成果，由王进主持，杨佳浩、李文静、邱伯静、程文豪、唐熳婷、李松榆、徐乾、罗红共同完成。

② 陈荣卓，唐鸣．农村基层治理能力与农村民主管理［J］．华中师范大学学报，2014，53（2）．

③ 具体参见：《中共中央关于全面推进依法治国若干问题的意见》。

④ 沈月娣，罗景华，李官金．农村基层治理法治化建设研究——以浙江省湖州市、丽水市为例［J］．浙江师范大学学报（社会科学版），2017，42（1）．

织在未来几年内加强基层民主法治建设、创新基层治理模式、完善基层组织管理、构建基层法律服务体系，从而加强基层法治建设，夯实基层社会治理基础。长株潭地区的各级基层政府为落实上级要求，也出台了一系列加强农村法治建设的政策和措施，在农村地区推广自上而下的政府主导型的法治建设模式，通过改革村级治理模式、创新矛盾纠纷调处机制、创建法治示范单位和扎实推进法律进乡村等活动，源源不断地向农村输送法治资源。通过地方政府几年的努力，长株潭地区农村基层治理的法治环境得到了较大的改善，基层干部和农民的法律意识明显提高，农村法治氛围日趋浓厚，全面推进农村法治化治理的条件初步具备。农村治理是基层治理中相对独立的治理领域，农村基础秩序处于巨大的变化之中，农村治理的目标更为复杂和多重化，现实与制度设计之间也存在不少不协调之处，故长株潭地区在推进农村基层治理法治化的进程中仍有许多掣肘之处。为此，本调研团队以此次湖南省基层治理法治化改革为契机，以长株潭地区的民主法治示范村为调研蓝本①，赴长株潭三地进行实地调研，以了解在新政策下，长株潭地区农村基层治理法治建设的现状，并探究其在法治化建设中的缺陷和阻碍，为进一步完善湖南农村治理中的法治化建设提供思路。

一、湖南省加强农村基层治理法治化建设的重要意义

基层治理现代化具体体现为民主化、法治化、科学化和文明化，而在这“四化”中法治化尤为关键，其不仅具有独立的价值，还是民主化、科学化、文明化的重要载体和保障。② 法治是法律规范体系、法律运行体系在法治国家、法治社会、法治政府、法治政党等建设中的有机契合，是“价值—规范—事实”“国家—政府—社会”“道路—理论—制度”的有机统一。③法治既是现代化国家治理体系的基本要素，又是现代化国家治理能力的根本体现。但是，法治是一个社会的、实践的概念，只有在具体的社会事实、制

① 根据司法部、民政部2018年7月作出的《关于表彰第七批“全国民主法治示范村（社区）”的决定》，长株潭地区共有10个村（社区）入选全国民主法治示范村。本调研团队在10个示范村中选取了长沙市望城区乌山街道八曲河村、湘潭市湘潭县易俗河镇梅林桥村、株洲市醴陵市孙家湾镇孙家湾村为具体的实地调研蓝本。

② 俞可平．自治与基层治理现代化［J］．党政视野，2016（7）．

③ 张文显．法治中国建设的前沿问题［J］．中共中央党校学报，2014，18（5）．

度背景和文化传统中，才能获得具体而生动的意义、语式、路径和方法。将法治置于湖南省农村基层的地方性情景中，其在治理上的意义才会更具体地凸显出来。湖南省加强农村基层治理法治化建设主要有以下三大意义。

（一）“法治湖南”建设的重要组成部分

作为单一制国家，我国的法律规范体系、法律运行体系以及党政司法机关的设置与运行在不同的行政区划都有很强的同质性。但社会的政治法律制度、组织及其设施往往是以一定发展阶段的生产力及其所决定的生产关系为基础的。法学界虽然没有对经济社会发展水平不同的地区的法治水平做过精确的指标测量，但大体上公认欠发达地区的法治水平低于发达地区的水平。① 湖南省作为我国中部内陆省份，其经济发达程度在全国处于中游水平，较之于沿海经济发达省份还有较大差距。据统计，2017 年湖南省人均地区生产总值为 50704 元，全省城镇居民人均可支配收入和农村居民人均可支配收入分别为 33948 元、12936 元，以上经济数据均低于全国平均水平。②由此可见，湖南省在经济发展中相对弱势，既会影响到法律主体对法律的需求和寻求权利方面司法救济的能力，又会影响到现代化的法治价值、规范、运行、评价等方面的制度供给。

湖南的法治建设可谓任重而道远，而农村基层的法治建设又是其重中之重。截至 2017 年，湖南有陆地面积 21. 18 万平方公里，城市建成区面积只有 1625. 64 平方公里；湖南有常住人口 6860. 2 万，其中农村人口 3113. 2 万，城镇化率为 54. 62%，低于全国 58. 52% 的平均水平，在全国排第 21 位。③ 可以说，湖南仍有将近一半的人口生活在农村地区，加之农村地区的法治化程度较之于城市明显更为落后，因此，农村基层的法治建设成为了实现法治湖南计划的重要一环，农村基层治理的法治化水平在很大程度上决定湖南的法治化水平，没有农村基层治理的法治化，就没有整个湖南治理的法治化。而长株潭地区作为湖南省经济发展的领头羊和改革的急先锋，其在法

---

① 郝铁川．中国依法治国的渐进性［J］．法学研究，2003（6）．

② 根据国家统计局 2017 年统计数据：2017 年全国人均国内生产总值为：59660 元；2017 年全国城镇居民可支配收入和农村居民可支配收入分别为：36396 元、13432 元。具体数据参见：中华人民共和国 2017 年国民经济和社会发展统计公报，http：//www. stats. gov. cn/tjsj/zxfb/201802/t20180228_ 1585631. html.

③ 具体数据参见：中华人民共和国 2017 年国民经济和社会发展统计公报，http：//www. stats. gov. cn/tjsj/ zxfb/201802/t20180228_ 1585631. html.

治化建设中的举措也是其他地市（州）的借鉴范本。近些年，长株潭地区在农村推广的自上而下的政府主导型法治建设模式也逐渐在全省范围内铺开。长株潭地区的农村基层治理法治化建设进程已取得了比较成熟的经验成果，也暴露出了一些亟待解决的问题。因此，对长株潭地区的农村法治化建设现状展开调研，能为整个湖南农村基层治理法治化建设提供改革方向和借鉴参考。

（二）“平安湖南”建设的根本途径

湖南正处于全面建成小康社会、实现精准扶贫战略目标、加快市场经济转型的关键时期。在加快推动经济增长方式和社会发展方式转变的过程中，必然经历着经济体制变革、社会结构变动、利益格局调整、思想观念变化等事实变迁，也必然面临着社会公平问题凸显、社会矛盾加剧、社会冲突高发等现实难题。调查中我们发现，农村基层当前的矛盾和纠纷主要发生在以下方面：土地、房屋征收或征用的补偿，山林、土地和水利的权属确认，基层民主选举腐败，基层组织管理不规范，农村环境污染，农民法治意识、维权意识差，缠访、闹访和越级上访，农民工在工资和社会保险方面的维权等，甚至连医患纠纷、网络负面言论攻击、网络购物维权这些在城市地区相对严重的问题现在也开始向农村蔓延。

上述这些矛盾与纠纷比较集中存在于当前的农村基层，如果任由这些矛盾和纠纷蔓延而不加以有效治理，在宏观层面会影响干群关系、损害法律和司法权威、影响“平安湖南”建设；在微观层面会扰乱当事人的工作与生活节奏、侵害其基本权利、降低基层群众对社会的认同。当前，农村基层解决纠纷的方式主要有村民内部自行调解、政府介入和司法诉讼三种途径。对于一般的纠纷，村民通常更倾向私下自行解决或寻求村委会调解；而对于严重的纠纷，村民更倾向于通过政府部门甚至司法机构去解决，有时候也会寻求媒体和社会舆论的帮助。[①] 然而，现代国家治理强调依法治理，综合治理，在各种调节规范中突出法治规范，在各种治理主体中突出执法和司法部门。[②] 依照现代的治理理念，结合对问题的严重性和普遍性程度的考量，上述矛盾应该纳入法治的体系和框架中加以治理。

---

① 郭星华，王平．中国农村的纠纷与解决途径——关于中国农村法律意识与法律行为的实证研究［J］．江苏社会科学，2004（2）．

② 人民论坛网．社会治理法治化的地方实践与思考［J］．人民论坛网，2014.

（三）彰显对人权的尊重和保障

公平正义、尊重与保障人权，是现代法治的基本价值追求。将法治精神融入基层治理，要优先考量公民的基本权利。公民的政治权利和自由，经济、社会和文化权利，特殊人群、弱势群体的权利，要用法治的方式在治理体系中得到确认和保障。① 尊重和保障弱势群体的基本权利，既切中了人权价值的要害，又诠释了公正价值的真谛。而在社会治理中，农村居民就是相对弱势的群体，农村基层治理的法治化需要以保障和实现农民的基本权利为核心。② 客观的自然历史发展和主观的国家政策城乡分治，我国存在严峻的“城乡二元结构”，经济社会发展的城乡差异明显。

在这种“城乡二元结构”背景下，农村居民相对于城市居民在人力资本、经济资源、社会资本、公共服务获得等方面就处于弱势。这不仅会影响他们的法治理念与维权意识，还会使他们的权利在法治体系的建构与运行中被有意或无意地忽视、区隔甚至排斥。③ 调查中我们发现，村民基层民主选举腐败、进城务工农民工劳资纠纷频发、农村留守儿童缺乏家庭教育、流动人口的子女异地就学困难、征地拆迁补偿不合理、农村残疾人保障措施不到位、乡村企业环境污染严重、退役士兵安置与优抚纠纷等问题时常发生。上述问题涉及农村基层群众的选举权和监督权、住宅不受侵犯、财产权、受教育权、劳动权、健康权、环境权以及从国家和社会获得物质帮助的权利，等等。这些权利有些因为当事人缺乏法治意识和需求而根本就没意识到，也有一些则是因为法治体系的建构与运行中未全面考虑和覆盖。因此，加强农村基层治理中的法治化建设一项重要功能就是，遵循公平正义的原则，通过运用公共权力对社会资源的重新分配，给予弱势群体以特别的物质和道义保障或者法律援助。

---

① 张文显．法治与国家治理现代化［J］．中国检察官，2014（23）．

② 刘同君．新型城镇化进程中农村社会治理的法治转型［J］．法学，2013（9）．

③ 杨洁．城乡二元结构下的农村非正式制度与法治现代化进路研究［D］．北京：中国政法大学博士学位论文，2017.

二、长株潭地区农村基层治理法治化建设现状

（一）农村法治化治理的共识和氛围基本形成

1. 农村法治化治理的共识基本形成

农村法治化治理共识是指农村生活中的各个主体对于通过民主与法治的方式规范农村日常事务、管理村民日常生活形成了较为一致的认同。① 在持续推进的区域法治化治理的建设中，长株潭地方政府坚持以法治思维和法治方式深化改革、推动发展、化解矛盾、维护稳定，将法治观念融入日常管理服务中，逐步实现了公权规范与民众守法、制度建设与理念培育、农村法治与城市法治的同步推进。② 在农村法治建设领域，长株潭地区地方政府以农村土地改革的法治需求为契机，通过自上而下的政府主导型法治建设模式，按照先典型示范、后全面推进的思路，着力推进推动该区域的农村法治化进程，基本形成了县、乡（镇）、村三级示范创建的基本格局。“七五”普法期间，长株潭地区的望城区、长沙县、茶陵县、湘潭县、浏阳市被评为全国法治创建先进单位，全市有 23 个村（社区）于 2018 年被评为湖南省第八批省级民主法治示范村，10 个村（社区）被评为第七批全国民主法治示范村。③ 本调研团队在实地问卷调查中发现随着基层政府依法行政、村级组织依法自治、农村居民依法办事的不断推进，100% 的乡镇主要领导及综治干部、95% 的村组干部和农村党员、91% 的普通村民认为，依法治村比人治好，农村法治化治理的共识基本形成。

2. 农村治理法治化的氛围日益浓厚

农村法治氛围是指，农村社会逐渐淡化以血缘、地缘为基础的伦理型约

---

① 秦华．农民的法律意识与农村法治化进程——对丰宁黑山嘴镇农民法律意识的实证研究［D］．北京：中国农业大学博士学位论文，2003.

② 周雄文，周凌．论长株潭区域法治保障机制的意蕴与创新［J］．湖南工业大学学报（社会科学版），2017，22（6）．

③ 长株潭地区的第七批全国民主法治示范村分别为：宁乡县白马桥街道白马社区；长沙市望城区乌山街道八曲河村；长沙市岳麓区岳麓街道云麓园社区；长沙市天心区裕南街街道长坡社区；茶陵县枣市镇洞头村；醴陵市孙家湾镇孙家湾村；株洲市石峰区清水塘街道沈家湾社区；湘潭县易俗河镇梅林桥村；湘乡市泉塘镇军塘村；湘潭市建设路街道曙光社区。

束，走向协商型、契约型的依法治村模式。① 在缺乏法治传统的农村社会，基层政府的处事方式对于农村社会具有导向和示范作用，村组干部处理问题的思路和方法更多地源于对基层干部行为的模仿。因此，基层政府在农村治理法治化改革中扮演者重要的角色。自《法治政府建设实施纲要》② 发布以来，长株潭地区各级政府从健全决策机制、推进简政放权、公正文明执法、完善权力制约监督着手，切实推进依法行政，政府行政行为日趋法治化。在推进农村治理法治化的进程中，乡镇基层领导干部运用法治方式谋划发展、化解矛盾、维护稳定的能力得到提升，公权行使的依法合规日趋常态化。在问卷调查中，71%的村干部、63%的村民认为，乡镇基层干部以权谋私、以权代法的现象已得到有效遏制；88%的村干部、73%的村民认为，政府基层干部在农村矛盾纠纷调处中主要依据法律和政策，较少依据个人的纯主观判断；在村内矛盾纠纷调处方面，有85%的农民表示：只要公平公正地依法解决，不管结果如何，都愿意接受。

（二）不断完善农村基层民主自治制度

湖南省省委组织部、省民政厅、省财政厅等6部门于2018年7月联合下发了《湖南省乡村治理三年行动实施方案（2018—2020）》③，该方案中重点强调了应当健全村级民主自治制度，推进村民自治机制创新。长株潭地区近些年来在推进乡村治理法治化的进程中也对农村基层民主自治机制作出较大的制度创新。

1. 村级民主选举的参与范围不断扩大，实施方式多样化

农村民主选举包括了村级党组织和村民委员会的选举。在村级党组织负

① 邓琼，龚廷泰．法治氛围的概念分析［J］．江海学刊，2016（2）．

② 中共中央、国务院印发的《法治政府建设实施纲要（2015—2020年）》，分总体要求、主要任务和具体措施、组织保障和落实机制3部分。总体目标是：经过坚持不懈的努力，到2020年基本建成职能科学、权责法定、执法严明、公开公正、廉洁高效、守法诚信的法治政府。主要任务是：依法全面履行政府职能；完善依法行政制度体系；推进行政决策科学化、民主化、法治化；坚持严格规范公正文明执法；强化对行政权力的制约和监督；依法有效化解社会矛盾纠纷；全面提高政府工作人员法治思维和依法行政能力。

③ 《湖南省乡村治理三年行动实施方案（2018—2020）》要求，乡村治理三年行动要以专项行动为载体，以创新实验和示范创建为引领，加强村级组织建设，健全村级民主制度，完善村级公共服务，深化村民自治实践，促进自治、法治、德治融合发展，为振兴乡村、建设新湖南奠定坚实基础。

责人选举中，最为广泛的选举方式为“两推一选”或“公推直选”。① 为了保证村级党组织选举具有广泛的群众基础，在基层政府的倡议下，长株潭地区所有的村级单位基本实现了由党员民主推荐和群众民主推荐相结合的“两推一选”的党组织选举模式。在村民委员会的选举中，随着2013年《湖南省村民委员会选举办法》的颁布，长株潭地区村委会直接选举已基本实现了制度化、规范化、程序化。此外，在以洞头村为代表的部分乡村，不仅户籍在本村并且在本村居住的村民可以参加本村的选举，而且户籍在本村但不在本村居住、本人表示参加选举的村民以及户籍不在本村但在本村居住一年以上、本人申请参加选举，并且经村民会议或者村民代表会议同意的村民，也可参加选举。在问卷调查中，95%的基层乡镇干部认为当地村级组织选举过程贴近群众、符合规范；85%的村干部和农民党员认为本村的其他干部当选程序正规合法；68%的普通村民认为本村民主选举公平公正。

2. 农村日常事务自治管理机制的不断创新

在农村日常事务决策、管理和执行中，长株潭地区一直致力尝试推进农村管理机制的民主化和法治化改革，优化村级自治管理组织的职能结构，完善村民自治管理的内部监督。为此，长株潭地区地方政府根据《湖南省实施〈中华人民共和国村民委员会组织法〉办法》的规定，对该地区的村民自治管理机制进行了改革创新，将原来由村党支部和村民委员会管理村级事务的格局创新为村党组织领导下的以村民代表大会为民主决策机构、村民委员会为执行机构、村务监督委员会为民主监督机构，加外村若干个村民自治小组的“4+X”新型民主管理机制。这一创新，以推进农村基层治理体系的现代化、治理形式的民主化和治理方式的法治化为目标，以还权于民为基本出发点，打破了传统村治格局，通过村民代表大会和村民自治小组平台，让更多的村民参与村民治理，真正做到村内事务“一事一议”，使民主决策、民主管理、民主监督更具实效，是“党的领导、人民当家作主和依法

---

① “两推一选”是目前全国各农村党组织实行最广泛的一种换届选举方式，是指产生村党组织候选人的过程，即党员推荐、群众推荐，党内选举。“两推一选”工作政策性强，涉及面广，直接关系到农村改革、发展和稳定的大局。“公推直选”是指把党委直接提名和委任变为在党组织领导下，通过党员个人的自我推荐、党员群众的联名推荐、党组织的推荐这三个环节产生候选人，然后由全体党员直接参与选举产生党组织领导班子。

治国的有机统一”在农村社会治理中的具体实践。① 通过村民监督委员会的平台，使得村民能够在日常生活中实现对村党委和村委员的有效监督。在实地调研中，不少农户向我们说道“以前选了村干部就没事了，现在对村里大事小事，我们都有发言权了”。通过对走访长株潭地方政府农村工作办公室，我们了解到目前长株潭地区超过 70% 的农村已经普及或者正在推广“4＋X”模式。而在问卷调查中，96% 的乡镇干部、91% 的村组干部和农村党员、83% 的普通村民认为“4＋X”新型民主管理机制较之以前的管理模式更为规范、合理。“4＋X”模式尽管没有从根本上变革原有的村民自治制度，但通过各级政府的宣传和指导，民主法治的理念逐渐深入人心，村民参与村级事务治理的热情空前高涨。

“4＋X”模式具体成员构成情况

名称	成员数	主要负责人
村党组织（领导）	3—5 人	书记 1 人（可兼村主任）
村民代表大会（决策）	原则上不少于 15 人	召集人 1 人（由村党组书记担任）
村民委员会（执行）	3—5 人	主任 1 人（可兼认村党组书记）
村民监督委员会（监督）	3—5 人	主任 1 人（应为党员）
村民小组会议（X）	小组内全体成员	小组长（村民代表中推选）

（三）农村法治化治理保障条件明显改善

首先，在调研中我们发现长株潭地区农村基层干部队伍呈现高学历、年轻化、专业化、社会化等特点。在我们调研的样本村中，村委会成员中党员

① 村民自治小组是湖南省完善村民自治制度一大创新举措，村民自治小组通过村民会议的方式参与村内事务管理，在村民自治中发挥着重要的重要。《湖南省实施〈中华人民共和国村民委员会组织法〉办法》第八条规定：村民小组长负责召集村民小组会议，执行村民小组会议的决定，收集并向村民委员会反映本村民小组村民的建议、意见，向本组村民传达村民委员会作出的决定，协助村民委员会办理本村的公共事务和公益事业，负责本村民小组其他有关事项。第九条规定：下列事项应当由村民小组会议讨论决定：（一）按照《中华人民共和国农村土地承包法》作出的对村民小组集体所有的土地的承包及调整方案；（二）村民小组集体经济所得收益的分配和使用方案；（三）村民小组集体所有土地征地补偿费的使用和分配方案；（四）公共卫生、环境保护、防灾救灾等事项；（五）需要村民小组会议讨论决定的其他涉及本村民小组村民利益的事项。

比例为 72%，村委会主任的党员比例达到 83%，许多村的村主任由村支书兼任。村委会班子成员平均年龄为 45 岁，具有高中文化程度的村委会成员达到 75%，具有大专以上文化程度为 21%，女性村委会成员占 36%。同时，部分经济较为发达的村（社区）向社会公开招聘了一大批具备专业知识的人才进入村干部队伍。长株潭地区的民主法治示范村全部都启动了“大学生村官”计划，一批农村致富能手、退伍军人、外出务工返乡农民、回乡大中专毕业生等农村优秀人才也当选为村“两委”成员，成为村民自治的领导者和骨干。

其次，除了村干部队伍建设之外，村民群众性参与和志愿服务也迅速发展，已初步形成由专、兼职工作人员和社区志愿者共同组成的社区服务队伍。湖南省委、省政府在《湖南省乡村治理三年行动实施方案（2018—2020)》中就明确要求，培育发展农村社区社会组织和专业社会工作机构，到 2020 年，力争全省每个村平均拥有不少于 5 个社区社会组织，农村老年协会覆盖 90% 以上的村，乡镇（街道）社会工作站实现全覆盖，社会工作专业人才占总人口 1‰，注册志愿者人数占居民人口 13%。而这些社工人才和注册志愿者也将是农村普法、推进农村治理法治化的主力军。①

最后，长株潭地区政府对于农村民主管理的财政投入力度也不断加大。2017 年，中共湖南省委组织部、湖南省财政厅发布了《关于进一步完善村级组织运转经费保障机制有关问题的通知》，要求把村级组织运转财政补贴纳入县级基本财力保障范围，重点保障任核定职数内村“两委”班子村干部的基本报酬、村级组织办公经费和其他必要支出。另外，长株潭地方政府还大力扶持发展村级集体经济，加大政策、项目、资金等扶持力度，鼓励和引导村级组织通过发展物业经济、服务经济、资源经济等方式，因地制宜发展壮大集体经济，增强村级组织自我发展、自我保障能力。村级集体经济收入可用于发展农村公益事业、改善公共服务基础条件、服务群众、扶贫助困

---

① 此外，《湖南省乡村治理三年行动实施方案（2018—2020)》还提出开展村级公共服务完善行动，不断完善农村社区服务体系，健全农村特殊群体关爱服务体系（新增 2000 张照料护理床位，建设 3000 所农村留守儿童之家，为 50% 以上生活不能自理的特困人员提供照料护理服务，每千名老年人口拥有养老床位数达到 35 张，农村养老服务设施覆盖率达到 60% 以上，力争实现农村留守老人和儿童之家全覆盖）、推动实施农村绿色殡葬（推动乡镇集中治丧场所和农村公益性基地建设，2018 年新建 160 个，2019 年新建 200 个、2020 年新建 260 个。到 2020 年力争实现节地生态安葬率达到 50%）。

等方面的支出。这些财政上的投入和经济上的倾斜极大地稳定了农村民主法治管理队伍和力量。

三、长株潭地区推进农村基层治理法治化进程的主要困境

长株潭地区的农村治理法治化工作在过去的几年中虽然取得了上述所载的一系列喜人的成果，但农村治理是基层治理中相对独立的治理领域，农村基础秩序处于巨大的变化之中，农村治理的目标更为复杂和多重化，现实与制度设计之间也存在不少不协调之处，故长株潭地区在推进农村基层治理法治化的进程中仍有许多掣肘之处，主要表现以下几个方面。

（一）农村基层治理主体的法治观念、法治知识和法治能力不足

现代治理是多元主体在平等合作中处理共同事务的过程。① 对于农村基层治理来说，所涉主体主要有基层政府及其职能部门、村民自治组织以及普通农民群众。调查发现上述治理主体在法治观念、法治知识和法治能力等方面都存在不足，以下作具体分析。

1. 基层政府主导农村治理法治化改革力不从心

乡镇人民政府与人民群众之间发生着最广泛、最频繁、最直接的联系，是我国政权体系中最基层的政权单位，通过乡镇政府推动农村法治发展，是建设农村法治的重要基础，因此，其作为与否直接关系到国家法制在农村的贯彻实施。但是，乡镇政府现有的职责职能使其越来越感到推进农村法治发展力不从心。在调研中，乡镇领导普遍认为政府在农村推进法治阻力太大，目前基层政府推进农村法治受阻主要也是由于其自身固守着“不出事”的逻辑和基层政府公信力的隐形弱化。基层政府“不出事”逻辑是指在农村治理过程中，面对来自上级政府施加的维稳压力，基层政府以不引发上访、不发生群体性事件为基本导向，求稳怕乱，消极行政，为将矛盾化解于基层，甚至对个别明显不符合法律和政策规定的行为一再忍让，丧失原则和底线。② 不求有功但求无过、花钱买平安、花钱买稳定即是不出事逻辑的现实反映。实践中，农民由于在通过正常途径其权益得不到保护的情况下，往往

① 范志勇．国家治理体系现代化与行政法［J］．行政法学研究，2015.

② 韩松．论政府公权力对农民集体土地所有权的侵害及其治理［J］．河南财经政法大学学报，2012，27（6）．

依靠集体力量自力救济，在这个过程中农民往往采取过激行动，酿成暴力事件。[①] 由于个别村民把握了基层政府怕上访、怕出事的心理，信访不信法、信权不信法的情况时有发生，甚至还出现了上访专业户和职业上访人。面对个别胡搅蛮缠的上访者，乡镇不愿意纵容，却又往往束手无策，采取的策略是能拖则拖，实在不能拖再想办法作为个案解决。基层政府在农村矛盾调处中为保稳定而不讲法律原则、采取息事宁人的做法，损害的不仅仅是法律和政府的公信力，更会让整个农村社会的调控机制失效，贻害无穷。我们在问卷调查中发现，有34%的村干部认为基层乡（镇）政府的农村工作还有待改进，而68%的普通农民群众都认为基层乡（镇）政府的农村工作存在不规范之处，亟待整改。

2. 农村自治组织推进农村治理法治化举步维艰

农村自治组织和村干部是推动农村法治化的直接力量和主力军，然而，其在推进农村法治化的进程中却屡屡受阻、举步维艰。究其原因，一方面是由于村干部自身的法治意识和综合素质还有待提高。我们在问卷调查中发现，仅有不到3%的村干部中有接受过系统的法律教育，不到15%的村干部能清楚地区分民法、刑法、行政法等法律之间的差别，不到50%的村干部有完整地阅读或研习过一部法律，仅有23%的村干部表示自己能够熟练运用法律处理农村日常纠纷，65%的村干部则表示主要还是依据内心朴素的正义观调停纠纷。可见，农村自治组织中的村干部们的整体法律素养还有待提高，他们在日常调解农村纠纷时还多是“情理”思维偏多，传统人治思维向法治思维的转型还未完成。另一方面，由于许多乡村的村规民约制订不够规范，实施缺乏约束力。现有的村基层治理体系中缺乏惩戒性制度，村“两委”成员的罢免等退出机制不完善，导致现实中村集体的公共服务成为部分村干部谋利的工具，法律制度并未发挥其应有的作用。[②]

3. 农民群体法律意识的觉醒任重道远

我们在调研中发现，农民群体法治意识低主要表现为：法律情感淡漠、厌诉情节明显、法律知识贫乏。我们在问卷调查中发现，当农民的自身利益受到他人侵害时，82%的农民首先选择自己想办法解决，或找熟人、村干部调解，仅有25%的人首先选择向当地派出所、司法所或司法机关求助。可

---

① 杨家学．中国新农村法制建设研究［M］．北京：法律出版社，2009.

② 杨海坤，周小梅．由罢免村委会引起的法律思考［J］．法学，2002（2）．

见，绝大多数农民认为现有的生产生活依靠传统力量还足以调节，不太需要国家法律的介入，他们在建立自己的行为预期时，依赖的是当地的风俗习惯，他们不了解也不愿意去了解法律，因而法律必然被漠视。另一方面，由于农民法律知识匮乏，绝大多数人将司法等同于行政，把法律仅视为“官方”的治理工具，与自身无关，轻视法律。实践中，由于法律运行过程中个别基层干部存在一些不规范的行为，加之国家法与民间法并不完全一致，出现了农民传统观念与现实法律的冲突，农民对法律的认识很容易产生偏差，甚至认为人情大于国法，进而忽视法律的作用。此外，受千百年来中国熟人社会讲究“人情”“脸面”的影响，在很多农民看来，诉讼是道德败坏的表现，打官司、上法庭是很不光彩、没面子的行为，一旦成为了被告将会很“丢人”。在我们的问卷调查中，简单地认为被告就是“理亏”一方的竟然占42%。并且，所有人都表示在发生纠纷后并不愿意立马就通过法律途径解决问题，诉讼成为他们迫不得已时采取的手段。由此可见，源自封建社会时期的“厌诉情节”至今仍然困扰着广大中国村民。

（二）城市化进程给农村民主法治建设提出挑战

近年来，我国城市化每年保持着1%—2%左右的增长速度。截至2017年底，我国的城镇化率已达58.52%，湖南城镇化率达54.62%，而长株潭城市群的城镇化率已超70%。因此，快速的城市化进程，给农村民主法治建设，提出了许多新的挑战。

1. 农村人口流动频繁，给民主选举制度的落实带来困难。

湖南省作为内陆劳务输出大省，每年都有大量的农民选择外出务工，长株潭地区的农民们也不例外。大量村民外出务工导致了选民的选举权利难以保证，选举组织难度加大。使得村民自治中已存在的“没人选”“选人难”“无人理事”“无事可理”“官主决策”“无人监督”“无力监督”等问题更加严重。边缘性拉票贿选、家族式选举等无序竞争现象日益增多，且手段隐蔽，取证、界定和查处都较困难。与此同时，农村流动人口的自治权利也难以实现，他们中的大多数长期在城市就业，在社区生活，却很少能参与到社区决策，享受同等公共服务和社会管理，基层群众自治和民主参与受限。①

2. 城市化的扩张对农村基层民主管理带来挑战

---

① 杨沛艳．城镇化进程中的农村基层治理格局重构——基于村委会与宗族关系的探讨［J］．贵州社会科学，2011（7）．

随着长株潭地区融城和城市化进程的加速，大量农村土地被征用，相当一部分行政村大部分或整体被拆迁，成了实质上的“城郊村”“空壳村”，在民主管理方面也出现了许多问题：一是村务公开和民主管理弱化。随着村民的迁出，村级事务逐步减少，村务公开和民主管理事项越来越少，有些事项的决策和处理程序不得不简化。同时，因为村办公室均属拆迁用地范围，有的村靠租房解决办公用房，有的村认为建制即将撤销，就没有再建立固定办公用房，造成村务公开、党务公开等阵地不够规范和完善。二是群众对村“两委”的监督力度减弱。被征地拆迁后，村民转为居民，货币安置的居民大多分散居住，客观上阻碍了群众对村“两委”工作情况的监督。同时，因为村级事务的减少，群众与村“两委”联系接触的机会也减少，容易从思想上忽视对村“两委”的监督。①

（三）农村基层自治组织管理仍存障碍

1. 村级基层自治组织之间缺乏制度约束，职权界定不清

虽然，当前长株潭地区已经开始全面推广“4 + X”的农村基层自治组织机制改革，但是，大多还依靠政府行为的推动，并未形成体系化的制度性规定，有些村就自治组织的性质、职权范围制定了村规民约，而有些村则还停留在实践试点阶段。因此，村党支部、村委会、村代表大会、村监会以及村小组之间的具体工作性质和职权在实践中并没有统一的、具体的可操作性规定配套，很难界定各自的职权范围和责任约束。

2. 村级基层自治组织权威性不够，存在治而不理的现象

随着农业税、村集体土地调整权、农村劳动积累工和义务工“两工”制度的取消，村集体的权威配置性资源逐步丧失。② 村干部之间主要依赖个人情感维系工作中的相互配合关系。由于村干部和各村级自治组织之间的职权边界不明确，工作运行机制未理顺，相互之间缺乏明确的刚性约束，经常会产生矛盾，最后要么谁能量大谁说了算，要么双方都不服气。我们在问卷调查中，发现受访的村庄里，有 63% 的村干部曾经和其他村干部成员发生过矛盾，8% 的村干部表示与其他村干部的矛盾一直十分激烈。村干部自身

---

① 何海燕．新型城镇化进程中农村基层治理的困境与路径选择［J］．中国领导科学，2017（1）．

② 邹建平，卢福营．制度型支配：乡村治理创新中的乡村关系［J］．浙江社会科学，2016（2）．

姑且如此，对村民更是无约束力，一些村民既不服从组织管理，也不善于与其他村民合作，导致涉及林权、地权等切身利益的纠纷大量产生，涉及公共事务的项目难以有序推进，最终使得村庄陷入治而不理的困境。我们在访问中，就有9%的村民表示不愿意受本村村干部的约束。

3. 村民自治管理与基层政府行政管理衔接不顺畅

现阶段，农村基层治理很大程度上是从基层政府的行政管理和农村社区的民主管理两个方面展开，但实践中这二者尚未实现有机的衔接与互动。简单来说就是村级组织和基层政府之间在现实中往往存在着非此即彼的博弈偏向或互不相干的独立倾向。① 有些乡镇政府和干部还是习惯于沿用传统的、行政命令式的工作方法管理农村自治组织，导致其“附属行政化”及其干部“官僚化”。另有些乡镇政府对村委会放任自流，导致部分村委会呈现“过度自治化”，甚至演变为村干部自治的“独立王国”。我们在问卷调查中有这样一个问题：“您认为目前乡镇政府和村民委员会之间是什么关系?”在乡镇领导的回答中，认为是领导关系的占18%；认为按法律来讲应当是指导的关系，但是实际上还是一种领导关系的占62%；认为是指导关系的占20%。在村干部的回答中，认为是领导关系的占8%；认为按法律来讲应当是指导的关系，但是实际上还是一种领导关系的占30%；认为是指导关系的占62%。从对这一问题的回答我们可以看出，在当前的乡村治理中，仍有70%的乡镇政府领导将村民委员会视为其下属机构，他们对村民委员会往往会以行政命令代替行政指导。另外，我们的调查问卷还显示，有18%的村干部认为他们只应对村民负责，可以不服从乡镇政府的领导。

四、长株潭地区深化农村基层治理法治化改革的建议分析

农村基层治理的法治化是一个循序渐进的过程，“实质是一种制度的变迁，即用一整套完整的现代法律制度取代传统乡土中国内生的制度”。② 在政府主导型法治建设模式下，将农村法治融入国家治理体系现代化建设和全面实现小康社会战略布局，坚持政府主导与社会推动相结合，尊重实践创

---

① 李海金，贺青梅．乡镇政府行政管理与村民自治的有效衔接和良性互动［J］．中州学刊，2010（3）．

② 周尚君．乡村治理的法律规制及其限度——兼以云南德宏某村“村规民约”为参照［J］．甘肃政法学院学报，2008（6）．

新，可望实现农村基层治理的法治化。

（一）实现农村治理主体法治意识、法治能力的现代化转型

1. 发挥乡镇政府推进农村基层治理法治化的主导作用

在现代农村治理的多元主体中，基层政府代表国家政权，能有效地组织和监督法律实施；基层干部的文化素质、法律素养普遍高于当地居民，堪当国家法律的代言人；在惠农、支农和纷繁复杂的矛盾纠纷处理中，基层政府赢取了农民发自内心的信任与支持，可广泛发起乡村动员，担起主导农村法治建设的大任。破解基层政府主导农村治理的困局，唯有科学配置工作职能，转变管理方式。一是减轻压力型体制的束缚。作为国家政权的“神经末梢”，乡镇政府要传达和实施来自上级党委、政府的政策，承接各种任务，从根本上摆脱压力型体制的束缚是不现实的，只能“减压”。而“减压”的关键是转变基层政府的职能，实现由管制型政府向服务型政府的转型。对于农村基层政府而言，首要的任务就是建立一个法律化、制度化的政府管理体制，设置合理的政府机构。① 乡镇站所数量不可能完全与县级部门相对应，要加大对乡镇内部机构设置及其职能划分的探索力度，因地制宜建立综合性站所，以对应多个上级政府部门的职能，特别要探索乡镇一级的综合执法体制，杜绝无权执法的现象。二是基层政府要积极适应农村管理向治理的转型。随着农村走向开放和发展，农民民主意识觉醒，原有一元化管理的弊端日渐显现，多元治理的趋势越来越明显。在多元治理格局下，政府的首要职能不是管制，而是在法治化的框架下提供公共服务。基层政府要顺应这一发展趋势，通过民主化、法治化的方式，还权于民，还权于社会。三是在人情传统浓厚的中国农村，在法治化建设初期，农村治理方式的转型必须借助国家公共权力。这类机构既包括基层党委、政府，也包括基层检察院、公安派出所、法庭。由于有国家权力做后盾，代表官方正式制度的权威，以之主导农村法治发展，能保证治理方式转型方向的准确性。同时，公共权力机关有政府财政作保障，也能在普法、执法和释法等方面降低农村推进法治建设的成本。

2. 提高村组干部的法治思维和能力，建立基层自治惩戒制度

村级自治组织和村干部是农村法治最直接的推动者和践行者。在农村法

① 闫丽萍. 关于乡村基层治理的几点思考——基于深化乡镇政府机构改革的视角[J]. 东岳论丛，2013，34（11）.

治发展中，村级组织和村干部是国家与农民联系的桥梁和纽带，是国家法律乡土化的实施者；是自下而上进行乡村动员、推进农村法治化治理的组织者。因此，提高村组干部综合素质特别是法律素养，培育法治实践主体，就显得尤为重要。

高度重视村干部法治思维能力的培养，逐步提高村干部依法办事的能力，一要将村组干部法治思维能力与农村城镇化建设同步推进。城镇化是我国解决“三农”问题的基本政策之一，城镇的辐射效应将促使农村生产和生活方式逐步走向现代化，并不断实现城乡一体化。① 基层政府要有意识地将培养村组干部的法治能力纳入城镇化建设中，在乡村建设规划、征地拆迁补偿、干部权力规范、生态环境保护、农村土地流转等相关问题的处理中，注意法治化导向，让村组干部切实感受到依法办事的优势，对之产生认同感。二要搭建平台，送法进村。充分发挥公检法司工作人员、法学教育者和各机关事业单位法律法规科室工作人员法律素养高的人才优势，对口帮扶，为乡镇、村提供法律服务和法律咨询。三要强化法律在调处农村矛盾纠纷、社会稳定方面的基础性作用，引导村组干部树立法治思维。通过个案的依法裁判或调解，向村民，也向村组干部或其他村内精英宣示法律的价值和功能。个案的处理对普通农民而言，或许只影响到单个农民；但对村组干部来说，却是一次生动的普法宣传，可以引导他们树立法治思维。

除了提高村组干部的法治能力之外，还应当于村组干部中引入基层自治惩戒和制度。现有的制度规定了村级组织和村干部应该做什么，而没有明确规定不做什么将受到何种惩罚。对村干部的过错缺少责任追究和惩罚的具体规定，这在一定程度上加剧了令而不行、禁而不止现象的发生。因此，建议在农村基层治理中建立惩戒性制度，除了对村民委员会责令改正这种原则性规定外，还应强调对责任人的责任追究，以及具体明确的处罚措施。②

3. 培育村民的法治意识，推动乡村从人情社会走向规则社会

法律的权威来源于人民的内心拥护和真诚信仰。基于当前农村的法治现状，应通过多种途径采用各种方式，提高农村法治宣传教育的针对性、实效

① 郭非凡．加速农村城镇化是解决“三农”问题之根本［J］．江西社会科学，2000（11）．

② 刘友田，宋明爽．《村委会组织法》的完善与村民自治的健康发展［J］．山东社会科学，2006（3）．

性，切实改变乡村的人情观，强化农村办事的法律规则意识，引导村民自觉守法、遇事找法、解决问题靠法。

首先，普法是增进农民的法律情感的重要环节。农村法治建设的推进，既需要有良好的法律，也需要有使法律得到普遍遵守的“土壤”。只有当依法成为一种习惯，农村法治化秩序才真正形成。由于受传统文化的影响较深，加上农民文化素质相对较低，直接通过植入来自国家的法律制度、机制，强行改变乡土社会沿袭了几千年的治理传统，极其艰难。只有通过普法，才能逐步改变农民的观念。从“一五普法计划”到“七五普法规划”，国家从未忘记向乡土社会输送法律资源，提高了农民的法律意识。

其次，发挥村域内部精英的潜能。尽管欠发达地区农村尚不具备对农民全面普法的经济条件，仍应借助多种媒介、多种形式培育农民的法律情感。在推进农村法治进程中，一是乡镇干部作为国家公共权力的执行者，相对普通民众而言，有较高法律和政策素养。他们不仅应承担执法者、管理者和服务者的职能，也要按“谁执法，谁普法”的要求，在各个领域和各种事务处理中承担起普法宣传的职能，通过对农村事务的依法治理向农民宣示法律的价值。二是充分发挥村域内部精英的作用。他们与外界接触较多，在村内有一定的“发言权”，其处事方式具有导向作用，应将这些人纳入“法律明白人”范围进行系统培训，提升法律水平，鼓励他们向农民普法。

最后，提高普法的针对性和层次性。当前的农村普法可考虑分四步走：一是培育农民的法律情感，让农民知道现代法律不再是传统社会中的“统治工具”，而是保护公民人身权利、财产权利的重要武器。二是通过释法，增强农民对司法公信力的认知，让农民相信法律是公平公正的。三是要逐步让农民了解法律的规则，知道诉讼的关键在于证据，学会保存证据。四是要让农民逐渐养成遇事找法、解决问题靠法的习惯，最终形成法律信仰。

（二）推进城乡一体，构建融合统一的基层群众自治体系

随着我国农村社会经济的发展及改革的深入，尤其是城乡一体化的加快，我国的农村基层群众自治制度必须随之变革。要统筹发展城乡基层群众自治和社区建设，推动城乡社区在发展民主自治、加强管理服务上实现良性互动、共同进步。

1. 探索新形式的基层民主选举模式

面对农村人口外流给农村基层民主选举带来的真空问题，国家、基层政府和村组织有必要考虑改变或创新现有的基层民主选举方式，创新、放宽基

层民主选举的方式，将实体场所投票进竞选与网络选举相结合，探索候选人线上竞选、选举人线上投票的互联网云投票方式，方便众多在外务工的农民能够多渠道、全方面地了解候选人的信息，并方便农民工投票，激发大家选举的热情。对于基层民主选举中程序不规范、缺乏监督的问题，笔者认为可以在选举时建立选举监督委员会，委员可以由村民监督委员会成员担任，负责监督基层选举的程序和结果公正。此外，党组织、纪委和基层乡镇政府也有必要进一步强化对农村党支部和村委员选举的监督。

2. 推动城乡基层群众自治体系的一体化建设

加快推进城乡基层组织、管理和服务体制的改革，构建与开放、流动和城乡一体化相适应的基层治理体系。首先，应当进一步改革和完善基层群众自治机制，加快推进农村社区建设，扩大基层群众自治范围，完善民主管理制度，把城乡社区建设成为管理有序、服务完善、文明祥和的社会生活共同体。其次，要进一步推进基层便民服务，创新村民自治服务的形式，有条件的地方要依托城乡社区综合服务设施设立便民服务中心，将劳动就业、社会保险、社会救助、社会福利、计划生育、农用地审批、新型农村合作医疗及涉农补贴等纳入其中公开规范办理；在城乡社区（村）设立便民代办点，将便民服务向城乡社区（村）延伸。最后，推动城乡基层群众自治体系的一体化建设，要将村民自治和居民自治统一为社区居民自治，构建社会的自治管理与国家的社会管理相互贯通、相互赋权的基层治理机制，着眼于建立以基层群众自治为基础的国家基层治理战略。为此，一是鼓励和支持地方开展农村民主管理制度创新和实践创新，围绕创新基层社会管理服务体系，对基层群众自治和服务功能等问题进行积极探索实验，不断丰富农村民主管理建设的实践形式。二是积极开展城乡社区结对帮扶活动，整合城乡服务资源，将城市社区便民服务和农村社区惠民服务有机结合起来，探索建立城乡互助服务新机制。三是积极培育各类农村社会组织，创新提升村民自治能力的社区管理模式，增强农村居民的组织化和自我服务能力，充分发挥农民群众自我管理、自我服务、自我教育、自我监督的作用。

当前，《居民委员会组织法》修订工作正在进行，要抓住此次契机，考虑制定新的城乡一体的《城乡社区自治法》，促进城乡基层自治民主制度的一体化。进一步加大村民自治的财政投入，建构村民自治的财政分摊机制，保障村民组织稳定的财政来源，推动农村基层组织体制从村民自治过渡到到社区自治。我国基层群众自治民主的范围将进一步扩大，内容将进一步丰富，我国基层群众自治也将逐上一个新水平，进入一个新阶段。

（三）正确界定权力与职责范围，完善村级基层治理组织机构

村级基层治理组织中的村党支部、村民委员会、村民监督委员会以及乡镇政府，都是实现农村经济社会发展不可或缺的重要组成部分，因其职责不同而发挥各自不同的作用。

1. 正确处理好村党支部和村委会的关系

首先，村党支部与村委会的关系实质上是党的领导与基层民主政治建设的关系，村党支部与村民委员会之间存在着领导与被领导的关系。要在坚持村党支部行使领导权这一基本原则的前提下，合理划分村党支部和村委会的职权范围。村党支部作为领导核心，应承担领导者的职责，更多的是引导、支持和保障村民委员会行使职权履行职能，协调村民委员会与其他组织之间的关系。村民委员会作为村民自治的工作机构，应承担执行者的职责，负责村级事务的日常管理工作。同时，要健全村党支部与村民委员会间的协调机制。既要防止村党支部与村民委员会主要负责人互相扯皮现象的发生，也要避免主要负责人因一方过于强势而导致“两委成一委”的现象出现。有人主张采用村党支部书记兼任村民委员会主任方式解决目前存在的“两委”不协调问题。实际选举过程中，各地也存在着交叉任职、村党支部书记村委会主任“一肩挑”、甚至村支书兼任村经济合作社主任的现象。笔者认为这只能是矛盾十分突出的个别村不得已而为之的暂缓之计，不能作为一项常规制度。可以通过发展党员的途径将村民中的优秀分子特别是村民委员会成员吸纳到党组织队伍中来，但村党支部与村民委员会、村经济合作社毕竟是不同属性的基层组织，有其不同的性质和不同的法定职责，将不同的职权集中于一人，短期内也许可以提高效率，但长此以往极易导致集权和人治，不利于民主法治进程的推进。

2. 正确处理好村民委员会与村经济合作社的关系

对于村民委员会是否具有集体经济管理职能一度存在着争议，笔者认为，村经济合作社是独立的法人实体，履行集体组织的经济职能。村民委员会作为基层群众性自治组织，履行管理集体资产，支持和保障村经济合作社依法独立进行经济活动。村民委员会只有在没有村经济合作社这类集体经济组织时，才行使对集体资产的经营管理权。而村民委员会与村经济合作社最根本的区别在于自治组织与经济组织之间的区别。村集体经营活动依法由村经济合作社独立行使，村民委员会应该按照政企分开的原则，尊重并支持村

经济合作社依法独立进行经济活动的自主权，把健全村集体经济组织、壮大集体经济实力作为根本任务来抓，支持和组织村民依法发展各种形式的合作经济和其他经济，而不应取代村经济合作社的基本经济经营职能。

3. 强化村务监督委员会的监督职能

村务监督委员会作为独立的监督机构，应依法独立行使监督权，因此，在任职中应避免交叉任职和兼任情况的存在。笔者在调研时发现，村务监督委员会往往仅关注和局限于财务监督，对其他方面的监督则流于形式。事实上，作为监督机构，村务监督委员会应负责两方面的监督，即村务公开监督和财务活动监督。既要认真审查村务公开各项内容是否全面、真实，公开时间是否及时，公开形式是否科学，公开程序是否规范，又要负责对本村集体财务活动进行民主监督，参与制定本村集体的财务计划和各项财务管理制度，有权检查、审核财务账目及相关的经济活动事项，有权否决不合理开支。村务监督委员会对全体村民负责，向村民会议或村民代表会议报告工作，依法独立行使监督权。

结语

法治作为现代社会的基本治理方式，是人类政治文明进步的标志，因为，法治较之于其他任何制度最能体现和代表现代社会的基本价值。农村基层治理的法治化就是在农村基层治理领域彰显和实现现代社会基本价值的治理体制，体现了农村基层治理和乡村民主政治的进步与发展，是国家与社会治理体系和治理能力现代化的基本标识。正因为如此，基层治理的法治化也是农村市场化进程中基层治理现代化发展的最基础、最根本、最核心的价值需求。基层治理法治化通过在基层治理领域充分发挥法治的行为规范功能、法律保障功能、制度整合功能、价值导向功能、人格塑型功能、权利保护功能和秩序调控功能，能够为实现农村基层的规范治理、自主治理、开放治理、理性治理、独立治理、积极治理和自由治理提供最关键的制度保障，只能是让农村基层治理的现代化发展走得越来越好，而要真正实现基层治理体系和治理能力的现代化还需要付出更多的努力和更多的尝试。

附件一

关于农村基层治理法治化建设实证研究的接洽函

您好：

我们是湘潭大学“农村基层治理法治化建设实证研究”项目的成员。该项目旨在通过对长株潭地区近年来农村治理法治化建设情况的实地调研，发现该地区推进农村法治化治理进程中的成果和存在的困难，为实现“法治湖南”“乡村振兴”出谋划策。为了获取本次调研所需的资料数据，需要贵部门的帮助和支持，请贵单位予以安排。在此对贵部门的接纳予以感谢。

我们将于______年____月____日 赴贵单位完成该次调研，期予以接洽为盼。

年　　月　　日

学院印章：

附件二

湘潭大学法学院暑期调研团队

——农村基层治理法治化建设实证研究调研问卷

（普通村民用）

尊敬的________女士（先生）

您好，我们是湘潭大学“农村基层治理法治化建设实证研究”项目的成员。该项目旨在通过对长株潭地区近年来农村治理法治化建设情况的实地调研，发现该地区推进农村法治化治理进程中的成果和存在的困难，为实现“法治湖南”“乡村振兴”出谋划策。

此问卷仅限于学术研究，采取不记名形式。如果您有时间，希望您能积极参与并请实事求是地予以回答。我们将本着专业精神承诺：在调研过程中严格保守秘密，不向任何第三方透露被调查者的任何非公开信息，不将此问卷用于本次调研以外的任何目的。请您在符合情况的序号下画“√”。谢谢您的合作！同时对您提供的热枕帮助表示由衷感谢！

一、被访问者基本情况

性别：	年龄：	职业：
文化程度：□文盲 □小学 □初中 □中专 □高中 □大专 □本科 □本科以上		
家庭成员数：	是否为在本村长期居住：	

1. 您主要通过哪种或哪几种方式了解法律信息（多选）：

A. 电视节目　　B. 报纸

C. 网络节目　　D. 村镇干部宣传

E. 村镇宣传栏公告

2. 您认为依法治村和能人治村哪个更好？

A. 依法治村　　B. 能人治村

C. 没区别

3. 贵村村干部是否存在以权谋私的情况？

A. 基本不存在　　　B. 偶有发生
C. 比较严重　　　D. 十分严重

4. 您认为“村民自治”是：
A. 村民自我管理、自我教育、自我服务
B. 便于政府管理村民
C. 不知道是什么
D. 还是原来那一套，只是说法不同

5. 您是否愿意接受村干部的管理？
A. 愿意接受　　　B. 合理的管理可以接受
C. 不一定，视情况而定　　　D. 完全不愿意

6. 您认为贵村的村干部选举是否公正？
A. 公平公正　　　B. 存在部分问题
C. 严重违规

7. 村干部在调处村内纠纷时是否依法处理？
A. 完全依法处理　　　B. 视情况而定
C. 完全依照自己的想法

8. 你是否参与过村内日常事务的管理？
A. 经常参与　　　B. 偶尔参与
C. 基本不参与

9. 村委员、村支部是否向您普及或宣传过法律知识？
A. 经常宣传　　　B. 偶尔宣传
C. 基本没有

10. 您如何看待本村新型的自治管理机制？
A. 较之之前的管理机制更为先进，利于村民参与管理
B. 换汤不换药，和之前的管理机制差别不大
C. 没有真正完善普通村民参与村务管理的渠道
D. 其他（请具体填写）

11. 您对本村的村务公开情况是否满意？
A. 十分满意　　　B. 比较满意
C. 不太满意　　　D. 很不满意

12. 您是否了解本村的村规民约？
A. 十分了解　　　B. 略有所知

C. 没有听说过

13. 您对乡镇领导干部的执法工作态度和水平是否满意？

A. 十分满意　　B. 比较满意

C. 有待改进　　D. 很不满意

14. 您认为乡镇领导干部是否存在以权谋私、以权代法的情况？

A. 基本不存在　　B. 偶有发生

C. 比较严重　　D. 十分严重

15. 乡镇领导干部在处理纠纷时是否做到依法处理？

A. 完全依法处理　　B. 视情况而定

C. 完全依照自己的想法

16. 您在生活中曾遇到的比较严重的纠纷问题有（多选）：

A. 进程务工中发生的劳资和保险等纠纷

B. 土地征收或征用的补偿纠纷以及拆迁后的安置纠纷

C. 山林、土地和水利的权属纠纷

D. 农村干部或基层乡镇干部的违规与腐败

E. 农村基层选举暗箱操作

F. 农村环境污染问题

G. 医疗、养老等社会保险纠纷

H. 食品药品安全以及消费者权益纠纷

I. 其他（具体填写）

17. 您生活中发生纠纷时，你首先选择哪种方式解决？

A. 打官司　　B. 找村干部处理

C. 找政府解决　　D. 自行解决

E. 找中间人调停　　F. 其他

18. 您认为法律在你的日常生活中的作用如何？

A. 非常重要，我有麻烦首先想到法律途径解决，没有法律我就没法生活

B. 比较重要，我有时会尝试用法律保护自己的权益

C. 一般，基本不主动寻求法律途径解决问题，除非迫不得已

D. 法律根本没用

19. 您知道自己有哪些权利义务吗？

A. 知道，我的行为就是根据这个来确定

B. 大体知道我有什么权利义务

C. 我只是知道不犯法

D. 不知道，做人靠良心，那些无所谓

20. 您对法律的了解情况（多选）：

A. 完整地阅读或学习过一部法律

B. 知道民法、刑法、行政法等法律之间的区别

C. 懂得行政机关和司法机关之间的职能区别

D. 明白到法院打官司的基本程序

E. 懂得如何寻求法律援助

F. 经常关注立法等法律热点事件

G. 经常浏览观看法制新闻或节目

21. 您认为打官司的行为是：

A. 值得鼓励的　　　　B. 斤斤计较的

C. 正常的

22. 您认为打赢官司主要是靠：

A. 律师的水平　　　　B. 和法官的关系

C. 自身的请求合法合理

23. 您打官司最担心的方面是（多选）：

A. 打官司太费钱，经济压力大

B. 打官司程序太麻烦，不如私了

C. 不相信法院可以公平公正地解决问题

D. 对现行法律规定不认可或没有信心

F. 害怕万一成为被告丢人

G. 自己对法律不了解，又不知道如何请律师

G. 其他（可具体说明）

24. 当发现村干部有违规、违法行为时，你会选择：

A. 没侵害自己的权益，装作看不见

B. 为了不伤和气，忍忍算了

C. 向上级政府、纪委反应

D. 联合村民罢免该村干部

附件三

湘潭大学法学院暑期调研团队

——农村基层治理法治化建设实证研究调研问卷

（村干部用）

尊敬的________女士（先生）

您好，我们是湘潭大学“农村基层治理法治化建设实证研究”项目的成员。该项目旨在通过对长株潭地区近年来农村治理法治化建设情况的实地调研，发现该地区推进农村法治化治理进程中的成果和存在的困难，为实现“法治湖南”“乡村振兴”出谋划策。

此问卷仅限于学术研究，采取不记名形式。如果您有时间，希望您能积极参与并请实事求是地予以回答。我们将本着专业精神承诺：在调研过程中严格保守秘密，不向任何第三方透露被调查者的任何非公开信息，不将此问卷用于本次调研以外的任何目的。请您在符合情况的序号下画“√”。谢谢您的合作！同时对您提供的热枕帮助表示由衷感谢！

一、被访问者基本情况

性别： 年龄： 职务：	
文化程度：□文盲 □小学 □初中 □中专 □高中 □大专 □本科 □本科以上	
家庭成员数： 任职时间：	

1. 您认为近年来贵村的法治环境如何？

A. 较之以前有明显改善，基本实现了乡村治理的法治化

B. 法治氛围正逐步形成，但村民、村干部的法治意识还有待提高

C. 没有太大改善，乡村治理还是依靠情理、人治

D. 其他

2. 您认为依法治村和能人治村哪个更好？

A. 依法治村　　B. 能人治村

C. 各有利弊

3. 您如何看待法治在农村日常治理中的作用？

A. 非常重要，农村治理应当逐步实现法治化

B. 比较重要，有些问题通过法律确实途径确实能够得到有效解决

C. 一般，人治同样也可以治理好乡村

D. 人治更能适用农村生活，法治没什么用

E. 其他（请具体填写）

4. 您主要通过哪种或哪几种方式了解法律信息？（多选）

A. 电视节目　　B. 报纸

C. 网络　　D. 政府宣传

E. 法学教育　　F. 自学

5. 您对法律的了解情况（多选）：

A. 曾完整地阅读或学习过一部法律

B. 知道民法、刑法、行政法等法律之间的区别

C. 懂得行政机关和司法机关之间的职能区别

D. 明白到法院打官司的基本程序

E. 懂得如何寻求法律援助

F. 经常关注立法等法律热点事件

G. 经常浏览观看法制新闻或节目

H. 外出务工时懂得主动签订劳务合同

I. 以上都不了解

6. 村民间发生了严重矛盾，您会首先建议他们通过什么方式解决？

A. 建议他们自行私下谈判私了

B. 建议他们到村委会找村干部调解

C. 建议他们找村中老人或权威人士调解

D. 建议他们寻求政府、司法机关的帮助

7. 您认为村干部的权利是谁给的？

A. 法律　　B. 全体村民

C. 上级领导　　D. 不清楚

8. 您认为村民委员会是？

A. 乡镇政府的下级行政机关

B. 农村经济组织

C. 群众性自治组织

D. 村党支部的执行机关

E. 不知道

9. 您认为村干部的身份是：

A. 官员　　B. 国家机关工作人员

C. 非国家机关工作人员　　D. 其他

10. 您认为贵村的村干部选举是否公正？

A. 公平公正　　B. 存在部分问题

C. 严重违规

11. 您认为贵村村干部们的整体工作能力如何？

A. 十分优秀　　B. 能力尚可

C. 有待改进　　D. 能力不足

12. 您和其他村干部之间的关系如何？

A. 关系融洽　　B. 联系不多

C. 偶有矛盾　　D. 经常发生矛盾

13. 您平时在调处村内纠纷时主要是依据：

A. 依法处理　　B. 依大多数村民的意志处理

C. 依自身情感判断处理　　D. 依与处理对象的关系处理

14. 您认为乡村最为常见和集中的纠纷和矛盾有哪些？（多选）

A. 进程务工中发生的劳资和保险等纠纷

B. 土地征收或征用的补偿纠纷以及拆迁后的安置纠纷

C. 山林、土地和水利的权属纠纷

D. 普通乡村间的邻里纠纷

E. 农村基层选举纠纷

F. 农村环境污染问题

G. 村民与村干部间的矛盾

H. 医疗、养老等社会保险纠纷

I. 财产继承纠纷

J. 村民间的借贷与财务纠纷

K. 其他（具体填写）

15. 您认为村干部在推进农村法治建设中的主要困难有（多选）：

A. 部分村民对于村干部的管理存在抵触心理

B. 村委员的经费有限

C. 村干部的整体素质和专业能力不高

D. 政府的支持力度不够
E. 有些法律内容本身不适应乡村生活
F. 其他（具体填写）
16. 村干部向村民普及法律知识的频率：
A. 一周几次　　B. 一周一次
C. 一月几次　　D. 一月一次
E. 更少
17. 本村村民学习法律的热情如何？
A. 学习氛围热烈　　B. 学习氛围一般
C. 漠不关心
18. 您对本村的新型的 4 + X 农村基层自治管理机制如何评价？
A. 较之以前的模式更为先进
B. 和之前的模式没多大区别
C. 不如之前的模式，不利于村干部的管理
D. 其他
19. 您认为贵村自治管理组织中最具话语权的组织是：
A. 村党支部
B. 村委会
C. 村监督委员会
D. 村民代表大会
20. 您认为本村的村务监督和公开工作开展得如何？
A. 基本实现村民对村委会的有效监督，村委按规定时时公开
B. 碍于人情和程序问题，村民对村委会和村支部的监督有限
C. 村民监督委员会形同虚设，村务公开也不规范
D. 其他（具体填写）
21. 您认为目前乡镇政府和村民委员会之间是什么关系？
A. 领导关系　　B. 指导关系
C. 按法律来说是指导关系，实际上是领导关系
22. 您认为乡镇政府在推进农村法治化建设中的作用是：
A. 主导作用，是决定农村基层治理法治化改革能否成功的关键力量
B. 辅助作用，推进农村法治化工作关键还在农民自己
C. 与普通村民一起构成推进农村法治化事业的重要力量

D. 其他（具体填写）

23. 您对您所在乡镇的干部在推进农村法治化改革中的作为如何评价？

A. 十分满意，完全按照中央和省委部署扎实推进

B. 比较满意，但在具体工作中还需更加细致

C. 一般，具体作为与上级党和政府的意思有所出入

D. 不满意，在推进农村法治工作中严重不作为

24. 您认为乡镇领导干部是否存在以权谋私、以权代法的情况？

A. 基本不存在　　B. 偶有发生

C. 比较严重　　D. 十分严重

25. 当发现乡镇干部在农村工作中有违规、违法行为时，你会选择：

A. 为了搞好和领导的关系。装作看不见

B. 为了不惹祸上身，忍忍算了

C. 积极向上级政府、纪委反应

D. 组织村民到政府抗议、示威

附件四

湘潭大学法学院暑期调研团队

——农村基层治理法治化建设实证研究调研问卷

（乡镇政府干部用）

尊敬的________女士（先生）

您好，我们是湘潭大学“农村基层治理法治化建设实证研究”项目的成员。该项目旨在通过对长株潭地区近年来农村治理法治化建设情况的实地调研，发现该地区推进农村法治化治理进程中的成果和存在的困难，为实现“法治湖南”“乡村振兴”出谋划策。

此问卷仅限于学术研究，采取不记名形式。如果您有时间，希望您能积极参与并请实事求是地予以回答。我们将本着专业精神承诺：在调研过程中严格保守秘密，不向任何第三方透露被调查者的任何非公开信息，不将此问卷用于本次调研以外的任何目的。请您在符合情况的序号下画“√”。谢谢您的合作！同时对您提供的热忱帮助表示由衷感谢！

一、被访问者基本情况

性别：	年龄：	职务：	工龄：			
文化程度：□初中	□中专	□高中	□大专	□本科	□硕士研究生	□博士研究生

1. 您如何看待法治在农村日常治理中的作用？

A. 非常重要，农村治理应当逐步实现法治化

B. 比较重要，有些问题通过法律途径确实能够得到有效解决

C. 一般，人治同样也可以治理好乡村

D. 人治更能适用农村生活，法治没什么用

E. 其他（请具体填写）

2. 您认为目前乡镇政府和村民委员会之间是什么关系？

A. 领导关系　　　　B. 指导关系

C. 按法律来说是指导关系，实际上是领导关系

3. 您认为乡镇政府在推进农村法治化建设中的作用是：

A. 主导作用，是决定农村基层治理法治化改革能否成功的关键力量
B. 辅助作用，推进农村法治化工作关键还在农民自己
C. 与普通村民一起构成推进农村法治化事业的重要力量
D. 其他（具体填写）
4. 贵乡镇所辖村庄近年来的法治建设情况如何？
A. 较之以前有明显改善，基本实现了乡村治理的法治化
B. 法治氛围正逐步形成，但村民、村干部的法治意识还有待提高
C. 没有太大改善，乡村治理还是依靠情理和人治
D. 其他（具体填写）
5. 您对法律的了解情况（多选）：
A. 接受过系统的法学高度教育
B. 接受过专门的法律知识培训
C. 懂得行政执法的基本原则和具体程序要求
D. 熟悉并阅读过我国的根本法，知道宪法日是哪一天
E. 了解我国的法律体系
F. 能够熟练运用专业法律知识执法
G. 熟悉公务员法、监察法、刑法、党内法规等法律法规
H. 熟悉基本的诉讼程序，能够出庭应诉
I. 以上都不了解
6. 向村民普法的方式主要有（多选）：
A. 邀请法律讲师团宣讲　B. 张贴法律知识海报
C. 开展法制趣味活动　D. 组织公益法律援助
E. 走方式宣传，发放法律知识手册
F. 其他：
7. 乡镇政府向村民普及法律知识的频率：
A. 一周几次　B. 一周一次
C. 一月几次　D. 一月一次
E. 更少
8. 农村普法的效果如何？
A. 效果显著，农民的法治意识已经形成
B. 效果尚可，农民法治意识逐步提高
C. 效果一般，农村法治氛围不够

D. 没有效果，不能充分调动群众积极性

E. 其他（具体填写）

9. 您认为基层政府在推进农村法治建设中的主要困难有（多选）：

A. 部分村民的事不关己的态度

B. 村干部素质不高或不愿意配合政府工作

C. 基层政府干部法治能力有限

D. 普法和推进法治建设的经费不足

E. 立法存在问题，有些法律内容本身不适应乡村生活

F. 其他（具体填写）

10. 您认为乡镇领导干部是否存在以权谋私、以权代法的情况？

A. 基本不存在　　　　B. 偶有发生

C. 比较严重　　　　　D. 十分严重

11. 根据您的了解，当前乡村最为常见和集中的纠纷和矛盾有哪些？（多选）

A. 进程务工中发生的劳资和保险等纠纷

B. 土地征收或征用的补偿纠纷以及拆迁后的安置纠纷

C. 山林、土地和水利的权属纠纷

D. 普通乡村间的邻里纠纷

E. 农村基层选举纠纷

F. 农村环境污染问题

G. 农村干群矛盾

H. 医疗、养老等社会保险纠纷

I. 财产继承纠纷

J. 村民间的借贷与财务纠纷

K. 其他（具体填写）

12. 面对上述农村纠纷，基层政府如何解决？（多选）

A. 委托村干部代为处理　　　　B. 派驻干部下村调解

C. 政府内设立专门的调解工作室　D. 其他（具体填写）

13. 政府调解工作人员在调解农村问题时主要是依据：

A. 依法处理　　　　　B. 依大多数村民的意志处理

C. 依自身情感判断处理　D. 依与处理对象的关系处理

14. 近年来倡导的“4 + X”农村基层自治管理机制在贵乡镇推行情况

如何？

A. 各村基本建立　　　　B. 正在积极推广

C. 尚未完成

15. 您对“4 + X”农村基层自治管理机制如何评价？

A. 较之以前的模式更为先进

B. 和之前的模式没多大区别

C. 不如之前的模式，不利于村干部的管理

D. 其他

16. 您认为贵乡镇所辖各村的村务监督和公开工作总体上开展如何？

A. 基本实现村民对村委会的有效监督，村委按规定时时公开

B. 碍于人情和程序问题，村民对村委会和村支部的监督有限

C. 村民监督委员会形同虚设，村务公开也不规范

D. 其他（具体填写）

附件五

2018 年“中央一号文件”《关于实施乡村振兴战略的意见》中对于加强农村基层基础工作，构建乡村治理新体系的阐述

乡村振兴，治理有效是基础。必须把夯实基层基础作为固本之策，建立健全党委领导、政府负责、社会协同、公众参与、法治保障的现代乡村社会治理体制，坚持自治、法治、德治相结合，确保乡村社会充满活力、和谐有序。

一、加强农村基层党组织建设

扎实推进抓党建促乡村振兴，突出政治功能，提升组织力，抓乡促村，把农村基层党组织建成坚强战斗堡垒。强化农村基层党组织领导核心地位，创新组织设置和活动方式，持续整顿软弱涣散村党组织，稳妥有序开展不合格党员处置工作，着力引导农村党员发挥先锋模范作用。建立选派第一书记工作长效机制，全面向贫困村、软弱涣散村和集体经济薄弱村党组织派出第一书记。实施农村带头人队伍整体优化提升行动，注重吸引高校毕业生、农民工、机关企事业单位优秀党员干部到村任职，选优配强村党组织书记。健全从优秀村党组织书记中选拔乡镇领导干部、考录乡镇机关公务员、招聘乡镇事业编制人员制度。加大在优秀青年农民中发展党员力度。建立农村党员定期培训制度。全面落实村级组织运转经费保障政策。推行村级小微权力清单制度，加大基层小微权力腐败惩处力度。严厉整治惠农补贴、集体资产管理、土地征收等领域侵害农民利益的不正之风和腐败问题。

二、深化村民自治实践

坚持自治为基，加强农村群众性自治组织建设，健全和创新村党组织领导的充满活力的村民自治机制。推动村党组织书记通过选举担任村委会主任。发挥自治章程、村规民约的积极作用。全面建立健全村务监督委员会，推行村级事务阳光工程。依托村民会议、村民代表会议、村民议事会、村民理事会、村民监事会等，形成民事民议、民事民办、民事民管的多层次基层协商格局。积极发挥新乡贤作用。推动乡村治理重心下移，尽可能把资源、服务、管理下放到基层。继续开展以村民小组或自然村为基本单元的村民自治试点工作。加强农村社区治理创新。创新基层管理体制机制，整合优化公

共服务和行政审批职责，打造“一门式办理”“一站式服务”的综合服务平台。在村庄普遍建立网上服务站点，逐步形成完善的乡村便民服务体系。大力培育服务性、公益性、互助性农村社会组织，积极发展农村社会工作和志愿服务。集中清理上级对村级组织考核评比多、创建达标多、检查督查多等突出问题。维护村民委员会、农村集体经济组织、农村合作经济组织的特别法人地位和权利。

三、建设法治乡村

坚持法治为本，树立依法治理理念，强化法律在维护农民权益、规范市场运行、农业支持保护、生态环境治理、化解农村社会矛盾等方面的权威地位。增强基层干部法治观念、法治为民意识，将政府涉农各项工作纳入法治化轨道。深入推进综合行政执法改革向基层延伸，创新监管方式，推动执法队伍整合、执法力量下沉，提高执法能力和水平。建立健全乡村调解、县市仲裁、司法保障的农村土地承包经营纠纷调处机制。加大农村普法力度，提高农民法治素养，引导广大农民增强尊法学法守法用法意识。健全农村公共法律服务体系，加强对农民的法律援助和司法救助。

四、提升乡村德治水平

深入挖掘乡村熟人社会蕴含的道德规范，结合时代要求进行创新，强化道德教化作用，引导农民向上向善、孝老爱亲、重义守信、勤俭持家。建立道德激励约束机制，引导农民自我管理、自我教育、自我服务、自我提高，实现家庭和睦、邻里和谐、干群融洽。广泛开展好媳妇、好儿女、好公婆等评选表彰活动，开展寻找最美乡村教师、医生、村官、家庭等活动。深入宣传道德模范、身边好人的典型事迹，弘扬真善美，传播正能量。

五、建设平安乡村

健全落实社会治安综合治理领导责任制，大力推进农村社会治安防控体系建设，推动社会治安防控力量下沉。深入开展扫黑除恶专项斗争，严厉打击农村黑恶势力、宗族恶势力，严厉打击黄赌毒盗拐骗等违法犯罪。依法加大对农村非法宗教活动和境外渗透活动打击力度，依法制止利用宗教干预农村公共事务，继续整治农村乱建庙宇、滥塑宗教造像。完善县乡村三级综治中心功能和运行机制。健全农村公共安全体系，持续开展农村安全隐患治理。加强农村警务、消防、安全生产工作，坚决遏制重特大安全事故。探索以网格化管理为抓手、以现代信息技术为支撑，实现基层服务和管理精细化精准化。推进农村“雪亮工程”建设。

附件六

《2018 年法治湖南建设工作要点》对于加强基层法治建设的论述

一、加强基层法治建设，夯实社会治理基础

1. 加强基层民主法治建设。围绕服务乡村振兴战略实施，加强乡镇政府服务能力建设，出台实施乡村治理三年行动计划，从加强村级组织建设、健全村民自治制度、完善村级基本公共服务、深化村民自治实践等方面着力，健全自治、法治、德治相结合的乡村治理体系。持续推进社区减负增效工作。抓好县市区全面建成小康社会村（居）委会依法自治达标率统计监测。

2. 加强和创新社会治理。建立健全社会治理领域权力清单和责任追究制度，完善社会矛盾排查预警、重大决策社会稳定风险评估、矛盾纠纷多元化解机制。开展信访工作“法治建设年”活动。完善社会治安防控体系，深化网格化、法治化、信息化、实名制管理。抓好综治中心标准化和“雪亮工程”建设、“十大平安”系列创建等基础性工作。认真开展“四防四查化纠纷、千乡万村创四无”活动。深入开展“落实企业安全生产主体责任年”活动。加大扫黑除恶力度，严厉打击黄赌毒黑拐骗等违法犯罪活动。

3. 加强社会组织管理。深化社会组织登记管理制度改革，加强社会组织登记管理信息化建设。强化社会组织监督管理，进一步整治社会组织涉企收费行为，着力解决社会组织“乱评比、乱表彰”的问题。完善第三方评估机制，推行社会组织抽查审计。推进政府向社会组织购买服务。

4. 完善公共法律服务体系。进一步健全 12348 湖南法网・如法网功能体系，优化升级 12348 热线平台，完成县（市、区）、乡镇（街道）、村（社区）公共法律服务中心和工作站、点建设，建立健全实体与网络、热线相结合的公共法律服务体系。加快推进建制村（社区）“法润三湘”公共法律服务志愿点建设。深入落实“一村（社区）一法律顾问”制度，实现全省村居法律顾问全覆盖。围绕打好防范化解重大风险、精准脱贫、污染防治三大攻坚战，组织开展专项法律服务活动。

5. 深入开展法治创建活动。根据中央部署，深入开展法治城市、法治县（市、区）、民主法治示范村（社区）等多层次多形式法治创建活动，探索开展法治建设示范乡镇（街道）创建活动，推动多层次多领域依法治理。

二、加强法治宣传教育，培育公民法治信仰

1. 突出学习宣传宪法。开展宪法集中学习宣传活动和“12·4”国家宪法日暨法治湖南建设年度盛典，提高全民宪法意识，弘扬宪法精神，维护宪法权威，保证宪法实施。开展“党内法规集中学习宣传年”活动，组织党内法规专题宣讲团，深入市州、省直部门举办专题法治讲座，开展党内法规知识竞赛。围绕防范化解重大风险、精准脱贫、污染防治和扫黑除恶，扎实开展“送法下乡”、农村法治宣传教育月、青少年法治宣传教育周等“法律六进”主题活动。

2. 突出重点对象学法用法。健全领导干部年终述法制度，组织开展“厅（局）长谈法治”和厅级领导干部学法用法考试考核活动。完善国家工作人员网上学法考法系统，探索建立分级分行业组考制度和法治素养测试中心。完善青少年法治宣传教育工作机制，命名一批“全省青少年法治教育示范基地”。

3. 开展智慧普法。大力推进“互联网+法治宣传”，加快普法网络集群建设。顺应全域旅游发展需要，开展“你学法我送票·锦绣潇湘任你游”活动。充分发挥微信、微博、客户端等新媒体新技术作用，建立省级新媒体普法联盟。组织开展全省普法创新大赛。

4. 加强法治文化建设。把社会主义核心价值观融入法治建设，以社会主义核心价值观为引领，积极推进法治文化建设。14个市州所在城市、123个县（市、区）全面建成具有一定规模、法治元素丰富的法治公园或广场，推动法治文化阵地建设逐步向乡镇（街道）、村（社区）延伸。开展第三批“全省法治文化建设示范项目”和法治公益广告、法治微电影征集评选活动。

5. 全面落实“谁执法谁普法”责任制。完善考核考评机制，建立国家机关“谁执法谁普法”联席会议和普法责任清单制度，组织开展省直部门（行业）履行国家机关“谁执法谁普法”普法责任制情况述职测评。全面落实法官、检察官、行政执法人员和律师以案释法制度。

附件七

湖南省乡村治理三年行动实施方案（2018—2020年）介绍

《湖南省乡村治理三年行动实施方案》（以下简称《实施方案》）的制定和实施坚持以习近平新时代中国特色社会主义思想为指引，贯彻落实党的十九大关于乡村振兴的战略部署和中央、省委省政府关于加强和完善城乡社区治理的决策部署，以专项行动为载体，以创新实验和示范创建为引领，加强村级组织建设，健全村级民主制度，完善村级公共服务，深化村民自治实践，促进自治、法治、德治融合发展，推进乡村社会有效治理，为振兴乡村、建设新湖南奠定坚实基础。

《实施方案》明确全省乡村治理三年行动的总体目标是，力争到2020年，全省基本形成基层党组织领导、基层政府主导的多方参与、共同治理的乡村治理体制，基层党组织领导更加有力，村民自治机制更加健全，村级公共服务更加优质，乡风民风更加文明，基层政权更加巩固，和谐有序、绿色文明、创新包容、开放共享的农村“幸福社区”不断涌现，全省乡村治理和服务能力全面提升。

《实施方案》提出了全省乡村治理三年行动的5项重点任务及其15项子任务：一是开展村级组织夯实提升行动，选优配强村“两委”班子、健全完善农村综合服务平台、加强村“两委”班子履职能力培训、培育发展农村社区社会组织和专业社会工作机构，到2020年，力争全省每个村平均拥有不少于5个社区社会组织，农村老年协会覆盖90%以上的村，乡镇（街道）社会工作站实现全覆盖，社会工作专业人才占总人口1‰，注册志愿者人数占居民人口13%。二是开展村级民主制度健全行动，清理规范村规民约、健全“一事一议”制度、完善村务决策和监督机制，到2019年底全省村规民约覆盖率、修订率均要达到100%。三是开展村级公共服务完善行动，不断完善农村社区服务体系，健全农村特殊群体关爱服务体系（新增2000张照料护理床位，建设3000所农村留守儿童之家，为50%以上生活不能自理的特困人员提供照料护理服务，每千名老年人口拥有养老床位数达到35张，农村养老服务设施覆盖率达到60%以上，力争实现农村留守老人和儿童之家全覆盖）推动实施农村绿色殡葬（推动乡镇集中治丧场所和农村公益性基地建设，2018年新建160个，2019年新建200个、2020年新建260个。到2020年力争实现节地生态安葬率达到50%）。四是开展村民自治实践深化行动，不断深化村务公开“亮栏”行动，推进村民自治机制创新，弘扬文明新风。五是开展实验示范单位创建行动，积极开展社区治理创新实验区创建和农村“幸福社区”示范创建活动。

《实施方案》强调要严格执行三项工作要求，以确保各项任务按时高质量落实到位：一是要完善工作机制。各级组织、民政部门要发挥牵头作用，完善相关配套政策措施，抓好贯彻落实。各级财政、农业农村、司法、文明办等部门要结合各自职能，积极支持。各市州、县市区具体实施方案须于2018年7月底前报省委组织部和省民政厅。二是建立投入机制。建立省财政奖补、市财政资助、县财政为主投入机制，各级福利彩票公益金要逐年加大村（社区）建设投入。三是健全考评机制。建立县自查、市检查、省抽查的考评工作机制。省委组织部、省民政厅、省农委将各地落实乡村治理三年行动计划以及实验示范创建、经验推介等工作，作为基层党建述职、乡村振兴实绩、五化民政建设、市州民政重点工作考评的重要依据，每年年底组织专项考评。

第五篇　衡阳市综合保税区跨境货物清关机制运行调研报告*

当今，全球经济一体化不断深入，贸易便利化已成为一个国家或地区经济发展和经济增长的重要推动因素，其中，各国广泛设置的海关特殊监管区域在这方面发挥了重要作用。从目前各国设置的海关特殊监管区域的形式看，主要有出口加工区、保税区、保税仓库、经济开发区、综合保税区等多种形式。随着我国改革开放进程的深入，急需建立一批层次高、功能全、便利化的海关特殊监管区域，以适应进一步加快对外贸易的需要。因此，自2006 年起，国务院在苏州、天津、北京等地首批设置综合保税区这一高级海关特殊监管区域形式。

综合保税区作为我国深化对外开放、挖掘经济潜力的的窗口，将发挥着其巨大的影响力。综合保税区是一种海关特殊监管区域，它具备保税港区功能、港口功能、出口加工区功能，以及保税区功能，而且还可以开展类似于转口贸易此类的国际贸易活动。随着世界经济的发展以及经济全球化的进程日趋加速，我国经济特区无论是内在还是外在的都不断地在变化，1979 年设立了 5 个综合经济特区，2005 年成立了我国第一个保税港区。到 2016 年，我国已有 52 个综合保税区。这些表明我国的经济开放程度越来越高，已由沿海深入内陆。综合保税区是我国提升贸易便利化水平的重要的突破口，研究综合保税区清关机制对进一步加深我国贸易开放，从而制定科学的决策具有重要意义。

海关监管是我国综合保税区监管的重中之重。另一方面是由海关在我国综合保税区监管及运作体系中的重要地位决定的，另一方面则是因为海关监管成败事关国家在综合保税区贸易和税收政策的实现及效果。代表我国特殊

---

* 该调研报告为湘潭大学法学院 2018 年暑期调研项目成果，由毛瑞琪主持，邱伯静、曾惜、徐玮琦、刘云平等共同完成。

监管区发展最高水平的中国（上海）自由贸易试验区（以下简称“上海自贸区”）在《中国（上海）自由贸易试验区总体方案》中将贸易便利列为其四大目标之一，而贸易便利化的核心便是海关与跨境制度问题。而在我国大量综合保税区（保税港区）向自由贸易园区转型升级的过程中清晰认识海关监管问题并不断完善之，具有重要意义。

我国东部沿海地区的综合保税区由于其地理位置和经济发展水平的优势，无论是综合保税区的规模、基础设施还是政策法规等都较为完善，为沿海地区的对外贸易提供了良好的发展环境。中部地区作为东部沿海地区的强大经济后盾和中国经济发展的中坚力量，各综合保税区发展却参差不齐，大部分没有发挥出其应有作用。但中部地区的货物进出口量仍然占很大比重，目前通关效率低已经成为阻碍我国内陆地区综合保税区发展的重要原因之一。如果能挖掘中部综合保税区跨境货物清关机制的运行情况，结合当地环境和经济发展条件进一步完善政策法规，对中部地区对外贸易的发展将有很大裨益。本调研以衡阳综合保税区为研究对象，2012 年衡阳综合保税区获准设立，作为湖南第一家国家级综合保税区，区域进出区业务与海关手续办理工作区合二为一，是全国为数不多获准参照上海洋山保税港区政策的综保区，硬件设施已基本成型，清关机制运行情况也有迹可循，衡阳综合保税区的交通、政策、资源等条件都较为典型，且作为较早建立的中部综合保税区，衡阳综合保税区的运营情况也为后续和周边的保税区提供了借鉴和参考。跨境货物清关机制的运行不仅关系到衡阳及周边地区的经济繁荣，还对发掘国家政策潜力，推动综合保税区的发展具有重要意义。本项目试图对衡阳市综合保税区跨境货物清关机制进行调研分析，进一步分析综合保税区跨境货物清关机制面临的问题，以期为综合保税区跨境货物清关机制的进言献策。

一、衡阳综合保税区概述

（一）衡阳综合保税区的设立

衡阳位于湖南省中南部，湘江中游，衡山之南。衡阳是国家级承接产业转移示范区、国家服务业综合改革试点城市、中国现代服务业最佳投资城市、全国加工贸易梯度转移重点承接地、全国现代物流枢纽城市、中南地区区域性物流中心。衡阳开放平台建设居湖南省之首，拥有国家级衡阳市高新技术产业开发区、衡阳白沙洲工业园、衡阳松木工业园区等。衡阳保税区属于综合保税区，它位于我国中南地区的重镇衡阳市雁峰区。衡阳综合保税区是我国第十八家国家级的综合保税区，也是湖南省第一家综合保税区。衡阳保税区主要是参照上海的洋山保税港区的经验，将海关手续办理和区域进出业务合二为一。国务院在 2012 年 10 月份批准建设衡阳保税区，其正式投入运行是在 2014 年的 9 月 9 日。

2015 年衡阳综合保税区年进出口贸易额已经突破了一百亿美元，它是我国除了上海自贸区之外层次最高、手续最为简化、功能最齐全、政策最优惠的特殊管理区域。另外也集各种优惠政策和保税区、出口加工区等功能于一体。衡阳综合保税区既然在湖南省已经是第一家综合保税区，可见其十分重要。它属于海关特殊的监管区域，开设了转口贸易、采购、配送、国际中转等相关业务。衡阳保税区共分为三个阶段，也就是三期建设，当前在其一期规划中已经完成了水电、道路、通讯等基础设施建设，另外标准化厂房已经建成了 43 万平方米。一期工程是以电子信息产业发展为核心，二期工程则是围绕装备制造产业，三期工程是以物流仓储和产品的展示为基础进行建设。为了使衡阳综合保税区可以更好的运作，衡阳市已经成功的引进了十三家如富士康等世界五百强企业，也成功引入了我国大型的央企，如中建材等，成为湖南省承接产业转移和招商引资的亮点，可以说衡阳保税区的建立为衡阳当地甚至是湖南省地区的企业参与到国际市场上提供了机遇。

（二）衡阳综合保税区发展分析

1. 衡阳综合保税区发展的优势分析

（1）区位方面的优势

衡阳市位于我国中南地区，也是我国比较重要的交通枢纽城市。从陆路交通方面来看，衡阳市境内有六条铁路（包含在建铁路），四通八达。综合保税区位于衡阳市的雁峰区临近衡阳南站（货运站）。从水路交通方面来看，湘江流经衡阳市境内，所以货物可以经过湘江，再由长江从上海运送至世界各地。衡阳保税区与衡阳港的丁家桥千吨级码头都处于白沙洲工业园区之内。从空路交通方面来看，2014 年衡阳南岳机场城市投入使用，当前已经开通了到北京、上海等地的航线，今后航线也会进一步拓展。由此看来，不管是陆路、水路还是空路方面，衡阳基础交通建设逐渐完善，综合保税区的发展必然具备了区位方面的优势。

（2）政策方面的优势

衡阳保税区的建设和功能设置是依照已经获取成功的上海阳山保税港区建设的。就其规模和层次而言，是当前我国政策最为优惠，开放程度最高的综合保税区。衡阳综合保税区集多方面的功能与一体，入驻企业不但可以享受国家级的优惠政策，而且也还可以叠加享受到省市的优惠政策。另外也可以享受到海关特殊的优惠政策。整体上来说，企业所享受到的优惠政策力度比较大。就税收方面的优惠政策而言，各种货物在进出口环节中享受到了“免、保、退”等政策，使企业运营的负担大大减少，进一步提高资金的流通效率。而海关监督方面，衡阳综合保税区之内专门开设了转口贸易、中转、配送等业务，在保税区内可以完成国内企业与境外进行业务往来所需要的全部手续。海关监督的相关制度也实现了创新，使保税监管得到优化，审批手续不断简化，改变了通关环境。衡阳保税区正是由于其自身的功能优势，使其在投入运行四个月之内，进出口额就已经大大超出了预期。

（3）平台方面的优势

衡阳市在改革开放之后就开始大力发展经济，当前已经建设并投入使用了多个工业园区，各种经济平台也已经成功搭建。随着国家一系列优惠政策的推行，衡阳市成为了湘南承接产业转移示范区以及加工贸易的重点承接区域。衡阳市除了综合保税区之外，在各个市县还拥有十几个工业园区，各个工业园区在经济上相互促进了对衡阳市经济发展产生了很大的推动作用，衡阳市的经济发展很大程度上是依赖于当地的经济平台和各个工业园区。

总的来说，衡阳综合保税区主要是依赖于区位、政策和平台优势，以此来吸引国内外先进企业投入，进而带动当地经济增长。

2. 衡阳综合保税区发展的弱势分析

（1）管理体制有待进一步完善

行政管理手段是衡阳综合保税区当前管理的主要手段，同时需要接受海关、工商、财政、税务等相关部门的监督，但是由多个部门进行管理很容易出现意见不一致的现象，而且各部门之间协调的难度又比较大，这就使衡阳综合保税区的运行效率不断降低。另外，衡阳保税区的信息化建设仍然存在问题，还未形成一个及时统一的平台，企业获取信息的途径较为闭塞，导致企业和综合保税区之间无法进行有效的信息传递，对综合保税区的发展产生不利影响。

（2）产业定位存在不明确现象

衡阳综合保税区最初设置的目的是为了给加工贸易的相关企业提供服务

的，它所关注的核心是国际贸易、仓储物流、检测维修等，实现发达地区产业的承接转移。自从其正式运营以来，的确是吸引了不少大型的加工贸易企业。但是当前我国优惠政策不断扩大，不少企业的发展中心开始转移，在区域内的活动力度不断降低，致使综合保税区内的发展速度降低。综合保税区为了实现发展将中线转移到了跨境电商和保税维修，但是此种企业发展国家政策支持不够，因此发展形式不容乐观。

（3）吸引人才能力有限

衡阳属于湖南省的一个地级市，从地理位置上看对人才的吸引力远远没有珠三角、长三角等地区的高，虽然当地也拥有十几所高校，为衡阳市当地发展培养了不少专业人才。但是无法忽视的是，衡阳地区经济发展需要更多高端人才，而衡阳市不管是经济发展潜力还是人文环境等，对于高端人才的吸引力都比较低。

3. 衡阳综合保税区的作用及影响

（1）综合保税区有利于延长衡阳经济产业链

衡阳市经济在其作为产业承接区时就已经出现爆炸式的增长，综合保税区正式运行之后必然使像富士康、欧姆龙等企业在衡阳市有更好的发展。综合保税区顾名思义具有保税功能，所以可以消除之前产业转移中出现的关税壁垒，使衡阳市的人力资源优势得到充分的发挥。另外衡阳市引入了国际性的大公司，其相应的配套企业必然也会出现。而配套企业的出现则会使衡阳当地的经济发展产业链得到延伸，实现多方面的发展。

（2）综合保税区有利于加快当地产业升级

现如今改革开放已经进入了深水区，经济发展后劲不足成为不少地区经济发展过程中的瓶颈。与此同时，近几年来，我国的经济发展受到国际经济整体发展形势的影响，当前我国的经济增长速度正处于换挡期，结构调整的阵痛期。这几个时期相互叠加在一起，为我国经济发展带来巨大的压力，因此经济发展的速度逐渐减慢，面临的挑战和困难也逐渐加大。

衡阳市作为产业承接示范区，其经济在之前已经达到了快速发展，想要使经济保持强劲的生命力，就必须要加快当地的产业结构升级，而保税功能会降低一些高科技、高研发水平企业的入驻门槛，为国际性大的科技研发机构在保税区设立发展平台提供机会，衡阳市也有机会成为中南地区乃至中国地区重要的科技研发重地。另外随着高科技企业的引入，必然使当地的产业加快升级。

（3）综合保税区有利于当地物流行业发展

衡阳市在经济发展的过程中实行了交通先行的发展策略，交通网络得到了完善，构建了配套完善、湘南地区最大的省级示范物流园——白沙洲物流园。另外，衡阳市积极推动当地经济发展建设，衡阳综合保税区的设立，必然会使现代化物流企业得到发展。衡阳保税区内已经实现了公路车检场关内网信息化，综合保税区内也分别建立了海关和公路口岸方面的管理信息系统，同时两者之间可以实现数据共享。多方面物流系统的完善，会使得大量企业入驻，会有大量的货运需求。综合保税区所具有的保税功能会使更多跨国企业和外向型企业将衡阳市作为产品的中转地，由此使当地的货物吞吐量急剧增加，进而实现现代物流企业的升级和发展。综合保税区在未来必定会成为全球配送货物的物流平台，帮助企业扩大在国际市场上的竞争力，也为周边配套企业解决零库存的问题。

（4）综合保税区提高衡阳市的辐射带动力

当前湖南省内的综合保税区已经不止衡阳综合保税区一个，但是由于其是最早批准设立和投入运行的，所以招商引资的成绩相当可观，也具有更加强大的竞争优势。衡阳市综合保税区是 2014 年 9 月 9 日正式投入运行的，根据衡阳市所公布的统计数据来看，当年第四季度衡阳市的进出口额同比增长了 210%。衡阳市全面的进出口额中，第四季度进出口额占到了 44.9% 的比例，由此可以看出衡阳综合保税区的设立使其超越了湘潭等地，进入到湖南省的第一方阵。同时，综合保税区具有境内关外的特殊地位，会吸引更多周边省市的企业到当地投资建厂，而且也会将衡阳市作为货物的出口地，使企业出口退税的速度大大提高，进一步降低了企业的资金成本和实践成本。这也使衡阳市的辐射带动力逐渐加大，带动周边地区经济的发展。

（5）助推长株潭经济圈

根据最近两年的整体发展形势来看，衡阳综合保税区促进了整个长株潭经济圈传统加工贸易产业的转型升级，这也是在对外贸易领域逐步从竞争劣势转变为优势的主要原因之一。在这种局面下，不断推动着国内商业贸易领域对外资的引用。比如衡阳综合保税区，在此之前，衡阳与其他四个地区围绕着长株潭三大中心城市来发展，而现在则有很大不同，它为长株潭经济群各城市的产业转型、区域统筹发展提出了一个新的突破口。所以现阶段我们可以看到，整个区域内的商品货物贸易均可以借助于衡阳综合保税区这一基础平台来深化跨越式的发展。就目前来看，衡阳综合保税区的核心功能是出口加工，在保税区设立并运行之后，相继吸引了一批国内外实力较强的行业龙头企业进驻设厂，很好的起到了区域协同效应和产业集聚效应。2015 与 2007 年相比，加工贸易额翻了一番。

（三）综合保税区立法现状

1. 有关保税区的立法层次

我国涉及保税区的立法活动主要有以下几个层面：

（1）法律

2001 年 7 月 8 日全国人民代表大会常务委员会制定的《中华人民共和国海关法》明确了保税区是一类海关特殊监管区域以及海关对保税区监管的地位。《中华人民共和国海关法》是有关保税区唯一法律层面的立法成果，是保税区设立的最高法律依据。

（2）部门规章

1995 年 12 月 18 日，国家外汇管理局制定的《保税区外汇管理办法》以确定保税区外汇收支的处理办法。1997 年 8 月 1 日，海关总署制定的《保税区海关监管办法》以确定保税区的区域监管问题。

（3）地方性法规和规章

选取以下具有代表性的地方性法规和规章。1993 年 10 月 28 日，天津市人民代表大会常务委员会制定的《天津港保税区管理条例》；1996 年 12 月 19 日，上海市人民代表大会常务委员会制定的《上海外高桥保税区条例》；1990 年 9 月 10 日，上海市人民政府颁布的《上海市外高桥保税区管理办法》；1993 年 2 月 24 日，宁波市人民政府颁布的《宁波保税区管理办法》，目前仍然有效的是《上海外高桥保税区条例》。

（4）有关保税区的政策性规定

选取以下具有代表性的有关保税区的政策性规定。1990 年 9 月，海关总署制定的《中华人民共和国海关对进出上海外高桥保税区保税区货物、运输工具和个人携带物品的管理办法》；1997 年 7 月 17 日，对外贸易与经济合作部制定了《对外贸易经济合作部关于保税区外经贸政策的有关问题的通知》；2004 年 2 月 1 日，海关总署制定了《中华人民共和国海关对保税仓库及所存货物的管理规定》，目前仍然有效的是《中华人民共和国海关对保税仓库及所存货物的管理规定》。

2. 保税区立法特征

从上述有关保税区的立法层次可以看出，我国保税区发起主体是地方政府先实际筹备在向国家申报在没有国家统一立法的情况下先设区运营然后建立和完善政策和法规。

（1）立法滞后

保税区在我国法律上的正式规定是2001年7月8日在全国人民代表大会常务委员会关于修改《中华人民共和国海关法》的决定中出现的海关法只是明确了保税区是一类海关特殊监管区域以及海关对保税区监管的地位。规定虽然简单但这是保税区在我国产生和发展11年后；“保税区”首次在国家法律上被确认。

目前为止我国的保税区在经历了十几年的实践之后也只有《保税区海关监管办法》《保税区外汇管理办法》这两份由国务院及部门制定的行政规章。国家尚未出台全国统一的保税区法律。各个保税区的管理与业务运营仍然主要依靠各保税区所在地的人大、政府制定的地方性法规。

（2）越权立法

保税区的制度建设涉及金融、税收、海关等内容根据我国《立法法》第8条规定涉及“基本经济制度以及财政、税收、海关、金融和外贸的基本制度”的事项只能由全国人大制定法律。实践中保税区所有关键问题的规范都是行政规章解决。例如1995年12月18日国家外汇管理局发布的《保税区外汇管理办法》1997年8月1日海关总署发布的《保税区海关监管办法》，这两个部门规章就确定了保税区的区域监管和外汇收支这两大主要问题，这严重的违反了法律保留原则。

（3）立法空白

保税区属于经济特区，“出口加工、转口贸易保税仓储”三大功能是1994年在天津召开的全国保税区工作座谈会上提出的。2001年保税区实现的进出口额占全国的4.2%，而我国1994年的《对外贸易法》对保税区是否可以开展进出口贸易没有提及，保税区对进出口贸易作出了贡献但却在国家对外贸易体系中一直处于没有正式名分的尴尬境地。2002年起实施的《货物进出口条例》对保税区的进出口业务有了提及第75条规定“法律行政法规对保税区、出口加工区等特殊经济区的货物进出口管理另有规定的依照其规定”。但很遗憾，目前法律及行政法规依然没有作出明确规定。

（4）立法粗陋

保税区的法律规制没有受到重视，不仅体现在法律层面的统一规定确实，还体现在出台的涉及保税区的规章制度简单、粗陋没有考虑到保税区经济特区的功能实现问题部分政策法律缺乏配套细则或脱离实际在实践中难以操作。

保税区的优势本在于其对外贸易的手续简便性和税收的优惠性，虽然《保税区海关监管办法》规定保税区与境外之间的进出口货物实行备案制管理，但却缺乏相应操作细则导致保税区内进出境货物备案同区外进出口报关在申报程序、环节各方面大体一致无明显的效率优势甚至没有区外企业的手续简便。

（5）政策治区，政出多门

从不断出台的政策数量和实践可以得出，保税区的运作，实际上的依据是中央不断出台的各种政策文件，中华人民共和国海关总署于2003年12月5日发布，自2004年2月1日起施行的《中华人民共和国海关对保税仓库及所存货物的管理规定》，该规定对保税仓库的设立、保税仓库的管理以及保税仓库所存货物的管理等事项作出了相应规范。

这些政策多带有行业性质，保税区的业务哪个部门这个部门就会进行政策的制定导致政出多门。

（6）行业利益明显，部门缺乏协调

实践中，国务院和各部委还用自己的“小政策”不断修订和创新政策。《保税区外汇管理办法》第20条规定没有外汇账户或外汇账户资金不足的区内企业其经营范围内的各项用汇应当持年检合格的《保税区外汇登记证》和《结汇、售汇及付汇管理暂行规定》中规定的有效凭证和有效商业单据到区内的外汇指定银行兑付。这种开放性规定没有持续太久，1998年9月15日国家外汇管理局发布《国家外汇管理局关于加强资本项目外汇管理若干问题的通知》规定保税区内企业所有对外支付和向保税区外支付，应从其外汇账户中进行支付，原则上不得购汇支付；国务院在200年又出台了《关于进一步加强和改进外汇收支管理的通知》，又将紧闭的大门稍微打开了一个缝隙，保税区内企业人民币注册资金经海关等部门批准的出口加工产品内销及物流分拨企业内销所得人民币资金经外汇管理局审核可以购汇担保税区内企业其他人民币资金依然不得购汇。

从保税区的立法进程和立法特点可以看出，保税区虽然在我国出现已久，但一直没有正式的国家统一立法来规范。主要采取行政法规、规章进行规制且在实践中起作用的是行业的政策规定。没有统一立法且政出多门保税区的活动缺少统一法律的约束性，保税区政府行为随意性很大导致行动的不规范性。综合保税区涉及国务院、地方政府以及管委会等协调管理，缺乏高层次立法对综合保税区管理体制、地位性质、政策优惠等进行统筹规范，造成了运行机制不畅，甚至相冲突。另外法制建设落后于实践。我国综合保税区大都采取先行先试，立法滞后于实践，可能会造成在立法时迁就综合保税区当前的发展情形，导致法规具有适应性而不具有对其发展的指导性和前瞻性。并且法律层面规定还不完善。综合保税区法律体系中，一是行政法规层次仅有国务院对各地设立综合保税区的批复，“批复”毕竟不是行政法规的主要表现形式，而且是一种被动的形式，在此层面仅靠批复来加以规定略显单薄。二是部门规章层次综合保税区的管理都是参照保税港区的规定执行，但这不是针对综合保税区专门制定的，有些情况会不适用或缺乏依据，处在一种尴尬的境地。三是内部规范性文件层面缺乏综合保税区具有可操作性的实施细则，制约了具体工作的落实。

二、海关清关机制概述

（一）海关监管综合保税区的基本方针

世界海关组织（WCO）的前身世界海关合作理事会于1973年在日本京都制定了《关于简化和协调海关业务制度的国际公约》（以下简称《京都公约》）。该公约被认为国际海关领域的基础性公约。作为WCO四大支柱性公约之一，它是当今世界唯一全面规范海关制度和做法标准的国际性法律文件，是WCO在全球范围内为实现各个国家和地区的海关制度和做法而朝着高度简化、协调统一方向发展的重要依据，也是各个国家和地区为促进和便利贸易而制定本国海关制度的重要标准。

《京都公约》专项附约D第二章规定了有关“自由区”制度的21个条款，包括我国在内的多数国家都没有对“自由区”部分进行承诺，但对自由区的内涵进行了大量借鉴。其中，在世界范围内被公认的关于“自由区”的经典定义即来自《京都公约》专项附约D第二章段首：“指某一缔约方境内的部分领土，在这部分领土内运入的任何货物就进口税及其他各项税而言，被视为在关境之外。”即我国业内通常所指称的“境内关外”。根据公约的定义，“境内关外”的核心要义即是，进入自由区的货物应免除进口环节的关税和其他各税，包括货物由国外进入自由区应予免税和货物由国内运入自由区应予退税。除了税费之外，《京都公约》下的自由区在其他方面是否自由呢？对此，公约是“放权”的。首先，《京都公约》的修订历史告诉我们 WCO 对于自由区监管问题的态度并非如其名字所示完全自由。1973 年《京都公约》对“自由区”界定时有“免于实施惯常的海关监管制度”的提法，后来1999 年修订时删除。这至少反映出 WCO 在自由区海关监管问题上态度的微妙变化。其次，根据《京都公约》总附约第二章“定义”的解释，关境是缔约方海关法适用的地域（“Customs territory” means the territory in which the Customs law of a Contracting Party applies）。海关法的范围除了包括关税法律制度，还包括通关法律制度、知识产权边境保护、海关国际合作等内容。可见，公约只是明确了关税法律制度对自由区不予适用，而对其他海关法的制度是否实施未置可否。再次，《京都公约》专项附约 D 对自由区其他方面的管辖不做强制要求，因此各成员方可以就附约有关条款提出保留、修改，缔约方有权自行立法。虽然大部分国家对于自由区部分未作承诺，但大部分各成员方均对《京都公约》关于自由区的规定作了大量 借鉴，对进出自由区的货物采取了非常便利的措施。

具体来说，《京都公约》下“境内关外”的监管模式通过对进出境（区）的货物进行分线（国境线、关境线）监管来落实，即“一线（国境线）放开，二线（关境线）管住，区内自由”。结合专项附件 D 的相关规定，具体理解包括如下：

1. 一线放开

货物进出自由核心“一线放开”是专项附件 D 所表述的“境内关外”最核心的要义，海关监管的最大特点就是实现货物进出自由。首先，就货物本身而言。海关不得以数量限制、许可证要求、原产地、起运国、货物品质等原因限制货物从境外运入自由区（专项附约 D 第二章第 6 条）。其次，就单证要求而言。如果有必要向海关交验单证，也仅限于出示商业发票、运单等载明货物主要项目的商业单证，海关不得要求出示其他额外单证（专项附约 D 第二章第 9 条、第 18 条）。即海关此时对货物的监管仅限于为确保单证与货物一致性和合法性的必要监管。再次，海关对进入自由区的货物不应要求提供担保（专项附约 D 第二章第 10 条）。最后，海关禁止或限制境外货物运入自由区的情形是有限的，只有为了维护公共道德或治安、为了维护公共健康或卫生、实行动植物检疫、保护专利权、商标权和版权等几种理由可以成为海关禁止或限制货物从境外入区的理由（专项附约 D 第二章第 6 条）。

2. 二线管住

进出口线是本质“二线”是自由区与关境内的通道口，被普遍视为进出口线。“二线管住”是指货物从自由区进入国内非自由区或从国内非自由区进入自由区，海关对其适用与在一般关境进出口相同的海关法律法规和政策（如进口征税、出口退税等，专项附约D第二章第20条）。“二线”的作用在于避免自由区货物流入非自由区而冲击市场。因此，为了实施海关“二线”监管，实践中“二线”处要设置铁丝网、隔离墙等隔离设施，只有该设施境海关验收合格后，自由区才能正式投入运营；同时，二线会设立出入关卡，每天有海关人员巡逻检查。

3. 区内自由

货物活动备案制是要义如前所述，区内自由并不意味着《京都公约》要求各成员方海关对自由区内的经营作业完全不予监管。予以何种程度上的监管由各成员方自行决定，但一般认为海关在自由区内应实施不同于一国关境内习惯的通常海关监管的监管办法。区内自由主要是指区内业务活动如货物的装卸、存储、包装、改装、制造加工、流动买卖等活动，无须经过海关批准，只需要备案即可（专项附约D第二章第11条、第12条）。但海关还是有权进行适度监管，有权要求随时检查区内生产经营企业的仓库库存和有关账目（专项附约D第二章第4条），有关企业有义务向海关申报进出口货物的情况（例如进口料、件的加工和消耗情况等）。

由于《京都公约》的附约缔约方可以选择性接受，在接受的情况下还可以提出保留，因此前述海关监管自由区的国际惯例并不具有强制性和普适性；但将其视为自由区监管的标准范式和努力目标应不为过。

（二）综合保税区的海关监管现状

鉴于《京都公约》对自由区的规定不具有强制性，“一线放开，二线管住，区内自由”也只是一个通常意义上的提法，不能仅从字面理解，各缔约方乃至各自由区的具体做法会因其地理位置、经济需要等而有所不同。因此，梳理反思我国问题也必须基于我国的实际情况。我国作为《京都公约》的签约国，始终严格按照该公约所约定的“一线放开，二线管住，区内自由”的要求对综合保税区进行管理。但该国际条约缺乏国内法所具有的强制力，对于微观化的监管细节亦未作详细说明。以下按照《京都公约》“自由区”海关监管的三个方面分别讨论我国综合保税区实施“境内关外”的实践，反思其中存在的问题。

1. “一线放开”之不足及反思

在“一线”进出境的贸易管理上，我国所有类别的海关特殊监管区都规定“一线”进出境免除配额和许可证。以最高级别的综合保税区为例，《中华人民共和国海关保税港区（综合保税区）管理暂行办法》（以下简称《办法》））第20条规定：“保税港区与境外之间进出的货物，不实行进出口配额、许可证件管理……”。在“一线”的分线管理上，从保税区开始，对各类海关特殊监管区都规定了所谓的备案制，表现出了向国际标准靠拢的决心。《办法》第16条规定：“海关对保税港区与境外之间进出的货物实行备案制管理……按照本条前款规定实行备案制管理的，货物的收发货人或者代理人应当如实填写进出境货物备案清单，向海关备案。”

然而事实上，备案制有名无实。无论是提交单证、审核单证、修改单证等前期手续，还是查验放行、案件处罚等后期手续都不比报关手续简化。实践中仍然参照报关制的做法，在整个程序上与报关并无两样，同样要通过海关的统一信息化平台。上海自贸区在这一点上的改革也并没有人们想象的那样大。上海自贸区采取的是“先进区后报关”的模式，即允许区试点内企业先凭进口舱单信息将货物提运入区，再在14天内向主管海关办理申报手续，而且必须办理。此外，将适用范围锁定在“自贸试验区内试点企业”大大缩减了便利对象。同时，由于我国大部分海关特殊监管区都与口岸分离，特别是本文着重探讨的位于内陆的综合保税区，更是几乎完全区港分离（有个别空港在综合保税区境内的情况，如北京天竺综合保税区）。即使特殊监管区设立在口岸或濒临口岸，区港一体化程度也较低。“一线”货物进出境还要经过“转关运输”的模式，监管程序和手续也更加繁琐。可见，“一线放开”在我国海关监管中落实的实效性并不强。

从上海自贸区的实践来看，在“一线逐步彻底放开”的指导思想下由报关制到备案制的过渡可能还需要一段时间。如果说这只是政策改动的问题，那么探索“区港一体”的改革进程则是当务之急。“区港一体”一般对于保税港区来说在地理上不是问题；但对于内陆的综合保税区而言，只有像北京天竺综合保税区这样包括机场口岸，才具有地理上的可行性。除了地理上的可行性之外，管理上的可行性是事关实现一体化的更重要的因素。只有实现综合保税区和口岸事权统一，才能形成真正的区港一体的格局。

2. “二线管住”之局限及反思

我国在“二线”的做法符合传统上对“二线管住”的认识，即突出卡口管住，要求进出综合保税区的货物都要向海关办理报关手续。上海自贸区强调“二线安全高效管住”，通过推进智能化卡口建设实现这一目标，这与目前国内其他综合保税区的做法也没有本质区别，只是通过信息化手段来实现高效。

为了简化“二线”报关的手续，降低企业成本、提高效率，有的海关建立了“分批送货、集中报关”的制度，对于区内企业与境内区外企业之间多批次进出区的货物，采用在规定期限内以报关单集中办理海关手续的特殊通关方式。比如南京海关就针对综合保税区特别制定了《分批送货集中报关货物监管办理指南》。另外，随着国内货物进出特殊监管区的情况增多，有些货物无法报关或不适宜报关，海关采取了变通的方式，即采用卡口货物登记制度和临时进出区制度。但遗憾的是，这些制度适用的货物类型非常有限，仅限于少量基建材料、办公用品和生活消费品，满足不了企业需求。

我国的实践包括上海自贸区都基于“特殊监管区视同关境之外”的理念，特别强调“管住”，但往往牺牲了高效便利。在这个问题上有学者的观点直中要害，“我国的特殊监管区域仅仅在一些政策范围内才是‘境内关外’性质……正是对特殊监管区域‘关外’特性做了机械的理解，从而对‘二线管住’的政策设计和监管模式做了不合理的选择。”我国目前只有保税区允许区外货物以国内交易的方式入区，其他特殊监管区均不行；这当然是与保税区内企业具有增值税一般纳税人资格、保税区货物离境退税而非入区退税的特殊政策紧密相连的。这一点对包括综合保税区在内的其他海关特殊监管区进行“二线”监管具有启发性。

3.“区内自由”之限制及反思

从保税区到综合保税区，我国海关等管理部门对海关特殊监管区内的企业干预也比较大。根据海关总署的规范性文件《海关总署公告 2010 年第 22 号（关于公布海关特殊监管区域管理事宜）》（以下简称《海关总署公告》）中的规定，同一综合保税区内的 企 业 之 间 进 行 货 物 流 转 也 需 要 填写 备 案单。而《办法》第 3 条规定：“海关依照本办法对进出保税港区的运输工具、货物、物品以及保税港区内企业、场所进行监管。”可见，海关不仅对货物流出综合保税区进行监管，而且也监管货物流入综合保税区及在区内的存储。目前对特殊监管区内的保税货物一般按照区外加工贸易联网监管的方式进行监管，而且通常强调海关对相关保税货物的实地核对查验。如此一来，其一，账册核查核销、监管人员亲临现场等后续管理方式和手段导致海关管理成本增加。其二，监管业务增加要求人力资源增多，这无形中又加大了执法风险。

（三）海关清关制度概述

清关，即结关，是指进出口或转运货物出入一国关境时，依照各项法律法规和规定应当履行的手续。

清关只有在履行各项义务，办理海关申报、查验、征税、放行等手续后，货物才能放行，货主或申报人才能提货。同样，载运进出口货物的各种运输工具进出境或转运，也均需向海关申报，办理海关手续，得到海关的许可。货物在结关期间，不论是进口、出口或转运，都是处在海关监管之下，不准自由流通。

海关通关制度是主权国家维护本国政治、经济、文化利益，对进出口货物和物品在进出口境口岸进行监督管理的基本制度。海关所指的通关是指进出境运输工具的负责人、货物的收发货人及其代理人、进出境物品的所有人向海关申请办理进出口手续，海关对其呈交的单证和申请进出境的货物、运输工具和物品依法进行审核、查验、征缴税费、批准进口或者出口的全过程。

关于海关清关法律机制，海关监管是指海关运用国家赋予的权力，通过一系列管理制度与管理程序，依法对进出境工具、货物、物品的进出境活动所实施的一项行政管理。海关监管是一项国家职能，目的在于保证一切进出境活动符合国家政策和法律的规范，维护国家主权和利益。海关监管主要通过备案、查验、放行、后续管理等方式对进出境运输工具、货物、物品的进出境活动实施监管。

中国海关的工作职责和任务是依据《中华人民共和国海关法》和其他有关法律、行政法规的规定，监管进出境的运输工具、货物、行李物品、邮递物品和其他物品，征收关税和其他税、费，查缉走私，并编制海关统计和办理其他海关业务。

1. 海关清关制度的法律依据

《中华人民共和国海关法》是中国海关执法的基本依据，其规定：进出境运输工具、货物、物品，必须通过设立海关的地点进境或者出境。进口货物自进境起至到办结海关手续止，出口货物自向海关申报起到出境止，国境、转运和通运货物自进境起至出境止，应当接受海关监管。中国海关根据

《中华人民共和国海关法》和国家有关进出口的政策、法律、规定，监督管理货物和运输工具的合法进出，检查并处理非法进出，逃避关税等走私违法活动。海关监管货物，未经海关许可，不得开拆、提取、交付、发运、调换、改装、抵押、质押、留置、转让、以作它用或进行其他处置。中国海关对进出境运输工具、货物、物品管理的基本要求主要有几点：

第一，依法如实申报的原则。即任何进出境的运输工具、货物、物品在进出境时，均向海关进行真实、准确、完整申报，海关接受申报后，方可进行进出境活动。

第二，接受海关监管的原则。在海关未放行之前，一切活动均在海关监管之下，有关货物的各项活动应经过海关的准许，必要时应接受海关查验。

第三，海关放行后提取的原则。只要在海关按国家各项规定对申报情况和货物进行审核、查验，并征收相应税费后办理放行手续，货物所有人、运输工具负责人方可对其采取下一步处置措施——进境或出境。

2. 海关通过制度的基本程序

中国海关通关制度的基本程序是：申报、查验、征收、放行。

进口货物向应当由收货人在货物的进境地海关办理海关手续，出境货物应当由发货人在货物的出境地海关办理海关手续。经收发货人申请，海关同意，进口货物的收货人可以在设有海关的指运地、出口货物的发货人可以在设有海关的启运地办理海关手续。上述货物的转关运输，应当符合海关监管要求。进出口货物，可以由进出口货物收发货人自行办理报关纳税手续，也可以由进出口货物收发货人委托海关准予注册登记的报关企业办理报关纳税手续。进出口货物收发货人、报关企业办理报关手续必须依法经海关注册登记。

经过申报之后，进出口货物应当接受海关查验。所有进出口货物、运输工具、旅客行李物品、邮递物品，除经海关总署特准免验外，都应当由进境地海关或转关运输的启运地、指运地海关进行查验。海关查验一般有单证查核、外形查验、开箱抽样查验以及通过技术设备进行查验等不同方式，根据情况和需要，采取一种或几种。

进出口的货物、进出境物品，又海关按照《中华人民共和国关税条例》《中国海关关税税则》依法征收关税。进口货物的收货人、出口货物的发货人、进出境物品的所有人，是关税的纳税义务人。进出口环节海关代征税（增值税）的征收管理，适用关税征收管理的规定。进出口货物的完税价格，由海关以该货物的成交价格为基础审查确定。成交价格不能确定时，完税价格由海关依法估定。进出口货物的商品归类按照海关有关商品归类的规定确定。中国海关采用世界海关组织（WCO）制定的《商品名称及编码协调制度》（HS）。在确定货物的商品归类、估价和提供有效报关单证或者办结其他海关手续前，收发货人要求放行货物的，海关应当在其提供与其依法应当履行的法律义务相适应的担保后放行。

除海关特准的外，进出口货物在收发货人缴清税款或者提供担保后，由海关签印放行。

除以上基本情况之外还有一些特殊情况：

（1）暂时进出口货物：经海关批准暂时进口或者暂时出口的货物，应当在六个月内复运出境或者复运进境；在特殊情况下，经海关同意，可以延期。经海关批准可以暂时进口或者出口的货物，在货物收发货人向海关缴纳相当于税款的保证金或者提供担保后，准予暂时免纳关税。

（2）过境、通运、转运货物：过境、转运、通运货物，运输工具负责人应当向进境地海关如实申报，并应当在规定期限内运输出境。

（3）加工贸易保税货物：企业从事加工贸易，应当持有关批准文件和加工贸易合同向海关备案，加工贸易制成品应当在规定的期限内复出口。加工贸易保税进口料件或者制成品因故转为内销的，海关凭准予内销的批准文件，对保税的进口料件依法征税；属于国家对进口有限制性规定的，还应当向海关提交进口许可证件。

（4）进出境货物的知识产权海关保护：海关依照《中华人民共和国知识产权海关保护条例》及其他法律、行政法规的规定，对与进出境货物有关的知识产权实施保护。

最后，中国海关通关作业基本流程是企业申报、海关审单、现场交单、海关放行，提取货物以及转关运输，具体流程在此不再细述。

三、综合保税区清关机制比较分析

（一）综合保税区清关机制

综合保税区在海关的监管下目前的清关模式主要有分批出区、集中报关清关模式，“选择申报、属地验放、进区核销”清关模式和前推后移清关模式这三种清关模式。

1. 分批出区、集中报关清关模式

由于综合保税区政策优惠、手续简便，在综合保税区内开展零部件、产品配送等物流分拨的条件得天独厚。面对一些需要从国外进口零部件以及采购原材料或商品的企业，综合保税区内的物流企业为了能够适应现代企业对零库存的追求，通常采取先将货物储存在综合保税区的仓库内，再根据客户所需分批交付出区。这样，办理视同进口的出区手续一般时间较长，而部分分拨货物的要货时间较紧，可依据海关法有关担保的条款，对区内分拨中心进出口频繁、批数多、批量小的零部件、原器件、维修件等商品采用实行担保、分批出区、集中报关的通关方式。在这种模式下，区内物流企业在为区外企业做“少批量、多频次”的配送中，最终都只需在办理清关手续前、领取通关单时最后正式报检一次。企业通过计算机联网每天将货物到、发售等情况记录后报海关，按期向海关结清存货情况，统一纳税。这就大大减少了企业报检次数，既能提高区内物流企业每次物流配送的速度，又简化了企业的通关作业，也便于海关机构在网上对通关单的核查。采用这一通关模式既方便了企业，又促进了综合保税区内仓储物流业的快速发展，同时也确保了海关的监管到位。

2. “选择申报、属地验放、进区核销”清关模式

“选择申报、属地验放、进区核销”实际上是一种服务于综合保税区外的外向型企业的区域联动模式。综合保税区海关可以整合关区内其他海关构建大通关协作区域。进出口货物的收、发货人或其代理人可自主选择向关区内任一海关（申报地海关）办理报关、交单及缴纳税费手续，由货物实际进出口地海关（验放地海关）对货物实施验放。在货物入区后由区内海关随机实施查验手续后，企业即可获得退税。区内海关核查后将信息及时传输到港口，进区的货物就可以直接装上被视为“卡车航班”的运输车运到港口直接装船。这就大大地简化了通关及运输过程，缩短了通关时间、节省了通关成本。在这种模式下还可以定期评估信誉好的关区和企业，有针对性地实施“零查验、快退税”，吸引更多的进出口货物报关。

3. 前推后移清关模式

“前推后移”的清关模式实际上是监管时空的延伸。“前推”就是在现有的舱单提前申报基础上，推行“提前报关、货到放行”的通关新模式，在货物进口或出口之前，提前对申报情况进行预归类、预审价等综合分析，确定监管重点，为货物运抵后快速通关奠定基础。“后移”就是监管工作不

仅仅局限于口岸，还要加强稽查、统计、缉私等部门的协作配合来实现监管的向外延伸。对于各项数据的准备，可以提前申报，像补交单证、补交进口证件等一些工作环节可以放到海关通关工作以外去办。统计工作以及一些单证处理的工作移到事后进行。实施“提前报检、提前报关、货到放行”的一体化便捷通关模式，借助“电子口岸”实现海关系统内部业务处理的系统化和自动化，以电子手册为管理对象，在合同备案、通关、核销等环节采用“电子化手册 + 自动核算”的模式取代现行的纸质手册模式，并逐步通过与相关管理部门的数据联网，取消纸质作业单证。采用无线射频识别（RFID）技术，实现客、货车通道司机监管电子化操作。利用无线基站与具有语音提示功能的车载电子卡相互作用，及时捕捉进入区内监管区域已安装车载卡的车辆信息，记录车辆过境情况，并自动完成相关检验检疫手续。最终实现“电子申报、网上备案、无纸通关”的前推后移通关模式。

综合保税区主要服务于国际贸易。通关效率低一直是国际物流的瓶颈所在，海关的监管模式直接影响通关效率的高低。因此，创新海关的监管模式就成为综合保税区能够充分发挥政策优势的关键。为了解决监管资源和监管对象数量不对称的问题，海关需依托现代先进的技术与管理方法，树立“集约化监管”理念，根据社会的发展不断提出与时俱进的监管模式。

（二）综合保税区清关便利化发展状况分析

1. 东部综合保税区通关便利化发展状况分析

通过大量的查阅文献、年鉴以及各综合保税区相关的信息，对我国东部、中部、西部经济区的综合保税区从从口岸和航空基础设施、行贿状况、制定政策的透明度、贸易壁垒、互联网基础设施和电子商务使用率状况这七个方面进行研究分析。

我国东部地区的综合保税区区内的基础设施情况大部分为健全状态，只有广西凭祥综保区、南通综保区、海口综保区和沈阳综保区为一般状态。航空硬件设施健全的有上海浦东机场综保区、广东白云机场综保区、沈阳综保区、南京综保区、济南综保区、天津滨海新区综保区；航空基础设施一般的有深圳盐田综保区、舟山港综保区、南通综保区、昆山综保区、海口综保区、苏州高新综保区和天竺综保区；剩下的都是是航空基础设施不完善。综保区的贿赂情况均为一般。制定政策的透明度比较高的有沈阳综合保税区、南通综合保税区、济南综合保税区、曹妃甸综合保税区；其余的均为高。贸易壁垒水平靠前的有天津滨海新区综保区和北京天竺综保区；其余的水平都比较低。互联网基础设施非常健全的有南京综保区、广东白云机场综保区、天津滨海新区综保区、上海浦东机场综保区、北京天竺综保区、舟山综保区；其余均为健全状态。电子商务使用率比较高的有沈阳综保区、海口综保区、曹妃甸综保区；广西凭祥综保区为一般状态；其余均为高的状态。

2. 中部综合保税区通关便利化发展状况分析

对于我国中部经济区综合保税区的通关情况定性分析所用方法和东部经济区综合保税区的一致。

该地区的综保区基础设施情况均为健全状态。航空基础设施健全的有太原武宿综保区和郑州综保区、武汉东湖综保区；航空基础设施比较健全的有衡阳综保区；其余均为欠缺。综保区的行贿情况略严重的有绥芬河综保区和武宿综保区；其余均为一般。制定政策的透明度均为高。贸易壁垒状态为一般的有绥芬河综保区和太原武宿综保区；其余均为少。互联网基础设施大部分为较健全。电子商务使用率为一般状态的有绥芬河综保区、武宿综保区、湘潭综保区；剩下的是较高的状态。

3. 西部综合保税区通关便利化发展状况分析

对于我国西部经济区综合保税区的通关情况定性分析所用方法和东部经济区综合保税区的一致。

该经济带的综保区区内的基础设施情况为一般的只有新疆的两个综保区；其余均为健全状态。航空基础设施健全的有成都综保区、贵阳综保区、西安高新区综保区、兰州新区综保区；一般状态的有西安综保区、银川综保区；其余均为欠缺状态。新疆的综保区的贿赂情况比较严重；其余均为一般。制定政策的透明度均为高。贸易壁垒情况为一般的有阿拉山口综保区和喀什综保区；其余均为少。互联网基础设施一般银川综保区、西安综保区、阿拉山口综保区、贵阳综保区和喀什综保区；其余均为比较健全。喀什综保区、西安综保区、银川综保区的电子商务使用率为一般状态；剩余的均为较高的状态。

四、衡阳综合保税区清关机制运行现状

调研小组主要通过对衡阳综保区市场调查、资料分析、综保企业、第三方物流公司和相关政府进行采访、调研会议等方式，探讨清关机制运行现状，分析其运行中的困境、不足和相关法律制度的缺乏和相关政策的滞后问题，从而为衡阳以及我国保税区跨境货物清关机制发展提出相关的调研意

见。在经过调研资料的归纳和整理之后我们发现衡阳综合保税区的清关运行存在着以下问题：

（一）综合保税区基础设施不健全

我国这些中部经济区大多都是经济发展落后，有些地区交通非常不便，导致物流受阻。虽然拥有很多剩余劳动力和丰富的自然资源，以及优美的自然风景，但是这些优势却得不到合理的开发和利用，以及第二、三产业的不发达，都是导致经济落后的原因。经济落后就意味着政府财力不足，对于综合保税区的基础设施建设，也没有做足够的资金供其使用，以及紧跟经济的需要进行升级和调整。所以大多数欠发达地区的综合保税区存在卡口狭窄和监管设备落后，不能满足现在贸易的发展需求。衡阳综合保税区由于必须具备的一些配套设施不够齐全，例如检测硬件设施不够完善，达不到检测资格，不能够满足区内企业的需要和国家的规定。导致整个通关链条脱节，阻碍了综合保税区的发展。

（二）税收政策不配套

目前，我国海关特殊监管区域没有专门的法律对其加以规范和指引，加之其税收优惠政策比较零碎，多数以政策文件的形式出台，以实体性的规范为主，基本没有关于如何执行这些税收政策的相关规定，也基本上没有专门出台税收优惠政策的相关法律规章。关于税收优惠政策，国务院、海关总署发布的各类暂行办法中也只是对实体上的规定，并无具体的实施细则。例如，衡阳综合保税区基本没有专门的税收政策法规条文，更多的是参照和执行保税港区的税收政策，即只是叠加了保税区、出口加工区以及保税物流园区的税收政策，然而这三个特殊区域在税收政策上的相关配套法规也是缺失的，这就使得各个区域政策落实不到位，政策实效低下，对各区的发展极为不利，甚至成为发展的一个障碍。

（三）综合保税区和海关的信息不够透明

综合保税区信息透明，查询方便，信息齐全，可以使企业、政府、学者等信息的使用者节省大量的时间、精力和资金。另外信息在阳光下行走，可以使政府相关部门以及研究人员更清晰的了解综合保税区和海关所处的现状，以及所存在的问题和需要改进的地方。这样可以在很大程度上促进综合保税区和海关的改进发展。我国绝大多数海关网站所提供的信息还是比较及时的，但是数据过于笼统，不够细化，例如保税区、出口加工区的数据信息查找起来比较艰难。衡阳综合保税区并没有属于自己的官网，并且在网络上可以查询到的信息也都是很久以前的，没有及时更新相关信息，更不用说信息的透明了。关于衡阳综合保税区、保税区、出口加工区的详细信息却被一些盈利性的网站收录，信息越来越商业化了。这样使得相关研究人员在研究过程中受到很大的阻碍，大大降低了企业和政府部门的效率。

（四）多元化政府部门管理存在问题

衡阳综合保税区现采用的是行政监管同业务监管并行的国际惯例。综合保税区所在地的市一级政府作为综合保税区的投资者在实际上具有监管权力，负责行政监管的相关部门还无可适用的处罚权。此外，由于综合保税区运行中的相关事务所涉及的政府部门较多，而与之相匹配的监管标准并非完全统一，导致的最终结果就是监管权虚设。

在中央政府管理来说，其一，从政策协调和调整看，保税区的总体决策的有效性并不清晰；其二，有关部门委员会依照自身的权限进行颁布一些管理条例。但是，这些部委制定的管理条例对于保税区而言，很少起到正面积极规范，通常都是负面制约，而且其多边性与交叉矛盾却非常明确，不仅不利于实践操作，也还不利于保税区的政策体系统一。同时，经常使保税区在管理之中感到不知所措，而保税区管理委员经常会协调政策方面事务，致使管理与企业的运行成本不断加大而影响到效率。在地方管理方面，也有政府多部门的现象，具有权威的专门管理机构比较缺乏。在实践中，地方政府通常会偏重于当地的直接利益，缺乏更大背景下的保税区战略规划。此外，还由于对保税区的管理权限不够，以及上级管理管理部门的管理链条也很长，必须要在实际操作中审批问题，从而造成了效率的严重不足。但是高层管理者还往往会撤回管理决策，这将会限制到保税区的发展进程。

（五）法规权威性不足

对于保税区来说，作为我国对外开放的特殊领域，在最近几年，它在我国的经济建设中发挥着十分重要的作用。目前，国家在统一监管政策方面还很欠缺，正是由于法律法规的不统一情况，导致了政府和人民对于保税区的理解不统一，从而对保税区的定位与定性不明。同时，因为国家对保税区的组织并没有相关的专业管理，每个保税区的政策在产生冲突需要协调时，只能到有关部门协商解决具体问题，这通常就会非常的耗费人力和物力，然最终的效果还不是很明显。同时这些因素还会对直接对保税区的规范运作以及未来的发展产生一定的影响。

（六）相关专业人才缺乏

惟楚有才，于斯为盛。虽然自古以来湖南省便人才辈出，但是随着越来越多的大学生毕业后都去了北上广深等发达的一线城市，留在省内振兴省内经济发展的并不多。另外真正的国贸、电商等经管类的人才更是少之又少。衡阳市海关通关业务设置通关科、监管科负责办理辖区各项海关具体业务，通关科需要负责实时通关监管业务，进出口货物报关单的现场接单、审核，进出口货物的税收监管，加工贸易的前期备案、变更和后续核销等工作，工作十分繁杂但整个通关科仅有两名科员，且负责清关业务的仅有一名科员，这也使综保区的发展缺乏了人才的推动力。

（七）跨境物流供不应求

当下衡阳市物流产业相较于长沙相对落后，并且由于区域性差异，网点覆盖也具有很大提升空间，物流的周转能力和速度都处于较低水平，很难满足当经济发展和人们口常生活的需求。再加上衡阳市从事物流产业的企业大都是一些中小型企业，企业实力较弱，从业人员的专业程度不够高。并且政府在制定一些政策时未能充分考虑物流产业的远景发展，还存在着很多制约跨境物流产业发展的体制。近些年来跨境电子商务的迅速发展，对物流的需求亦是逐步旺盛。然而，目前的物流是供不应求，存在配送时间长，同时在进行清关时遇到重重障碍，甚至还会遇到货物的丢失和掉包的现象。很难实现我们所期望的物流运输速度快、安全、高效。

（八）综合保税区电子商务的使用率不够高

综合保税区电子商务的使用率并没有实现所预计的目标。比如，无纸化通关已经在上海进行过试点检验，大大地提高了通关效率，节省了时间和成本，得到一致好评。本应极力推广，但是由于衡阳综合保税区的资金不足和熟练使用电子商务平台人才的缺乏，而没有得到更好的应用，这就提高了企业的运营成本，费时费力。

五、综合保税区跨境货物清关机制完善对策

（一）分线管理模式的完善

以深化“区港一体”为主要抓手实现真正的“一线放开”。除了实现综

合保税区与口岸之间的地域对接，更重要的是实现它们在行政上的对接，即解决口岸与海关之间的权力关系协调问题。对于在地理上不具备区港一体条件的内陆综合保税区，实施“属地报关，口岸验放”“属地报关，属地验放”等区域通关模式，将区内企业均纳入区域通关改革的范围。以货物分类监管制度完善为核心灵活控制“二线管住”。将进出区的货物分为保税货物和非保税（退税）货物，对于保税货物仍采取目前的监管模式；对于非保税（退税）货物根据其用途进一步细分，在此基础上实施不同的申报方式，适用不同的管理模块。而对于非保税（退税）货物进出综合保税区，除了卡口货物登记、临时进出区等制度的适用之外，更直接有效的方式恐怕是赋予区内企业增值税一般纳税人资格。以“报核制”取代“实地监管”进一步扩大“区内自由”。具体又包括两方面：从企业的角度，其应当定期将保税和非保税货物进出区及使用情况如实向海关报告。从海关的角度，其工作人员无须定期到区内企业进行仓库检查，只要根据企业的申报予以核销即可，但海关保留不予通知随时实地抽验核查的权力；一旦发现事实与申报情况不符，有权依法对相关企业进行处罚。同时，通过完善备案制度简化海关手续。在海关特殊监管区域制度中，由于存在具有法律效力的报关单，所以备案清单的填制更应尽量简化，以便利为主要原则。而且《海关总署公告》也仅仅是“原则上”要求“备案清单”按“报关单”填制，亦即备案清单的填制有很大简化空间。

（二）海关监管制度的完善与创新

“境内关外”分线管理模式的完善有赖于切实有效的具体海关监管制度的制定与实施。以下是对于完善分线管理模式的几个制度完善与创新建议。

完善货物分类监管制度。即综合保税区对国内货物进区采取开放的策略；像美国对外贸易区那样由海关对入区货物按不同性质设定不同类别的“区域货物状态”，按货物类别分别采取不同的监管方式和管理程序。这样既能确保对区内保税货物的有效监管，又能通过放开对国内货物入区的限制，达到促进加工制造、便利物流运作的目的。比如对于保税展示、保税租赁货物，实行“一次检验，多次进出”，即对保税展示货物采取登记监管方式，允许多次出区展示；对保税租赁货物在首次出租完毕返回区内后，再次租赁出区的，凭承租人责任承诺放行出区，有利于保税区出口导向和进口服务功能的发挥。

建立健全基于诚信的管理模式。如前所述，备案制实质性地取代报关制是“一线”真正放开的标志；而报核制的落实是扩大“区内自由”的重要手段。无论是备案制还是报核制，都对区内企业的诚信和自律提出了一定要求，即企业在进出口业务中应成为合理审慎合法经营的主体。基于这样的信任，“企业申报，海关抽查”的报核制才可能落实。各综合保税区海关部门可以借鉴2014年《中华人民共和国海关企业信用管理暂行办法》对企业根据信用状况分类管理的规则，实施“守法便利、违法惩处、差别管理、动态调整”的监管措施，建立健全对区内企业基于诚信的管理模式。

借鉴美国对外贸易区的主分区制度。该项制度是美国对外贸易区管理中最具特色的一项制度。在美国对外贸易区，允许企业为了特别用途（尤其是加工制造）申请设立分区。分区通常位于企业的工厂或行业集中地，主要是为原材料或生产设备不易运输的生产企业服务的。同为幅员辽阔的大国，我国也可以借鉴美国的这一制度，对研发和维修这类业务选择中小科技企业试点设立综合保税区的分区。

此外，为了简化报关手续，为商品和货物的进出创造便利条件，综合保税区海关部门应当提高信息化监管水平，对货物进出区的全过程进行计算机控制，不断完善EDI电子数据交换报关系统，探索试验区统一电子围网管理

（三）加强对综合保税区的基础设施的建设

综保区的基础建设既有宏观方面的交通设施和区内最基本的的建设，也有一些微观方面的设施建设。这是提高通关便利化水平的必备要素。例如，联检楼的建立，可以使综合保税区的相关人员集中办公，更利于部门之间的协调工作和问题的解决；此外联检楼的的建立也为报关报检的人员节省了不少的时间和精力，为其所在公司节省了一定的成本，同时也在一定程度上缓解了“报检难”这一问题。此外，在综合保税区内，电子地磅、隔离用房、监管仓库和消毒池等必备的配套设施应具备，以及综合保税区的工作人员的生活居住设施等也应完善，因为这是综合保税区的基础。

（四）净化征税环境

主要从三个方面入手：首先，在税收制度和系统方面，政府应建立定期征收关税的制度。这种税收制度在澳大利亚和美国等部分发达国家已经实施，这对进口起到了积极作用。但是，我国还没有落实这方面的相应措施。其次，国家应制定对海关、征税等部门相关人员行贿的相关制约法律和群众

监督制，使得行管部门执行起来做到有法可依，同时也使得这些部门有所收敛，对他们产生震慑力，让他们不敢，也不想。最后，与我国的主要进出口国家进行协调达成一致，将廉政建设进行到底，不仅净化我国的征税环境，也为全球贸易环境的净化出一份力。

（五）改善规章环境

改善规章环境需要中央和地方海关部门与立法机构全权配合。我国中央立法机构在对综合保税区进行设定法律时，应借鉴发达国家的一些成功的案例，并结合我国的实际情况，来制定我国综合保税区健康发展的法律政策，为地方制定法规提供法律依据。各地区对于综合保税区的相关规章制度的制定也要根据本地区的实际情况进行制定，再三权衡再做决论，不能随意更改，这样容易给向企业的工作造成困扰。同时综合保税区的工作也要走在阳光下，让企业和个研究学者能在最短的时间内找到他们所需的资料和数据。

（六）重视复合型人才的发掘和培养

互联网金融的两大特点就是金融属性和科技属相，所以需要更多的专业人才，现在商业银行的工作人员大多是金融和经济专业的，网络技术、互联网技术和大数据技术人才较少，所以这也导致了在开发新的金融产品时失败次数较多，工作效率较低，跟不上时代更新的脚步。综上我国的商业银行现在急需要大数据专业、计算机软件和懂得银行涉及业务的综合性人才，所以有必要对科技型人才进行金融业务的培训，对金融人才进行科学技术的培训，并且应该适当增加信息技术人员在银行工作的比例，加强综合型人才队伍建设。

（七）健全互联网配套设施

衡阳综保区互联网的相关的基础设施需要政府的协助进一步完善和加强，以便于更好的服务。互联网基础设施既硬件设施，而且也包括软件设施，二者必须齐头并进。各综合保税区互联网的硬件设施需要政府部分分拨足够的资金来装置和完善。可以采取招商引资，请求国家财政分拨资金等方法。而互联网的软件设施首先需要相关的电子商务精英，或者对综合保税区的有关部门人员和区内企业人员进行电子商务培训。另外对全国的综合保税区的信息化管理系统也应统一整理，使全国使用同一种信息化管理系统，避免不同地区不同的系统，这严重的影响了地区间的协作；这种系统也不能更新升级过于频繁，不能低于操作人员的适应期，以免造成操作的混乱。企业和海关所用的信息化管理系统也应保持一致，至少双方衔接时应是流畅的状态，不能因系统不符给相关共组人员造成损失。

（八）提升电商覆盖率

创造电子商务大综合平台，即“电子口岸”。为满足我国海关执行相关法律政策和国际贸易的管理需要，国务院作出了建立“电子口岸”这一决策。“电子口岸”将报关部门、报检部门、物流信息部门等部门、部分重要通关环节和通关系统相结合起来，为企业提供了更大的方便。相应地，综保区可以参考天津海关的成功历史，建立信息一体化平台。这种便捷、快速的通关方式会促使越来越多的企业使用电子商务这一方式，进而带动本地区经济发展。

（九）加强各综保区之间的合作

中部地区的综保区应重视内部企业的成长。中部地区没有东西部地区有港口或口岸的优势，也没有太多的国家政策优势，而且主要以农业为主。所以要想使中部地区的综合保税区发挥其带动其所在地经济发展的作用，就应先把区内企业这个根本中的根本建设好。政府部门可以实施具有吸引力的相关政策，来吸引国内外投资商，来使得本地区的剩余劳动力得到充分就业。另外，也应不遗余力的吸纳国内外优秀人员来共同促进中部地区的发展，这在一定程度上能够带动综保区通关便利化水平不断向前。

参考文献

[1] 李丹丹．郑州综合保税区通关便利化研究［J］．财税金融，2018.

[2] 戴文琛．衡阳综合保税区建设的 SWOT 分析［J］．商业故事，2015（35）．

[3] 唐筱芳．我国跨境电商法律监管的现状及对策研究［J］．五邑大学学报，2017，19（3）．

[4] 张健．银川综合保税区监管法律制度建设研究［J］．中共银川市委党校学报，2014，16（1）．

[5] 康露月，马天．新疆综合保税区法律监管问题研究［J］．对外经贸，2018（4）．

[6] 李璐玲．我国综合保税区海关监管制度的完善与创新［J］．中国海洋大学学报，2016（6）．

［7］王红春，陆珊．论衡阳综合保税区对衡阳经济的提升［J］．科技风，2016.

［8］张伟东．基于保税区构建涉外通关创新创业人才培养立交桥的探索与实践［J］．教育教学论坛，2017（5）．

［9］鄂立彬，刘智勇．跨境电子商务阳光化通关问题［J］．国际贸易，2014（9）．

［10］贺龙婷．中国通关一体化措施优化研究［D］．苏州：苏州财经大学，2018.

［11］郑真．贵阳综合保税区建设研究［D］．贵州：贵州财经大学，2013.

［12］谢蓉．宁波保税区做大做强跨境电子商务的对策研究［J］．三江论坛，2018（1）．

［13］张森辉．综合保税区检验检疫监管模式研究［D］．南京：南京理工大学，2011.

［14］汪洋、刘岚．跨境电商环境下保税区存在问题分析［J］．财税金融，2015（20）．

［15］李耀华．新型跨境进口电商模式及其物流运作方式分析［J］．科技论坛，2016（1）．

［16］李丹丹．中国综合保税区通关便利化水平研究［D］．沈阳：辽宁大学，2017.

［17］郁伟年．推动宁波保税区跨境电商产业创新发展［J］．宁波经济（三江论坛），2016（03）．

［18］蔡玉凤，胡华强．综合保税区通关与监管模式研究［J］．港口经济，2009（8）．

［19］汪兰．借鉴上海外高桥保税区经验拓展福田保税区保税展示暨跨境电商路径［J］．新经济，2016（25）．

［20］李哲平．“新常态”下电子商务发展战略与体制保障［D］．天津：天津师范大学，2015.

［21］袁旭立．我国跨境贸易电子商务发展现状及主要问题研究［D］．北京：对外经济贸易大学，2015.

［22］若依．保税区要求创新求发展［J］．国际商报，2003（11）．

［23］陈柳钦．推进我国保税区国际物流业新发展［J］．水运管理，

2005（3）.

［25］罗丙志．对我国保税区政府管理的一些思考［J］．国际经贸研究，2001（2）.

［26］孙丽娜．我国综合保税区布局规划的研究［D］．大连：大连海事大学，2009.

［27］林娟．我国保税区物流业务模式分析及改革建议［D］．上海：上海交通大学，2006.

［28］毕博．新时期我国保税区和自贸区发展研究［D］．昆明：云南大学，2015.

［29］王红春．衡阳综合保税区对湘西生态经济区的辐射作用［J］．农村经济与科技，2017，28（4）.

［30］王红春，谭绍雄．衡阳综合保税区与国家高新区总体优势深度整合［J］．时代金融，2016（3）.

［31］Lawrence C. Leung，Waiman Cheung，Yer Van Hui. A Framework for a Logistics E －Commerce Community Network：The Hong Kong Air Cargo Industry［C］．IEEE Transactions On Systems，Man，And Cybernetics. 2000，30（4）：446 －455.

［32］Rezaei A，Asadi A，Rezvanfar A，et al. The Impact of Organizational Factors on Management Information System Success：An Investigation in the Iran's Agricultural Extension Providers［J］．International Information&Library Review，2009，41（3）：163 －172.

附件一

衡阳市综合保税区跨境货物清关机制运行调研接洽函

__________：

我们是湘潭大学“衡阳市综合保税区跨境货物清关机制运行调研”项目的成员。该项目试图对衡阳市综合保税区跨境货物清关机制进行调研分析，进一步分析综保区跨境货物清关机制面临的问题，以期为综保区跨境货物清关机制的进言献策。为获取本次调研的资料数据，需要贵部门的帮助和支持，请贵处予以安排。在此对贵部门的接洽予以感谢。

学院印章

2018 年 8 月

附件二

访谈提纲（保税区管委会用）

1. 衡阳保税区有哪些跨境货物？这些跨境货物是通过衡阳市海关报关的吗？

2. 跨境货物的入区要求、入区手续、是否需要经过第三方清关企业？如果需要，第三方企业承担什么义务和责任？

3. 保税区的所有跨境货物清关流程都一样吗？有没有对跨境货物进行分类？因为类别不同而有不同清关程序？（例如食品、化工品……）

4. 针对保税区跨境货物清关有哪些相关政策和法规？

（2014 年 7 月，海关总署接连颁布 56 号、57 号两个公告，分别是《关于跨境贸易电子商务进出境货物、物品有关监管事宜的公告》和《关于增列海关监管方式代码的公告》、2018 年《中华人民共和国海关保税港区管理暂行办法》）

5. 保税区跨境货物清关涉及的物权转移、征税风险、金融链条等问题有怎样的规定？

6. 衡阳市综合保税区作为湖南首首家综合保税区有哪些政策优势、有哪些创新之处？（厂房租金优惠、进出口奖励）（上海自由贸易试验区 14 项海关监管创新制度）

7. 衡阳综合保税区在跨境电商这方面的现期成果以及未来方向。

8. 寻求更多数据资料。

附件三

访谈提纲（海关用）

1. 衡阳市海关有哪些清关方式?

2. 衡阳市海关的货物清关流程是怎样? 跨境货物和普通货物清关有何区别? 清关流程是否繁杂? 效率如何?

3. 哪个部门分管保税区清关事项? 部门机制如何? 有多少工作人员? 部门运行情况如何?

4. 衡阳市综合保税区清关与普通清关方式有何不同?

5. 衡阳市海关对保税区的监管如何? 有哪些政策法规? 有什么优惠政策?

6. 通关过程中，衡阳市海关如何行使监管职责，在哪些环节会特别关注?

7. 海关的执法尺度是否规范统一? 在执法过程中还存在哪些困难? 应当如何改进?

8. 寻求更多数据资料。

附件四

问卷调查（综保购线下消费者用）

1. 性别？

A. 男　　B. 女

2. 年龄？

A. 18—25　　B. 26—35　　C. 36—55

3. 您的学历？

A. 本科　　B. 硕士　　C. 其他

4. 您更偏向的购物方式？

A. 线上　　B. 线下

5. 您一般在综保购购买哪类商品？

A. 日常生活用品　　B. 日化品

C. 烟酒类　　D. 其他

6. 种类是否让您满意？

A. 满意　　B. 不满意

7. 您对综保购的基础设施有何意见？

A. 优质　　B. 可以接受

C. 有待改善

8. 货品来源是否可靠？

A. 可靠　　B. 不可靠

C. 不清楚

9. 支付方式是否方便？

A. 方便　　B. 不方便

C. 还可以

10. 售后服务是否完善？

A. 完善　　B. 可以接受　　C. 有待加强

11. 产品质量是否让您满意？

A. 一般　　B. 满意　　C. 不满意

12. 您觉得综保购的产品价格合理吗？

A. 便宜　　B. 正常　　C. 偏高

13. 您更偏向在专卖店还是综保购消费？

A. 专卖店　　B. 综保购

14. 售后是由综保购负责还是厂商负责？

A. 综保购　　B. 厂商　　C. 不清楚

15. 综保购供货是否及时？

A. 及时　　B. 正常　　C. 不及时

16. 货源是否充足？

A. 充足　　B. 不充足

17. 综保购产品生产日期在？

A. 一年内　　B. 6 个月内　　C. 3 个月内

附件五

问卷调查（综保购线上消费者用）

1. 产品种类是否充足？

A. 繁多　　B. 一般　　C. 量少

2. 是否经常出现缺货现象？

A. 不会　　B. 会

3. 售后服务是否让您满意？

A. 满意　　B. 一般　　C. 不满意

4. 是否可自由选择物流途径？

A. 可以　　B. 不可以

5. 物流是否迅速？

A. 总是延迟　　B. 正常　　C. 迅速

6. 线上消费有优惠活动吗？

A. 偶尔　　B. 经常　　C. 没有

7. 是否允许退换货？

A. 允许　　B. 不允许

8. 线上产品价格是否合理？

A. 一般　　B. 更实惠　　C. 更贵

9. 您觉得线上产品的质量是否有保障？

A. 质量很好　　B. 质量一般　　C. 常有损坏

10. 您是否觉得线上购物更为方便？

A. 方便　　B. 流程繁琐　　C. 不方便

11. 选择线上购物的原因？

A. 方便　　B. 朋友推荐　　C. 广告推荐　　D. 习惯

12. 您每月在综保购的消费频率？

A. 很少　　B. 一般　　C. 经常

13. 您觉得综保购、综合保税区有什么需要改善的地方？

附件六

新闻稿：
我院研究生调研团队赴衡阳综合保税区调研圆满成功

近年，衡阳市综合保税区紧贴市委市政府的经济发展思路，锐意改革，推动地方外贸企业主动融入“一带一路”建设，跨境货物清关机制的运行不仅关系到衡阳及周边地区的经济繁荣，还对发掘国家政策潜力，推动综合保税区的发展具有重要意义，成为衡阳经济转型的“新亮点”。为了更好了解衡阳综合保税区清关机制运行情况，为中部综合保税区发展和海关政策法规进言献策，同时响应学校开展2018年研究生暑期社会实践调研活动的号召，湘潭大学法学院·知识产权学院调研团队于9月份奔赴衡阳市综合保税区进行调研考察。

9月17号上午，湘潭大学研究生调研团队进行了深入调研，主要方式是进行实地考察和现场采访。考察地点包括衡阳市综合保税区、衡阳市进口交易中心——综保购、华新国际跨境产业园。主要采访对象为衡阳市海关、出入境检验检疫部门和综保购有关负责人，负责人对衡阳市综合保税区及其清关机制进行了简要介绍和运行现状，对此我们展开了深入的交流和探讨。

我们首先来到了衡阳海关部门并进行了相关的采访。据衡阳海关负责人介绍，近年来，衡阳市积极助力新兴业态发展，促进跨境电商发挥龙头带动作用，建成清关中心，完善跨境货物清关机制。

随后团队来到了衡阳市综合保税区线下购物实体店进一步了解，衡阳市综保购相关负责人表示“我们还将不断增加海外产品种类，充分满足消费者多层次的消费需求，并推动衡阳成为跨境电商试点城市”。目前综保购正启动二期建设，计划到2025年，在展示交易中心聚集30个国家，涵盖2万品种目录的进口商品，建成不低于5万平方米的“垂直类跨境电商产业园”。

最后，团队又进一步与普通消费者展开了交流，并深刻认识到，衡阳市综保区跨境货物清关机制的完善需要统筹做好多方面的工作，需要政策法规和资金上的支持，同时也需要技术、人才的保障和各方的共同努力。

图书在版编目（CIP）数据

基于法学体验式教学的社会调研报告 / 蔡高强编著
. -- 湘潭 : 湘潭大学出版社, 2019.5
ISBN 978-7-5687-0310-9

Ⅰ. ①基… Ⅱ. ①蔡… Ⅲ. ①法学教育－教学改革－研究报告－中国 Ⅳ. ①D92-4

中国版本图书馆 CIP 数据核字（2019）第 096850 号

基于法学体验式教学的社会调研报告

JIYU FAXUE TIYANSHI JIAOXUE DE SHEHUI DIAOYAN BAOGAO

蔡高强 编著

责任编辑：刘文情
封面设计：张　波
出版发行：湘潭大学出版社
社　　址：湖南省湘潭大学工程训练中心
电　　话：0731-58298960 0731-58298966（传真）
邮　　编：411105
网　　址：http://press.xtu.edu.cn/
印　　刷：长沙鸿和印务有限公司
经　　销：湖南省新华书店
开　　本：710 mm×1000 mm 1/16
印　　张：17.5
字　　数：310 千字
版　　次：2019 年 5 月第 1 版
印　　次：2019 年 5 月第 1 次印刷
书　　号：ISBN 978-7-5687-0310-9
定　　价：52.00 元